AF619535

*Philip C. Johnson e il museo d'arte americano*
di Michele Costanzo



Design: Alessandra Mancini

www.postmediabooks.it
ISBN 9788874901272

# Philip C. Johnson

## e il museo d'arte americano

*Michele Costanzo*

postmedia • books

# 1. Introduzione

Philip Cortelyou Johnson è una delle figure più rappresentative della cultura architettonica americana del Novecento. Intelligenza inquieta, nel corso della lunga carriera sarà una presenza influente del dibattito nazionale, alla ricerca di sempre nuove espressioni progettuali per un'*affluent society*, vitale, dinamica, bisognosa di continui stimoli e sollecitazioni. Egli sarà – per usare delle espressioni impiegate nei suoi confronti da critici d'architettura americani – un "sensibile *tastemaker*", in grado di condizionare, plasmare gusti e tendenze e un "disinvolto *broker*", abile nel mediare i flussi della moda artistico-architettonica

Nessun altro personaggio come Johnson sarà capace di mettere in connessione tra loro tanti e così diversi ruoli appartenenti all'ambito dell'architettura: progettista, critico e teorico, curatore del Department of Architecture and Industrial Design del Museum of Modern Art, docente universitario (alla Yale School of Architecture), collezionista e promotore dell'arte moderna e contemporanea.

Uomo di successo, abile nel capitalizzare le sue connessioni con il mondo degli affari e della finanza, dell'arte e dell'architettura, saprà utilizzare in maniera assai produttiva i canali della comunicazione – televisione e carta stampata – per affermare il proprio prestigio, per esercitare il proprio ascendete nei confronti del pubblico.

La sua personalità molteplice, può essere considerata perfettamente rispondente a quell'acuta distinzione operata nei confronti dell'umanità da Isaiah Berlin nel saggio, *Il riccio e la volpe*. In cui individua due categorie contrapposte che indica con i nomi dei due animali del titolo del suo libro: da un lato, il riccio che rappresenta coloro «[...] che riferiscono tutto a una visione centrale, a [...] un principio ispiratore, unico e universale, il solo che possa dare un significato a tutto ciò che essi sono e dicono»; dall'altro, la volpe, dedita a perseguire «[...] molti fini, spesso disgiunti e contraddittori, magari collegati soltanto genericamente, *de facto*, per qualche ragione psicologica o fisiologica, non unificati da un principio morale o estetico»[1]. Seguendo, dunque, la logica della singolare contrapposizione offerta dal pensatore russo – così piena d'ironia e sarcasmo – non sembra difficile incasellare l'architetto americano nel raggruppamento delle volpi.

Johnson avrà l'opportunità di partecipare attivamente al processo di modificazione della cultura del progetto e al cambio di ruolo del progettista manifestatosi nel percorso ideativo e realizzativo degli ultimi decenni dello scorso secolo[2]; non senza contribuire a causare, con il suo atteggiamento – "non più legato alle regole, ma solo ai fatti"[3] – un drammatico squilibrio di valori.

Di tale andamento trasformativo egli indicherà un proprio cammino, introducendo un differente traguardo ed una altrettanto distinta logica interattiva con i multiformi aspetti che compongono la realtà.

La sua ossessiva adesione al gusto mutevole del tempo sarà denominata da alcuni suoi estimatori – amanti degli ossimori – "*the constancy of change*"[4], mentre dai suoi critici sarà giudicata come una manifestazione di "*instability*": espressione che più puntualmente rispecchia una delle caratteristiche del presente esistere e che corrisponde alla percezione di un mondo in cui tutto cambia troppo velocemente per poter individuare i punti fermi che comunque esistono.

Nonostante l'ambiguità della sua posizione d'intellettuale in campo critico e tutte le perplessità che possono sorgere a proposito della sua produzione progettuale, la lettura dell'opera johnsoniana risulta essere un prezioso veicolo per comprendere i percorsi di sviluppo dell'architettura moderna negli Stati Uniti, nonché quella fase di trapasso del progetto che va dal *moderno* al *contemporaneo* nel mondo globalizzato.

Tale linea di rottura con la tradizione si manifesterà anche nei confronti del museo. Egli parteciperà, infatti, all'ideazione e realizzazione del MoMA [Museum of Modern Art] di New York: un museo basato sulla concezione di unità tra le arti, tra cui l'architettura con un suo importante ruolo. Questo porterà alla creazione, per la prima volta in un museo d'arte, di un Department of Architecture[5], di cui Johnson sarà il primo direttore.

Il serrato collegamento tra la terna delle arti visive proposto dal MoMA corrisponderà per Johnson ad un obiettivo che cercherà di definire, nel corso della sua carriera, con sempre più puntuale chiarezza: quello di conferire all'architettura una maggiore autonomia espressiva, svincolata da questioni derivanti da specifiche funzioni o bisogni legati alle necessità della quotidianità della vita.

Il rapporto arte-architettura sarà sempre un tema centrale, una sorta di filo continuo che attraverserà l'attività di Johnson: come progettista, come critico, come teorico e come docente universitario.

L'idea della stretta vicinanza tra arte e architettura sarà, anche, uno dei motivi che lo porteranno ad impegnarsi con particolare trasporto nella progettazione dei musei d'arte contemporanea. Ne realizzerà un notevole numero, con molte varianti dal punto di vista concettuale, formale, spaziale/organizzativo. E, presi nel loro insieme, sono un autorevole contributo alla definizione della fisionomia del museo d'arte americano.

1. Isaiah Berlin, *Il riccio e la volpe*, Adelphi, Milano 1986, pp. 71-72.
2. Vittorio Gregotti, ha trattato la questione del cambio di ruolo dell'architetto in diversi scritti. In: *Contro la fine dell'architettura*, egli afferma che la disciplina architettonica si sta trasformando, in quanto accoglie in sé un coacervo di differenti attività e l'architetto è solo uno specialista della forma all'interno di un team che produce il manufatto edilizio. Per cui, bisogna registrare il fatto che l'architettura sta diventando «[...] *una disciplina estetica del mercato del consenso*», Einaudi, Torino 2008, p. 79.
3. Philip Johnson, *What Makes Me Tick*, in: *Writings*, Oxford University Press, New York 1979, p. 260.
4. Si fa riferimento al libro a cura di Emmanuel Petit, *Philip Johnson. The Constancy of Change*, Yale University, New Haven 2009; in cui sono raccolti numerosi contributi di amici ed estimatori di Johnson, che spesso, però, non si sottraggono dal manifestare opinioni critiche nei suoi confronti. Nell'introduzione Petit così scrive: «[...] senza mai rinunciare a sfidare i riconosciuti canoni dell'architettura. È stato un esteta che, senza rimorsi, ha sperimentato con piacere sempre nuove idee». p.VII.
5. Nel dopoguerra, la denominazione Department of Architecture, verrà modificata in: Department of Architecture and Industrial Design.

## 2. L'inizio del percorso formativo

Un forte contributo all'avvio e allo sviluppo della personalità di Johnson è dato dalla famiglia, appartenente alla *upper-middle-class* di Cleveland, Ohio. Da parte del padre, Homer Hosea, avvocato di successo, laureato ad Harvard, riceve un forte incentivo ad amare l'Europa, in particolare la Germania che considera una nazione molto incline ai piaceri della vita e dell'arte; per cui, fin da piccolo con le due sorelle Jeannette e Theodate[1] comincia ad apprendere la lingua di quel paese da due tate tedesche che si succederanno nel corso degli anni: Fräulein Tietemann e Fräulein Dorner.

Questa vicinanza sentimentale nei confronti dell'Europa, sarà molto presente nelle famiglie americane del *Midwest* appartenenti ad una categoria sociale elevata e particolarmente acculturata; anche se, tale 'rapporto affettivo' con il Vecchio Mondo non sarà privo di una certa intima tensione, come mette assai bene in rilievo Henry James in numerosi romanzi, tra cui *L'americano* che può considerarsi una perfetta metafora di questa sofferta relazione. Il romanzo tratta di un lungo soggiorno in Europa di Christopher Newman e di una sua assai difficile relazione sentimentale con la giovane e nobile parigina Claire de Cintré che non riuscirà a trovare conclusione nel matrimonio, ma in un drammatico distacco, procurando nei due protagonisti una profonda lacerazione interiore.

Johnson cresce in campagna nella vasta proprietà della famiglia paterna, la Townsend Farm. Il suo amore per la natura, si può dire, abbia una sua radice in questa esperienza che, a detta dello stesso Johnson, gli procurerà un'infanzia felice.

Da parte della madre, Louise Pope, che proviene da una famiglia agiata e dai gusti raffinati, riceve un forte incentivo ad amare l'arte. Dopo aver studiato storia dell'arte al Wellesley College, infatti, soggiornerà in Italia per conseguire la specializzazione in questa disciplina. Sarà, dunque, un fondamentale appoggio e stimolo alla preparazione di Johnson nel settore delle arti e dell'architettura; anche a seguito dei numerosi viaggi culturali che farà, soprattutto in Europa, con il figlio fin dalla sua giovane età (e spesso, anche, con le sue due sorelle).

Tra il 1918 e il 1919 Johnson soggiorna in Francia, a seguito di un incarico governativo ricevuto dal padre direttamente dal presidente Thomas Woodrow Wilson. In questo modo, ha l'occasione di conoscere Parigi e visitare con la madre la cattedrale di Chartres ricevendone una profonda emozione ("avevo solo 13 anni", come ricorderà in alcune interviste).

La madre non avrà solo un ruolo importante nella definizione dei suoi interessi culturali filosofico-artistici, ma anche nell'individuazione del suo percorso di studio e in altre determinanti scelte.

In seguito, frequenta l'High School Hackley a Tarrytown, New York, dove studia, oltre alle materie di programma, il pianoforte. Il bambino timido diventerà più sicuro di sé, anche se affetto, in modo saltuario, da crisi nervose.

Si iscrive nel 1924 all'Harvard University, come aveva fatto suo padre, ma anziché legge sceglie filosofia.

Alla fine dell'anno il padre decide di distribuire le sue proprietà ai figli. Le due sorelle ottengono una buona dose di beni immobiliari, Johnson riceve, invece, delle azioni dell'ALCOA [Aluminium Company of America]; azioni che, da quell'anno, cominceranno a salire in modo vertiginoso e Johnson diventerà un giovane molto ricco.

L'improvvisa, cospicua disponibilità di denaro gli dà una notevole sicurezza e gli consente di sviluppare una forma di generosità verso i colleghi dell'università; in seguito, tale atteggiamento diventerà un tratto della sua personalità ed, anche, un 'subdolo' mezzo per imporsi alle persone. Come Anson Hunter – il personaggio di Scott Fitgerald, in *The Rich Boy* – non mancherà di assumere atteggiamenti stravaganti e, come tutte le persone ricche, cercherà di padroneggiare il mondo (almeno secondo la visione dello scrittore statunitense). Ma questa nuova condizione lo spingerà, altresì, a ricercare in se stesso delle capacità ancora non espresse.

Nel primo anno ad Harvard segue i corsi di inglese, greco, latino e storia. Prosegue con lo studio del pianoforte al punto da prendere in considerazione una sua futura carriera come pianista. Un'altra possibilità che egli considera, come futuro impegno lavorativo dopo la laurea, è l'insegnamento del greco in una *secondary-school* o, anche, presso un'università.

L'interesse principale, tuttavia, è verso la filosofia, ama Platone. È uno dei migliori allievi del professor Raphael Demos, stimato studioso del pensatore greco. Johnson tenderà gradualmente ad integrare l'amore per la poesia con il suo interesse per la filosofia dell'età classica. Scrive in una lettera alla madre «Non dobbiamo dimenticare che Platone amava la poesia, anche se voleva metterla al bando»[2].

Si riaffacciano in questo periodo le crisi nervose di cui aveva sofferto in gioventù, per cui è costretto a saltare degli esami. Per distrarsi, secondo il consiglio del neurologo che segue i suoi disturbi, parte per l'Europa, va in Inghilterra. Con l'aiuto del medico scoprirà, in seguito, che le sue crisi sono dovute alla lenta presa di coscienza della sua omosessualità.

Prosegue con gli studi, ma nel 1927 cade in un'altra crisi nervosa che sarà curata con un altro viaggio in Germania, ad Heidelberg, per perfezionare il tedesco. Nel 1928 fa ancora un lungo viaggio in Europa, questa volta con la madre e la sorella Jeannette che deve organizzare il suo matrimonio a Parigi, in primavera. Si spostano in nave, visitano la costa berbera, dall'Algeria fino all'Egitto, dove Johnson ha modo di vedere le piramidi della piana di Giza, da cui riceverà una forte emozione. Poi raggiungono la Grecia, dove ad Atene il Partenone gli fa scoprire in maniera chiara il suo interesse per l'architettura. E ancora, si dirigono in Italia e, infine, in Francia, fermandosi, come nel programma, a Parigi.

Gli interessi di Johnson tendono a spostarsi sempre più verso le arti visive. Segue le lezioni dello storico dell'arte Paul Sachs. Scrive degli articoli di critica per la rivista trimestrale studentesca, a carattere artistico-letterario, «Hound and Horn».

Nello stesso anno la lettura di un articolo di Henry-Russell Hitchcock sull'architetto olandese Jacobus Johannes Pieter Oud, pubblicato su «The Arts»[3], sarà per lui – come dirà scherzosamente in un'intervista – l'equivalente della caduta da cavallo nella conversione di Saulo/Paolo[4]: da quel momento deciderà di occuparsi in maniera sistematica di architettura. «Era chiaro che per l'architettura soffiava una nuova brezza – ed io sono stato sempre dalla parte sbagliata, rispetto a tutto [...]. Così, questa volta era chiaro che.... La [mia] vita era cambiata.... Io ero quel tipo. È possibile ottenere una conversione totale entro due secondi. E ho fatto proprio così»[5].

Al ritorno dal viaggio c'è un cambio d'interesse negli studi filosofici: da Platone Johnson passa a Friedrich Nietzsche. Rimane colpito dalla lettura del libro *Also sprach Zarathustra. Ein Buch für Alle und Keinen.* Un libro scritto per sentenze e brevi *flash* narrativi sul tema dell'aspirazione al Superuomo, inteso come superamento di sé: descritto dal filosofo come il progredire dell'umanità verso una nuova forma al di sopra della propria essenza.

La scoperta del pensiero di Nietzsche produce in lui un cambiamento che egli riconduce ad una manifestazione del senso estetico. Egli considera il pensiero del filosofo tedesco «[...] costruito su idee assolutamente in contrasto con gli assoluti morali di Platone. Nietzsche, del resto, ha scritto come un poeta, con il fervore di un poeta, a differenza del sobrio Platone»[6].

In quegli anni, il famoso filosofo e matematico britannico Alfred North Whitehead si era trasferito ad Harvard. Johnson rimane attratto dal suo insegnamento, diventando una presenza fissa nel suo corso. Nello stesso tempo egli comprende, nonostante il suo impegno nello studio, che l'ipotesi dell'insegnamento della filosofia non è più attuale nei suoi progetti.

Nel 1929 la sorellaTheodate sarà l'inconsapevole tramite dell'incontro di Johnson con Alfred H. Barr jr., una figura che avrà un'estrema importanza nella sua vita per il suo fattivo aiutato in alcune fondamentali scelte.

1. I fratelli e le sorelle di Johnson sono tre: Jeannette, Alfred, che morirà a cinque anni di mastoidite eTheodate, nata dopo Philip.
2. Franz Schulze, *Philip Johnson. Life and Work*, University of Chicago Press, Chicago 1994, p. 37.
3. Henry-Russell Hitchcock, *The Architectural Work of J.J.P, Oud*, «The Arts» n. 13, febbraio 1928.
4. Sharon Zane interviews with Philip Johnson, MoMA Oral History Program, New York, 1990/1995. http://www.moma.org/pdfs/docs/learn/archives/transcript_johnson.pdf.
5. Ivi.
6. Franz Schulze, *Philip Johnson. Life and Work*, op. cit., p. 44.

# 3. L'incontro con Alfred H. Barr

Alfred Hamilton Barr jr. è un giovane studioso d'arte contemporanea. Aveva terminato di svolgere un corso di storia dell'arte presso il Wellesley College, frequentato da Theodate. Le lezioni avevano affrontato uno specifico percorso del Modernismo: dal Post-Impressionismo, al Cubismo, dalle scuole americane, al Bauhaus fino a giungere al Costruttivismo russo. Johnson si reca al campus con la sorella; in tale occasione conosce Barr e ha modo di conversare con lui per un lungo pomeriggio. All'inizio è intimidito dal comportamento altezzoso del giovane professore e nello stesso tempo ne è intimamente conquistato. Questo perché Johnson è attratto dalle persone autoritarie (come la madre), ne riceve una scossa emotiva che stimola il suo intelletto.

Così, sebbene la sua preparazione nel campo artistico non gli consenta di misurarsi in una dotta conversazione, si lascia ugualmente coinvolgere da Barr, ricavandone un discreto successo. «Questo incontro [...] farà comprendere, in maniera chiara, a Philip », scrive Franz Schulze, «che aveva portato la sua mente ad un fondamentale punto di chiarificazione, dando nuova sostanza al viaggio estivo programmato per l'Europa»[1].

Il colloquio tra i due sarà l'inizio di una lunga amicizia. Scrive a sua madre che Barr intende creare un dipartimento di architettura all'interno della struttura di un nuovo e moderno museo a New York e che sente di avere "molto da imparare e rapidamente!". Johnson metterà in atto in quest'occasione – come dirà in un'intervista – la capacità di concentrazione intellettuale della madre e la socievolezza e il tratto estroverso del padre, nonché la nervosa vitalità che gli è propria. «Ho incontrato Alfred Barr alla laurea di mia sorella nel 1929», ricorda Johnson, «Era impegnato nella creazione di un museo [il MoMA], e dopo una breve conversazione mi ha detto: "Vuoi essere il capo del dipartimento di architettura del museo?".

Beh, sono rimasto un po' sorpreso com'è naturale, in quando ero ancora ad Harvard – mi sono finalmente laureato nel 1930»[2]. Alla proposta di Barr, Johnson rimane sul principio scettico. «Non ci potevo credere. Poi mi sono reso conto che era una persona audace. E, naturalmente, avrebbe ricevuto per sé un grande vantaggio in quanto potevo non volere alcuno stipendio. E questo, sarebbe stato per lui un grande aiuto [...]. E pur non sapendo ancora nulla di architettura mi resi conto che potevo facilmente imparare»[3].

La conversazione con Barr accenderà la fantasia e stimolerà l'impegno di Johnson che darà una precisa finalità al suo viaggio in Europa programmato per l'estate. E questo, anche se gli mancava ancora un semestre per laurearsi. Barr gli fornisce un elenco di opere, di luoghi da visitare e d'importanti personalità da incontrare. Johnson parte in nave e porta con sé la sua Packard decapottabile. È munito, anche, di una macchina fotografica speciale che si è fatto realizzare secondo le sue indicazioni e di una macchina da scrivere portatile (con la quale abitualmente scrive alla madre e agli amici). Sbarcato a Bremerhaven si dirige ad Heidelberg con l'intenzione di stabilire il campo base in quella città che ben conosce per un precedente lungo soggiorno.

Segue con scrupolo le indicazioni di Barr per la ricerca delle architetture moderniste, non trascurando tuttavia di visitare quelle storiche, a partire dalla cattedrale di Freiburg. Come scrive alla madre: "the most beautiful thing I have yet seen in Germany". Poi va a Manheim e a Stoccarda, dove visita il Weissenhofsiedlung (fortemente raccomandato da Barr): "just perfect for me to begin on [...] my first view of things by Le Corbusier, Walter Gropius, and Oud, the three guest living architects". In questa lettera, non cita Ludwig Mies van der Rohe perché ancora non conosce la sua opera; così trascura il suo dominante edificio di tre piani. In seguito, com'è ben noto, sarebbe diventato il suo architetto favorito.

Sempre mantenendo Heidelberg come residenza provvisoria, andrà a visitare gli edifici medioevali e rinascimentali di Rothemburg e quelli barocchi di Würzburg. In agosto va per due settimane a Londra. Torna in Germania in aereo. Si sposta poi in Olanda: va a Den Haag, e a Hoek van Holland per vedere il quartiere operaio dell'architetto Oud e, infine, a Rotterdam per incontrarlo e visitare insieme le sue case a Spangen e a Kiefhoek. Johnson pensa di realizzare un libro d'architettura composto dalle foto da lui scattate, accompagnate da un breve testo, ma il progetto sarà accantonato.

Si sposta a Berlino, città che lo attrae per il suo dinamismo e perché rappresenta il centro della cultura europea. Essa risponde al meglio ad ogni suo interesse: opera, balletto, teatro, cinema sperimentale d'avanguardia, esposizioni d'arte e caffè in cui potersi attardare in animate conversazioni con gli amici. Va a Dessau e rimane colpito dall'edificio del Bauhaus: «Si tratta di un magnifico edificio. Lo considero come la più bella costruzione che abbia mai visto, tra un'ampia varietà di case. Forse Hook [of Holland...] è quello che Hitchcock [...] avrebbe chiamato la bellezza più lirica, ma il Bauhaus ha la bellezza del *piano*, e la grande forza del *design*»[4].

Ritornato a Berlino visita una mostra di Paul Klee e compra un suo disegno: la prima acquisizione che segnerà l'inizio della sua collezione.

Sempre a Berlino incontra Gropius che aveva lasciato da circa un anno la direzione del Bauhaus; conosce Wassily Kandinsky e Marcel Breuer del quale apprezza la poltrona Wassily, «Mi piacciono le cose che [Marcel Breuer] ha fatto, sarebbe stato qualcuno anche se avesse solo inventato, all'età di 26, l'ormai famosa sedia fatta di tubi»[5].

Nonostante l'attenzione al canone modernista seguita a rimanere attratto dal barocco. Così, interrompe il soggiorno berlinese e si trasferisce a Dresda e, poi, a Praga: al tempo le due città erano dei gioielli barocchi. Comincia a manifestarsi in Johnson un confuso intreccio tra i suoi interessi verso il barocco e verso il modernismo. Più avanti, tale dualità d'inclinazioni entrerà a far parte della sua personalità di progettista, sotto forma di stravagante sintesi. Ma questo avverrà in seguito, dopo la seconda metà degli anni Quaranta: da questo momento in poi, come architetto, darà origine a un crescendo di proposte ardite, oscillanti dal più austero modernismo, alle più esuberanti evoluzioni formali.

Il 7 settembre del 1929 viene inaugurata la prima sede del MoMA. Johnson non sarà presente, avendo scelto di andare a visitare l'Esposizione di Barcellona dove rimarrà profondamente colpito alla vista del Padiglione progettato da Mies. «Il museo ha preso l'avvio senza di me. Sono stato in Europa nell'autunno del '29, per cui ho perso la cerimonia di apertura. Ma, ero meno interessato a Cézanne che all'architettura, così ero in viaggio, a guardare l'architettura moderna. Poi nella primavera successiva ho incontrato Hitchcock, e nel 1930 abbiamo iniziato a lavorare al libro»[6].

Tornerà negli Stati Uniti nella primavera del 1930. Bar lo consiglia di laurearsi al più presto per dare l'avvio ai loro programmi. Torna, così, ad Harvard finisce il semestre e nella primavera si laurea con lode.

1. Ibidem, p. 47.
2. Sharon Zane interviews with Philip Johnson, op.cit..
3. Ivi.
4. Franz Schulze, *Philip Johnson. Life and Work*, op. cit., pp. 54-55.
5. Ibidem, p. 55
6. Sharon Zane interviews with Philip Johnson, op.cit..

# 4. La nascita del MoMA

L'apertura del MoMA a New York offrirà al pubblico un diverso modo di essere del museo e di relazionarsi con esso, attraverso una differente organizzazione e una proposta culturale volta a stimolarne gli interessi.

Uno dei suoi principali obiettivi sarà quello di rendere accessibile l'arte contemporanea a tutte le categorie di visitatori, rendendoli partecipi dei numerosi indirizzi artistici che contraddistinguono lo spirito creativo della modernità, mettendo in atto un vero e proprio laboratorio di ricerca e di studio.

L'idea del MoMA prende forma nel 1928 principalmente per iniziativa di Abby Aldrich Rockefeller, Lillie Plummer Bliss e Mary Quinn Sullivan tre signore della *upper-class* americana, soprannominate "*the Ladies*", progressiste, influenti, collezioniste ed esperte d'arte. Preso atto che i tempi erano maturi per sfidare la politica conservatrice dei musei tradizionali statunitensi daranno l'avvio alla creazione del Museum of Modern Art di New York. Quello che aveva cementato il loro rapporto, oltre all'amore per l'arte moderna, era stata l'amicizia con il pittore Arthur Bowen Davies che era stato uno degli organizzatori dell'Armory Show del 1913. Secondo Eliza Bliss, nipote di una delle *Ladies* – come dichiarerà in un'intervista[1] – l'importanza di Arthur B. Davies è da considerarsi determinante per la nascita del museo, anche se egli morirà prima della sua ideazione, per via della permanenza delle sue idee e del lascito della sua visione dell'arte. Le tre 'signore', che erano state sue amiche, amavano l'arte moderna, «[...] e, insieme ad altri naturalmente, lo avevano aiutato con l'Armory Show. In un certo senso, ho sempre pensato che lui fosse il vero fondatore del museo»[2]. Il loro interesse, inoltre, in quanto collezioniste, era promuovere l'arte moderna, «[...] avevano Arthur B. Davies e l'Armory Show dietro di loro, per cui, proprio per questo motivo, decideranno di fondare un museo.

Sapevano che se i dipinti che avevano raccolto fossero stati lasciati al Metropolitan Museum [...] sarebbero stati messi in cantina. Adesso al contrario [il Metropolitan] sarebbe felice di averli»[3].

Come primo passo verrà costituito un comitato con la specifica mansione di raccogliere i fondi, individuare una sede adatta e scegliere il direttore del nuovo museo. Sarà, allora, contattato Anson Conger Goodyear, già presidente della Albright Art Gallery di Buffalo, anch'egli profondamente interessato all'arte moderna e poi Frank Crowninshield e Josephine Boardman Crane. Alla fine, per individuare la figura idonea a cui affidare il compito della direzione del futuro museo, in grado di dare concretezza all'idea in senso teorico e materiale, sarà consultato Paul Sachs, docente e direttore associato del Fogg Art Museum che indicherà un giovane e promettente studioso, Alfred H. Barr jr., allievo del suo corso sulla curatela museale.

Dopo la nomina, Barr presenterà il suo programma che prevedeva tra i punti più importanti: un'esposizione permanente (con un sostanziale arricchimento della collezione di partenza, consistente in un disegno ed otto stampe, ricevute attraverso una donazione) e delle mostre temporanee che si sarebbero dovute succedere in maniera continuativa. Per quanto riguarda la costruzione della collezione, Eliza Bliss ricorda ancora: «C'era un comitato delle acquisizioni, il cui presidente era Jim Soby. Philip era molto attivo in esso e con Jim e Alfred formavano un trio molto affiatato. Quando Alfred voleva un dipinto e la commissione non riteneva di affrontare la spesa nell'immediato, Philip lo acquistava e lo teneva fino a quando il comitato riteneva che fosse venuto il momento di darlo al museo, in questo modo, grazie a Philip, Alfred è riuscito ad avere un sacco di dipinti che voleva e che non avrebbe potuto ottenere in altro modo»[4].

L'idea di museo per Barr è quella di un contenitore interessato ad accogliere al suo interno tutte le arti visive, comprese quelle applicate. Egli intende l'organizzazione museale come una struttura multidipartimentale con servizi dedicati ad architettura, design, cinema e video, oltre che a pittura, scultura, multipli, disegni e libri illustrati.

Barr era rimasto profondamente influenzato dal suo viaggio in Germania, nel 1927, in cui era andato a visitare la scuola multidisciplinare del Bauhaus. Tenendo in considerazione tale modello, elaborerà un'idea di museo interessato anche a forme d'arte contemporanea meno riconosciute.

L'indirizzo del MoMA sarà quello di un "museo vivente" con il compito di creare sempre nuovi programmi di mostre, corsi d'arte per adulti e bambini, conferenze ed, anche, concerti musicali. Nella sua prospettiva, Barr intende stabilire una stretta correlazione tra le diverse espressioni artistiche, tutte legate da un'unica visione ideale di avanguardia. L'edificio per accogliere il nuovo museo, dedicato all'arte della modernità, dovrà essere situato nel cuore di Manhattan.

Barr pone la pittura, la scultura e la nuova architettura, affermatasi in Europa a cavallo della prima guerra mondiale, al centro dell'estetica moderna. Per questa ragione vorrà istituire, nell'impianto organizzativo del MoMA, un dipartimento dedicato all'architettura che, fino ad allora, non era mai stato inserito negli spazi di un museo.

Il 7 settembre 1929, il Museo d'Arte Moderna prende sede in un locale in affitto al dodicesimo piano dell'Heckscher Building, situato al 730 Fifth Avenue, all'angolo con la 57th Street. L'alloggiamento provvisorio è composto da sette stanze: per gli ambienti espositivi, gli uffici e una biblioteca (la sistemazione definitiva sarà costruita dieci anni più tardi). La prima mostra verrà inaugurata due mesi dopo, il 7 novembre; presenterà quattro artisti europei del XIX secolo. La comunicazione ufficiale dell'apertura sarà data via radio dalla Casa Bianca (era, allora, presidente Franklin Delano Roosvelt). All'inaugurazione parteciperanno 6000 invitati. La risposta del pubblico risulterà più che favorevole. Nel corso dei successivi dieci anni, il museo si trasferirà altre volte in sedi più grandi.

«Nonostante il crollo in atto del mercato azionario», scrive John Updike, «[...] la mostra è stata così assiduamente frequentata che gli inquilini dell'edificio per usare gli ascensori hanno dovuto combattere con la folla. Nei sette improvvisati spazi espositivi sono stati messi in mostra quattro pittori Post-Impressionisti; il "Boston Evening Transcript" così, sarcasticamente, annuncia l'evento: "Giovedì, il neonato Museum of Modern Art ha aperto le porte della sua galleria espositiva in un appartamento. Tra gli ospiti invitati, oltre al solito gruppo composto da un'élite sociale, c'erano Cézanne, Gauguin, Seurat e Van Gogh". Questi ultimi, infatti, hanno partecipato in forza: 35 Cézanne, 26 Gauguin, 17 Seurat, e 27 van Gogh»[5].

Più avanti, nell'articolo di Updike, si legge: «Secondo il libro di Russell Lynes, *Good Old Modern: An Intimate Portrait of the Museum of Modern Art*, uscito nel 1973, la cosiddetta arte moderna, al tempo della fondazione del museo, era mal considerata dal pubblico. Nel 1921, otto anni dopo il famigerato Armory Show, è stata realizzata una mostra di impressionisti e post-impressionisti presso il Metropolitan Museum of Art, con l'indignazione del pubblico tendente all'apoplettico. Quattro pagine di protesta stampata decretarono: "Questo culto 'modernista' degenerato è semplicemente la filosofia bolscevica applicata all'arte", continuando, poi, a proclamare: "Il vero culto del 'modernismo', è iniziato con un piccolo gruppo di nevrotici ego-maniaci a Parigi che si erano definiti "satanisti" – adoratori di Satana – dio della bruttezza".

Il Metropolitan non ha osato ancora mostrare l'arte moderna, contribuendo a creare quel vuoto che le fondatrici femminili del MoMA intendevano colmare: il Museum of Modern Art è stato chiamato "il peggior errore metropolitano". Nel 1929, a proposito della mostra inaugurale del neonato MoMA, Jerome Klein, sempre, nel "Boston Evening Transcript", ha pubblicato la seguente nota: "Per un certo numero di anni, i fiduciari degni del più grande museo americano, il Metropolitan Museum of Art, sono stati sottoposti a notevole imbarazzo; moltissime persone hanno avuto il cattivo gusto di informarsi nella stampa pubblica sul perché i competenti amministratori del museo non si siano informati sulla comparsa dell'arte nel mondo di oggi... Il clamore cresceva e gli amministratori ed i loro scagnozzi si sono svegliati un giorno con la orribile scoperta che Cézanne e i suoi parvenu erano stati presi per anni dalla migliore società".

Ora anche il volgo accetta come ovvia la bellezza e la potenza dei post-impressionisti; lunghe code si formano alle loro mega esposizioni ed i negozi dei musei fanno affari con la vendita di stampe, manifesti, borse e taccuini che consacrano la loro immagine»[6].

Nel 1932, il MoMA, troverà una nuova sistemazione in una costruzione di proprietà di John Davison Rockefeller Jr. all'11 West 53th Street, e potrà mettere in mostra la splendida collezione lasciata al museo l'anno prima da Lillie Bliss. La tradizione filantropica portata avanti dalle ricche famiglie americane sarà un ulteriore elemento che andrà a caratterizzare il MoMA anche dal punto di vista del suo rapporto con il pubblico: non più struttura elitaria, ma attrezzatura culturale di 'servizio', rivolta alla società in senso globale, e specchio di essa attraverso ogni sua manifestazione espressiva.

1. Sharon Zane interview with Elizabeth Bliss Parkinson Cobb, MoMA Oral History Program, July 6, 1988. New York. http://www.moma.org/pdfs/docs/learn/archives/transcript_cobb.pdf.
2. Ivi.
3. Ivi
4. Ivi.
5. John Updike, *Invisible Cathedral. A walk through the Modern*, «The New Yorker», November 15, 2004.
6. Ivi.

# 5. Il MoMA e il museo americano

Il MoMA – la cui collezione prende inizio con opere del XIX secolo – è un significativo punto di partenza di una successione di esperienze tese a rinnovare – nella sua concezione, nella sua organizzazione – in senso radicale il museo e, contemporaneamente, un fondamentale modello di riferimento nella definizione del museo americano d'arte moderna. Nel corso del tempo, infatti, il MoMA si andrà sempre più distinguendo per l'incisività dei suoi programmi di esposizione, direttamente connessi all'alta professionalità dei suoi curatori, al potere economico dei sostenitori delle sue iniziative culturali, ed alle cospicue donazioni di opere d'arte e di denaro. La tradizione filantropica portata avanti per tre generazioni dalla famiglia Rockefeller sarà uno dei principali cardini nel processo di qualificazione, di caratterizzazione del MoMA. Con la sua creazione, verranno a delinearsi, oltre ad una differente configurazione spaziale e architettonica di museo, anche un diverso indirizzo culturale, nonché un distinto modo d'essere della struttura culturale: non più elitaria, come si è già osservato, ma rivolta alla società in senso globale, ed anche suo specchio, attraverso le numerose e varie manifestazioni.

Oltre a tutto questo, il museo d'arte americano si distingue da quello europeo per una differente impostazione teorica/organizzativa e per un diverso obiettivo culturale e sociale. Visto attraverso una prospettiva storica, si tratta di una divaricazione del suo percorso di sviluppo che parte da una radice comune illuminista: prendendo l'avvio nell'Ottocento inoltrato per poi assumere una direzione autonoma agli inizi del Novecento.

Tra i suoi punti caratteristici c'è quello di proporsi come un'istituzione civica con orientamento didattico e formativo e non, secondo la concezione europea, come un emblema rappresentativo della cultura nazionale. Tale indirizzo è dovuto a un insieme di fattori tra cui il forte impulso proveniente dallo sviluppo economico, la volontà di affermazione di un proprio modello di società, di civiltà, di cultura e l'aspirazione a stabilire un netto distacco nei confronti dell'Europa.

In questa fase storica, dunque, il museo è visto come una delle strutture culturali che, meglio di altre, è in grado di incarnare il simbolo di tale volontà di cambiamento, di separazione e, soprattutto, del diverso 'sentimento' della società del Nuovo Mondo. In sostanza, il museo diventa lo spazio in cui tendono a congiungersi due fondamentali categorie – seppure provenienti, in forma distinta, dal pensiero e dalla prassi europea – che sono: l'utile e l'estetico.

Anche in Europa, per ragioni diverse, l'organizzazione museale di tradizione illuminista troverà nel corso del tempo sviluppi in senso innovativo rispetto alla originaria impostazione. Come nel caso del Victoria and Albert Museum[1] a Londra, aperto al pubblico nel 1857. «Il Victoria and Albert Museum», scrive Elizabeth Esteve-Coll, «è un monumento che rispecchia gli ideali culturali dell'Inghilterra vittoriana. Il primo di questi ideali proviene dalla volontà di operare un miglioramento degli standard di progettazione della produzione industriale britannica; il secondo, da quella di rendere più facilmente disponibili ai visitatori le opere d'arte esposte; il terzo, da quella di utilizzare il museo come strumento per l'educazione del pubblico»[2].

Tale struttura – che si pone fuori dalla cornice storico-ideologica del museo universale, enciclopedico[3] di tradizione europea – è frutto dello stimolo alla trasformazione sociale dato dall'industrializzazione e dalla nascente borghesia. Per cui, la presenza nel museo di collezioni di oggetti antichi e moderni andrà ad operare un collegamento tra le arti decorative e il più alto contesto della storia dell'arte e della cultura.

Non a caso il primo importante museo americano realizzato a Washington D.C., lo Smithsonian Institution (1846-1855), progettato da James Renwick jr. – che peraltro è un museo di 'origine' europea, in quanto istituito grazie a una cospicua donazione da parte dell'inglese James Smithson – include al suo interno opere d'arte e, come osserva Helen Searing[4], soprattutto oggetti di carattere scientifico, storico e tecnologico. E questo, per creare un'istituzione dedicata allo sviluppo e alla condivisione del sapere: vale a dire, quello che diventerà, in seguito, una caratteristica primaria del museo americano.

George Brown Goode, direttore dello Smithsonian Institution, s'impegnerà nell'affermazione della necessità per i musei di servire un pubblico ampio e di perseguire specifici scopi educativi. «In questa terra democratica i musei del futuro dovrebbero essere adattati alla necessità del meccanico, dell'operaio, del lavoratore a giornata, del commerciante e dell'impiegato, tanto quanto a quelle del professionista o di chi ha del tempo libero»[5].

I primi musei americani come il Metropolitan Museum di New York, il Museum of Fine Arts di Boston o il Philadelphia Museum of Art, tenteranno di fondere l'impeto pratico del modello del Victorian and Albert Museum con l'idealismo estetico del Louvre e dei musei berlinesi. Il risultato sarà un indirizzo espositivo/comunicativo che rappresenta l'unione di due significativi aspetti della modernità: la civiltà industriale e l'esigenza estetica della società.

Pur investiti di funzioni sociali pubbliche, i musei americani saranno sempre più espressione dell'iniziativa privata da parte di magnati dell'industria, attratti dal un collezionismo concepito come terreno d'investimento e come mezzo per acquisire credibilità e prestigio sociale.

John Cotton Dana, museologo americano, fondatore nel 1909 del Newark Museum, sulla scia intrapresa dai primi musei americani, diventa il maggior sostenitore dell'idea di un museo concepito per il pubblico e per la comunità. Egli afferma la necessità che esso sia finalizzato a «[...] servire come forza propulsiva per il miglioramento del design e dei prodotti in commercio e per mostrare il significato delle arti in relazione alla società industriale: accusando l'arte nella sua accezione classica di essere lontana dalla gente comune»[6].

Sostenitore del museo come *community service*, deputato a dare conoscenze pratiche oltre che "piacere estetico" ai cittadini, Dana scriverà, nel 1917, in «The New Museum», che «[...] un buon museo attrae, intrattiene, sollecita curiosità, porta a interrogarsi e così facendo promuove la cultura e il sapere»[7]. Affermazione da considerarsi alla base del movimento museale moderno.

Per il direttore del Newark Museum, la struttura espositiva deve utilizzare e valorizzare i prodotti dell'industria e gli oggetti comuni, semplici e poco costosi, organizzare mostre temporanee su temi di ampio interesse per attirare un pubblico vasto, rendendolo partecipe dei mutevoli aspetti della realtà contemporanea. In questo modo, esso può diventare uno spazio di promozione culturale (e non più soltanto di conservazione), un luogo che partecipa al processo della conoscenza, alla sollecitazione degli interessi della comunità, rivolgendosi alle categorie di visitatori più diverse: ovvero, al pubblico generico, agli specialisti, ai curiosi, agli esperti. Lo spazio museale si propone, a un tempo, come sistema di raccolta e di diffusione culturale, come luogo della socialità e della conoscenza, come dispositivo per l'intrattenimento e l'istruzione del pubblico. In questo modo viene a delinearsi la nuova natura dell'istituzione museale nella prima metà del Novecento.

Michael D. Levin, nel suo libro, *The Modern Museum: Temple or Showroom*, individua un principale risvolto sociale della modernizzazione del museo nel suo «[...] essersi avvicinato alla strada»[8], un atto che avvierà il suo rapporto con i visitatori ad un processo di democratizzazione.

La realtà verso cui il museo americano del XX secolo tende a identificarsi è quella degli spazi collettivi della metropoli – ossia, delle fabbriche, delle stazioni ferroviarie, delle gallerie commerciali o dei supermarket – e si riconosce nella sua finalità di servizio per la società e per la sua attitudine aperta nei confronti dei visitatori: nelle attività educative a loro offerte e nel culto del pubblico, che rappresenta l'ideale centro prospettico di questo quadro.

1. Victoria and Albert Museum, in precedenza denominato South Kensington Museum, nel 1899 prenderà il nuovo nome in onore della regina Victoria e del suo consorte.
2. Elizabeth Esteve-Coll, *The Victoria and Albert Museum*, Introduction, Scala Publishers, London 1991, p. 8.
3. Tra il 1800 e il 1860 verranno istituiti importanti musei sul modello del Louvre: il Royal Museum a Brusselles (1803), il Rijksmuseum ad Amsterdam (1808), i Musei Vaticani a Roma (1816), la Pinacoteca di Brera a Milano (1818), la Gliptoteca a Monaco (1815) il Prado a Madrid (1819), la National Gallery (1824) e il British Museum (ricostruito nel 1823-47) a Londra, l'Altes Museum a Berlino (1830) e l'Hermitage a San Pietroburgo (1852).
4. Helen Searing, *New American Art Museum*, Whitney Museum of American Art, New York 1982, p. 28.
5. François Mairesse, *Le Musèe Temple spectaculaire,* Press Universitaires, Lyon 2002, p. 57.
6. Pietro C. Marani, Rosanna Pavoni, *Musei. Trasformazione di un'istituzione dall'età moderna al contemporaneo,* Marsilio, Venezia 2006, p. 43.
7. J. C. Dana, *The New Museum*, in *A plan for a New Museum. The Kind of a Museum It Will Profit a City to Montain,* Elm Tree Press, Woodstock, Vermont 1917, p. 76.
8. M. D. Levin, *The modern Museum. Temple Showroom,* Dvir Publishing House, Tel Aviv 1983, p. 35.

# 6. I viaggi in Europa

A New York, Barr, Hitchcock e Johnson formano un gruppo molto unito. S'incontrano quasi quotidianamente in un ristorante cinese al 730 Fifth Avenue. Diventano intimi amici, tra loro c'è una totale concordanza di idee e di gusto. Tale unione avrà un profondo effetto nello sviluppo dell'arte e dell'architettura americana. La loro alleanza, infatti, porterà alla decisione di realizzare una mostra al MoMA sull'architettura europea contemporanea, più precisamente sul *Functionalism*, o *Neue Sachlichkeit*, come veniva chiamata in Germania.

Nell'estate del 1930 realizzano un viaggio in Europa ciascuno per proprio conto, per approfondire la conoscenza delle nuove architetture. Nell'occasione, Barr va a Parigi per sposarsi con Margaret Scolari-Fitzmaurice una giovane italiana, storica dell'arte.

In Europa, a Den Haag, Johnson incontra Oud, «[...] ora è uno dei miei più cari amici»[1], scrive alla madre. Gli propone di costruire una casa per la sua famiglia negli USA. Il progetto, «[...] livable and simply magnificent in proportion and material»[2], sarà eseguito, ma non verrà costruito.

I tre amici si ritrovano a Parigi per il matrimonio di Marga e Alfred. Johnson e Hitchcock lasciano gli sposi e vanno in Olanda; proseguono per Stoccolma, dove restano particolarmente attratti dall'architettura di Gunnar Asplund, poi si spostano in Danimarca, passano per Amburgo e si fermano a Berlino e si rendono conto che la città sta cominciando a manifestare i primi negativi segni prodotti da una crisi economica in fase evolutiva. Come diretta conseguenza di questo c'è un preoccupante arresto nella produzione architettonica. I progetti sono immaginati, disegnati, discussi, piuttosto che realizzati. Johnson è colpito dalle opere di George Grosz e Otto Dix, dalla carica espressiva della loro arte che registra il senso dell'incipiente tragedia: ma che Johnson percepisce piuttosto dal punto di vista estetico, che nella sua portata drammatica. Incontra Mies e lo incarica di progettargli l'interno del suo appartamento a New York, al 424 East 52nd Street. La proposta è un *escamotage* per poterlo meglio conoscere ed entrare con lui in un più stretto rapporto. In quel momento l'architetto tedesco aveva appena realizzato la Tugendhat House a Brno (1928-1930). Come scrive in una lettera a Barr, Johnson vede gli architetti europei come dei "sociologi" che usano l'architettura come un mezzo per la propaganda socialista. Apprezza Mies perché non è interessato a conferire significati sociali all'architettura, né a cercare di spiegare le sue ragioni progettuali, ma vuole, viceversa, impartire ad esse una valenza spirituale. Vanno a visitare insieme la Tugendhat House. Tornato negli Stati Uniti, così gli scrive: «[...] it is like a Pantheon [...] without question the best-looking house in the world»[3].

La ragione dell'interesse di Johnson per Mies risiede nel fatto che considera la sua architettura come un'espressione astratta: un'avanguardia fatta di silenzio e di pure forme. Ritiene che egli persegua la semplicità e la purezza classica delle proporzioni. Al contrario, gli edifici e i loro interni sono ricchi: per essi vengono utilizzati materiali di lusso come il marmo, i legni rari, le sete. Una ricchezza che, secondo la sua visione, rimanda alla grandezza classica e al piacere del corpo. Inoltre, a differenza di Le Corbusier e di Gropius, Mies aveva affermato di odiare le parole e le teorie.

Del resto Johnson non ama la *Neue Sachlichkeit* ("Function is not important" è una delle sue celebri frasi). Da questo movimento isolerà solo alcune figure tra le quali Oud, Gropius, Le Corbusier e, soprattutto, Mies che eleggerà a suo maestro: una devozione che lo porterà ad essere soprannominato Mies van der Johnson. «Mi è sempre piaciuto essere chiamato Mies van der Johnson. È sempre sembrato logico nella storia dell'architettura che un giovane s'identificasse, anzi imitasse, un grande genio della generazione precedente»[4].

Così, mentre cerca di mostrare il contenuto di ribellione del movimento, punta a bloccarne le energie radicali di trasformazione, elaborando una forma di distacco dalla nuova architettura. A volte manifesta questa sua posizione attraverso battute venate da sottile *humour*. In una sua lezione a Yale dirà agli studenti: «Preferirei dormire in una delle navate della cattedrale di Chartres, con il gabinetto più vicino a due isolati di distanza, piuttosto che in una casa di Harward con i bagni spalla a spalla»[5]. Questa frase, che sembra avere solo lo scopo di sorprendere chi ascolta, al contrario, mette in luce due sintomatici aspetti della visione progettuale johnsoniana.

Il primo, come si è già notato, riguarda la sua contraddittoria volontà di distaccarsi dall'*Internazional Style*: una tendenza architettonica che doveva costituire una *koinè* del linguaggio progettuale negli Stati Uniti e nel mondo, ma che nonostante l'impegno profuso nella diffusione della sua norma, nel corso del tempo, si adopererà per scardinarne la struttura. Ancora, nel corso di un'altra lezione alla Yale University dirà dell'*International Style*: «[...] è durato per un certo periodo di tempo, forse dal 1923 al 1959. Ma perché questa rivoluzione è stata così improvvisa e perché ha assunto proprio quelle forme? È stata la reazione finale delle forme che hanno preso il sopravvento sulle idee»[6]. Dopo la collaborazione con Mies per la realizzazione del Seagram Building, nel 1959, dichiarerà definitivamente concluso il suo rapporto con il maestro di Aquisgrana: «Mies è un grande genio. Ma sono cresciuto. Nessun rispetto, nessun rispetto»[7]. Da questo momento in avanti aprirà ad una serie di sperimentazioni linguistiche che definirà *Functional Eclecticism*: abbandonandosi a ricerche di tipo storicista che rientreranno, in qualche modo, nel postmodernismo. Approdando, in seguito, con la mostra *Deconstructivist Architecture*, sulle spiagge della scomposizione semantica; e, poi, abbandonando anche quella posizione per giungere a un genere di architettura che guarda direttamente l'arte: intesa come libera espressione della creatività del progettista.

Il secondo, concerne il suo interesse per l'architettura storica, legata alle 'scoperte' della sua gioventù, ai viaggi culturali in Europa con la madre, le sorelle e al ricordo della cattedrale di Chartres che era stato il primo monumento architettonico che lo aveva profondamente commosso.

Nel 1992, a una giornalista dell'Academy of Achievement che gli domanda il significato dell'affermazione, "Non si può non conoscere la storia" – pronunciata nel corso di una lezione a Yale, nel 1959 -, Johnson risponderà: «Eravamo nei primi anni Cinquanta o '40 e pensavamo che tutto potesse essere risolto con i mezzi della tecnologia. La scienza si sarebbe presa cura di tutto e senza *input* di qualche importanza di storia e cultura. Non ho mai creduto a questo e ancora non lo credo. Sostengo, piuttosto, che bisogna avere una sensibilità per la storia dell'architettura. Ho cominciato come storico, quindi probabilmente stavo seguendo ciò che m'interessava. Sentivo che non si può non conoscerla [la storia] perché essa è, comunque, lì tutto il tempo, è intorno a noi. Se la si ignora, allora è come negare l'ingresso che ogni edificio deve avere. Così, non si può non conoscerla. Era una buona osservazione. L'ho scritta sull'intonaco di un muro a Yale, quando ho insegnato lì»[8].

Secondo Peter Eisenman l'eclettismo rappresenta per Johnson «[...] la possibilità di pescare nella storia le forme, i modelli e le tendenze preferite. Sia quando costruisce, sia quando scrive, può così permettersi di essere il primo ad allontanarsi dalla via maestra: se si è così bene informati come lui (Johnson conosce le fonti meglio di qualsiasi altro), si possono creare nuove immagini, partendo da riferimenti poco conosciuti»[9].

1. Franz Schulze, *Philip Johnson. Life and Work*, op. cit., p. 63.
2. Ivi.
3. Franz Schulze, *Philip Johnson. Life and Work*, op. cit., p. 68.
4. Philip Johnson, *Whither Away – Non-Miesian Directions*, in: *Writings*, op. cit., p. 227.
5. Cit. in: Vincent Scully, *Modern Architecture and Other Essays*, Princeton University Press, Princeton, p. 141.
6. Philip Johnson, *Whither Away – Non-Miesian Directions*, in: *Writings*, op. cit., p. 228.
7. Ibidem, p. 227.
8. Academy of Achievement, *Philip Johnson Interview*, New York, February 20, 1992. http://www.achievement.org/autodoc/page/joh0int-7
9. Peter Eisenman, *Foreward*, in: *Writings*, op. cit., p. 14.

# 7. International Style e altre mostre

Tra la fine del 1930 e la primavera del 1931, Johnson comincia a lavorare per il MoMA senza percepire un salario, con una segretaria, Ernestine Fantl, che paga di tasca propria.

Nel febbraio del 1931 l'Architectural League, nella selezione per la sua mostra annuale aveva incluso un gruppo di giovani architetti modernisti. In seguito, per le reazioni negative della stampa, li aveva esclusi. Come replica a tale poco coraggioso atto, Barr deciderà, allora, di fare una esposizione al MoMA intitolandola *Rejected Architects*, prendendo lo spunto dalla 'contro-mostra' del Salon des Refusés a Parigi, nel 1863. Johnson partecipa alla cura e all'allestimento della mostra, che può considerarsi una sorta d'introduzione a quella successiva: *Modern Architecture – International Exhibition*.

Per completare la ricerca dei materiali di questa seconda mostra, nell'estate del 1931 i tre amici si recano ancora una volta in Europa secondo itinerari indipendenti. Johnson va a visitare la Berlin Building Exposition, dove Mies van der Rohe è direttore della sezione dedicata alla casa[1]. La mostra si svolge all'interno di un capannone industriale. In esso, sono esposti modelli di case e appartamenti progettati da diversi architetti. «Come nell'esposizione del Werkbund del 1927», scrive Johnson, in un articolo per il «New York Times», «Mies van der Rohe ha selezionato solo gli architetti che seguono l'*International Style*, un tipo di architettura che in America si vede solo negli studi dei *Rejected Architects*»[2]. E più avanti aggiunge: «Tra le case, quella unifamiliare ad un piano, di Mies, si eleva al di sopra di tutte le altre. Le pareti sono tutte di vetro con un muro pieno verso la strada. Nonostante l'uso del vetro e sebbene non ci siano porte, salvo quelle che danno in cucina, l'intimità non manca [...]. L'aspetto della casa non è quello di una scatola con quattro superfici lisce, interrotte da finestre e porte, è piuttosto uno spazio tridimensionale intersecato da piani [...]. La casa non è strettamente funzionale come molti architetti americani vorrebbero che fosse [...]. Ma Mies ha da molto superato lo stadio in cui la casa è vista dall'architetto come l'espressione dei bisogni della famiglia al minor costo e con un funzionale sfruttamento dello spazio. La casa di Mies è decisamente di lusso. Per questo motivo Mies è odiato da molti architetti e critici, specialmente comunisti»[3].

Un anno dopo, sarà realizzata la mostra *Modern Architecture – International Exhibition*, organizzata attraverso l'esposizione di modelli, disegni e foto. Gli architetti invitati sono europei, con la prudente aggiunta di alcuni statunitensi per evitare possibili polemiche. Nessuno spazio all'architettura visionaria, per cui non troveranno accoglienza i costruttivisti russi. In realtà questa ragione ne nascondeva un'altra: il fatto che il Costruttivismo promuoveva tra i suoi obiettivi una vera e propria fusione tra arte d'avanguardia e politica. Per Johnson, questo, era un argomento da tenere lontano, in quanto voleva dire comunismo, materialismo, rapporto con le masse; dunque, non un'arte come espressione di un sentimento individuale, come una narrazione della storia e dell'ideologia[4].

Tale visione molto settoriale del Movimento Moderno sarà emendata da Johnson nel 1988, con un'esposizione ancora una volta al MoMA, intitolata "Deconstructivist Architecture", in cui il Costruttivismo e i costruttivisti saranno tra i soggetti principali.

Nella mostra *Modern Architecture – International Exhibition* il maggiore spazio sarà riservato a quattro opere: Ville Savoy di Le Corbusier, Tugendhat House di Mies, House on the Mesa di Wright, e Pinehurst House di Oud[5]. Resterà aperta nella sede di New York sei settimane, poi girerà in 13 diverse città degli Stati Uniti: producendo l'effetto di un positivo *shock* per la cultura architettonica del paese e andando a costituire un forte incentivo al rinnovamento degli obiettivi della ricerca progettuale. Essa produrrà, per l'architettura americana, quello che nel 1913 aveva determinato, nei confronti dell'arte, l'Armory Show[6]: un radicale cambio d'indirizzo dell'impegno figurativo. I contenuti della mostra saranno, in buona parte, i protagonisti della svolta americana in campo architettonico che porterà ad un diverso percorso del Moderno.

La nuova produzione europea, osserva Tim Benton, era una realtà ancora poco nota negli USA, com'è testimoniato dal fatto che gli unici libri americani che compaiono nella bibliografia del catalogo sono degli organizzatori della mostra, mentre gli altri sono di autori europei: *Vers une architecture* di Le Corbusier del 1923, *Internationale Baukunst* di Hilberseimer del 1926, *Die Baukunst der Neusten Zeit* di Platz del 1927, *Bauen in Frankreich* di Giedion del 1928, *Architecture* di Lurçat del 1929, *Die Neue Baukunst* di Taut del 1929.

Questa tensione verso il cambiamento sarà rafforzata dall'arrivo di un notevole numero di architetti dall'Europa nel Nuovo Mondo, protagonisti all'origine della formazione di tale linguaggio. Essi andranno, in buona parte, ad insegnare nelle più prestigiose università, spesso occupando importanti cattedre o ad operare attivamente in grandi centri urbani. Posizioni entrambe autorevoli che avranno la funzione di tribune da cui diffondere l'innovativo verbo progettuale, anche se forzato ad adattarsi al diverso contesto politico ed economico-produttivo, depurato dal combattivo spirito originario e percorso da una visione ideologica legata al sociale.

La mostra, oltre ad avere la capacità e l'efficacia di dare una propria impronta alla cultura di un'epoca, lascerà un segno anche rispetto alla sfera personale di Johnson che, in buona parte, condizionerà le sue future scelte. Sarà un'esperienza decisiva per la sua formazione e un'importante occasione per una chiarificazione dei suoi reali interessi e delle sue attitudini. Segnerà, dunque, una profonda traccia nel suo percorso esistenziale. Così, il suo amore per l'arte lo porterà a creare una personale collezione d'importanti opere e, in seguito, a progettare numerosi edifici museali a partire, proprio, dagli interventi di ampliamento e di risistemazione del MoMA.

Il catalogo di *Modern Architecture – International Exhibition* è composto da: una presentazione di Barr, in cui tratta del nuovo 'stile' chiamando in causa altri due precedenti: il bizantino e il gotico; una nota storica di Johnson sul modernismo in architettura; un saggio di Hitchcock che riprende il tema già trattato nel suo libro *The International Style: architecture since 1922*; e un testo di Mumford, *Housing*, sul significato sociale della nuova architettura abitativa.

Riguardo al tema centrale dell'esposizione – ossia il concetto di nuovo stile – scrive Johnson nel 1931, alcuni mesi prima dell'inaugurazione della mostra: «Il nuovo stile si adatta ad ogni tipo di struttura, sia essa una fabbrica, una chiesa o un'abitazione. In ogni caso la costruzione sarà rigorosamente moderna, senza mai abbandonare i principi su cui si basa. [...] non esisterà mai un guazzabuglio modernistico con strutture nascoste e con particolari decorativi di fantasia. [...] l'architettura moderna mentre accetta l'era della macchina la trascende. L'architetto lavora sapendo di dover creare superfici piane dove possano essere applicate lastre di metallo e di vetro e pannelli di legno e di marmo. Ci s'ingegna ad usare lo splendido prodotto delle macchine non con lo scopo di ottenere da esse un'imitazione di ciò che era originariamente un ornamento fatto a mano. L'architetto moderno lavora per svelare la bellezza dell'edificio, della pianta e dei materiali costruttivi»[7]. La conclusione del testo è, più direttamente, rivolta alla prossima esposizione del MoMA: «[...] si sente il bisogno di una mostra comprensiva di tutti gli aspetti dell'architettura moderna. Né in America, né negli altri paesi del mondo si è tenuta una mostra di questo genere [...]. La nostra attuale visione limitata potrebbe essere colmata da tale mostra. Si sente fortemente l'esigenza di un avvicinamento a un modo integrato e razionale di costruire. Gli stimoli e le indicazioni che potrebbero essere dati all'architettura contemporanea da una mostra di questo genere sono incalcolabili»[8].

Il libro *The International Style*[9] sviluppa, in forma piana ed accessibile ad un più vasto pubblico di lettori, l'ultimo capitolo di un ponderoso saggio di Hitchcock, *Moderne Architecture-Romanticism and Reintegration* (1929). Il testo – affermerà Johnson non rinunciando al gusto per l'esagerazione – «[...] will pratically be a translation of Russell's big book»[10].

Il punto critico della mostra e del libro è quello d'intendere il *Functionalism* come uno 'stile', svuotando il movimento della sua profonda essenza: le sue finalità concettuali, politiche e sociali.

A proposito dell'impiego del termine 'stile', Johnson nel corso di una conferenza, molti anni più tardi, affermerà: «Uno stile non è un complesso di regole che devono essere applicate dai critici; si tratta di un riconosciuto corpus di canoni estetici e visivi e che alcuni giornalisti o critici hanno tradotto in parole. Alcune caratteristiche dello stile moderno sono state descritte da Hitchcock e da me nel nostro libro *The International Style* pubblicato venti anni fa. È interessante ricordare quali erano queste caratteristiche[11].

Io stesso uso questi elementi, non certo come una Bibbia, ma come lenti per i miei occhi, o meglio, come ciò che in Germania è chiamato *Weltanschauung*, e non come una serie di limiti»[12].

Riflettendo sul termine *style* impiegato nella mostra al MoMA nel 1932, Helen Searing porrà all'attenzione del lettore un diverso aspetto che riguarda la parola scelta; il cui scopo è quello di rendere accettabile presso il pubblico americano l'aggettivo *International*, allora, carico di connotazioni negative in senso politico: «[...] l'accostamento del termine "style" all'aggettivo "International" [...] è servito a depurare quest'ultimo delle sue implicazioni marxiste, e ha reso il movimento moderno politicamente non più temibile del Rinascimento o del Gotico»[13].

Manfredo Tafuri e Francesco Dal Co, diversamente, ma non in contrasto con la Seering, leggeranno il messaggio dell'*International Style* dal punto di vista della sua messa in pratica nel contesto sociale e, quindi, come punto di partenza di una trasformazione economico-produttiva: «[...] gli anni '50 vedono formarsi una convergenza internazionale all'insegna di una semplificazione riduttiva del formulario dell'*International Style*. Una vera e propria "architettura della burocrazia" prende piede in Europa, come in America o in Asia: non si tratta di un elementarismo tragicamente cosciente di sé, come quello di Mies, ma di un adeguamento degli strumenti di progettazione a una domanda a grande scala, che comporta una ristrutturazione della professione e una passiva accettazione dei rapidi tempi di messa in opera della standardizzazione tipologica necessari a un'edilizia standardizzata»[14].

I progettisti non puntano più, con la loro architettura, ad un obiettivo sociale, ad una specifica visione del mondo. Quello che prevale è la parcellizzazione professionale e un'organizzazione dello studio in sintonia con la catena di montaggio dell'industria.

La mostra sarà inaugurata il 9 febbraio 1932, ma Johnson non sarà presente per un crollo di nervi che lo costringerà ad un ricovero in ospedale.

Una grave crisi depressiva che lo porterà ad isolarsi, ancora una volta, da tutti. Un po' com'era accaduto a Walter, il protagonista del racconto di Truman Capote, *Shut A Final Door*, in cui l'insicurezza e la paura, che cerca di mascherare, per la buona riuscita dei suoi progetti, lo inducono a chiudersi in sé stesso, in un rapporto autodistruttivo, fino ad allontanare tutto e tutti da sé: la sua famiglia, la sua carriera, gli amici, la ragazza. Una drammatica vicenda umana che trova una incisiva sintesi nella frase che chiude il racconto e che a tutti i lettori del testo (in inglese) in genere rimane profondamente impressa per l'ermetico significato e la struggente musicalità: «[...] think of nothing things; think of wind»[15].

Conclusa la mostra, Johnson torna in Europa, questa volta, con la madre e Theodate. Giunti a Berlino il trio si divide.

Su sollecitazione di Mies, Johnson intende fare una ricerca su Ludwig Persius, discepolo e collaboratore di Karl Friedrich Schinkel, per ampliare il suo campo d'indagine su quest'ultimo. L'idea, è quella di svolgere un'approfondita monografia su Schinkel, ma il progetto non andrà a buon fine, in quanto subentreranno altri impegni.

Mentre è a Berlino, incontra un'amica newyorkese, Helen Appleton Read, critica d'arte del «Brooklyn Daily Eagle» che guarda al modernismo con interesse e parla con Johnson anche di politica, in particolare del fascino della personalità di Adolf Hitler. L'incontro sarà un'occasione per Johnson per riflettere con più attenzione sulla figura del futuro dittatore. A settembre si ricongiunge alla madre e alla sorella in Svizzera, dove incontrano Alfred e Marga Barr e insieme vanno in Italia. Si fermano a Roma.

Tra il 1932 e il 1934, come curatore del Department of Architecture del MoMA, Johnson è impegnato – sempre in collaborazione con Barr – nell'organizzazione e nella cura di nuove mostre, nella redazione di testi per i cataloghi e nello svolgimento di lezioni presso alcune università, pur mantenendo una colorita e frenetica vita sociale: ora nei saloni dell'Upper East Side di New York, affollata dall'élite di Manhattan, ora nell'insolito mondo di poeti, artisti, ballerini e musicisti della *Big Apple*. Da questo genere di vita Johnson farà emergere quello che si rivelerà essere un duraturo talento: la duplice capacità di agire in campo sociale e culturale.

Entra, anche, nel circolo dei musicisti accompagnando la sorellaTheodate che studia canto ed ha una buona voce da soprano. Diventa amico di John Cage, George Gerschwin, Aaron Copland.

Riguardo a questo particolare genere d'impegni, così scrive alla madre: "I was in a dinner jacket as host four time a week". La sua personalità magnetica, il suo carattere brillante, lo rendono bene accetto nell'alta società. Il museo comincia a presentarsi come un raffinato trampolino per la sua affermazione in quel mondo, da cui, in seguito, riceverà importanti incarichi progettuali.

Della serie di mostre organizzate da Johnson meritano di essere ricordate almeno due: *Object 1900 and Today*, del 1933, e *Machine Art*, del 1934.

"Object 1900 and Today" e una mostra di oggetti e decorazioni che contraddistinguono il gusto, la mentalità e le abitudini di vita dello scorso secolo. E, com'è riportato nel comunicato per la stampa: "Saranno presentati due diversi generi di decorazione in contrapposizione tra loro".

*Machine Art*, è una mostra che si occupa di prodotti dell'industria, oggetti che anticipano la sensibilità del moderno, come: macchine da scrivere, cuscinetti a sfera, eliche per aerei e per fuoribordo, bicchieri, tostapane, piastre di Petri, goniometri, registratori di cassa, pentole e padelle, microscopi, bussole, etc.. Un tentativo di tipizzazione del bello degli oggetti nell'era della produzione di massa.

L'idea centrale della mostra è l'unità tra arte e tecnologia, una concezione ripresa dal Bauhaus che considera l'architettura come "opera d'arte totale", un tema particolarmente caro a Barr. L'intento di questa esposizione è quello di porre all'attenzione del pubblico l'avvenuto superamento delle tradizionali barriere che separano l'industrial design dal regno della grande arte, come diretta espressione della forza trainante dei tempi moderni che induce a considerare gli oggetti prodotti industrialmente come portatori di una nuova estetica.

1. L'esposizione, ad eccezione della sezione affidata a Mies, si occupa della pianificazione della città.
2. Philip Johnson, *In Berlin: Comment on Building Exposition*, in:*Writings*, op. cit., p. 49
3. Ibidem, pp. 49-50.
4. L'avversione e la paura di Johnson nei confronti della politica di sinistra ha radici elitarie ed estetiche, come egli stesso mette in chiaro in *Article for the Kentiku*, 1962: «[...] mercantilismo e il comunismo sono entrambi movimenti antiestetici che controllano le nostre culture» (in: *Philip Johnson, Writings* p. 248).
5. Progettato commissionato ad Oud dalla famiglia Johnson.
6. L'Armory Show è un'esposizione d'arte moderna che avrà luogo a New York nel 1913. Si svolgerà all'interno dell'armeria del 69° Reggimento lungo Lexington Avenue. Saranno esposte 1300 opere di 300 artisti americani ed europei attraverso una selezione operata da Arthur Davies e Walt Kuhn. Verranno presentate diverse correnti artistiche: dall'Impressionismo, al Simbilismo, dal Fauvismo, al Cubismo, dall'Espressionismo, al Surrealismo, al Dadaismo. Attraverso questa mostra la cultura americana prenderà coscienza della rivoluzione estetica operata dalle nuove correnti dell'arte europea. L'esposizione servirà da catalizzatore per gli artisti americani, che diventeranno più indipendenti nel proprio percorso di ricerca.
In questo periodo nascerà negli Stati Uniti anche il moderno collezionismo, con importanti raccolte d'arte.
7. Philip Johnson, *Built To Live In*, in: *Writings*, op. cit., pp. 30-31.
8. Ibidem. p. 31.
9. Il volume di Hitchcock e Johnson, sarà pubblicato dopo l'inaugurazione della mostra.
10. Franz Schulze, *Philip Johnson. Life and Work*, op. cit., p. 61.
11. Si tratta di tre principi strettamente collegati tra loro: nel primo, prevale il *volume* a scapito della massa; nel secondo, emerge la *regolarità* piuttosto che la simmetria; nel terzo, è focalizzata l'*eleganza* del materiale, che comporta l'eliminazione della decorazione applicata.
12. Philip Johnson, *Style and the International Style*, in: *Writings*, op. cit., p. 76.
13. Helen Searing, *International Style: the crimson connection*, «Progressive Architecture», n. 2, febbraio 1982.
14. Manfredo Tafuri e Francesco Dal Co, *Architettura contemporanea*, Electa, Milano 1976. p. 372.
15. Truman Capote, *Shut A Final Door*; in italiano il racconto è incluso nella raccolta: *La verita' sul caso Smith. Antologia della nuova narrativa americana,* Mondadori, Milano 1963, p. 94. La traduzione della frase, è: «[...] pensa a cose fatte di niente, pensa al vento».

# 8. Il nuovo edificio del MoMA

Nel 1939 il Museum of Modern Art si stabilisce nel nuovo edificio costruito su progetto di Philip Goodwin e Edward Durrel Stone: un palazzo di sei piani realizzato secondo i principi dell'*International Style*. Il giardino, disegnato da John McAndrew, sarà uno dei luoghi preferiti dai newyorkesi: come isola verde nel rumoroso traffico della città, con le sculture che si nascondono tra le piante, e come ambiente ideale per concerti estivi all'aperto. In seguito, tale spazio sarà riprogettato da Johnson, diventando lo *Sculpture Garden*, dedicato ad Abby Aldrich Rockefeller.

Sul «Time Magazine» del maggio del 1939, a proposito di questo giardino, si leggerà il seguente comunicato: «Affacciati sulla Fifth Avenue e sulla 54th Street, avvolti dall'enorme ombra di mezzogiorno del volume del Rockefeller Center, stavano i due vecchi palazzi di quattro e nove piani della famiglia Rockefeller. Abitazioni del vecchio e del giovane John D. Rockefeller, [...] le case due anni fa sono state abbandonate ai demolitori. La scorsa settimana è entrato a far parte del sito un lungo giardino. Dove ci sono sempreverdi, pergole, alberi, schermi di canne e sculture di Gaston Lachaise, Charles Despiau, William Zorach, Jacques Lipchitz. In una notte di primavera lo spazio è stato riempito da un centinaio di uomini con petti bianchi inamidati, e un centinaio di fruscianti vestiti di donne...»[1].

Un ulteriore elemento di novità del museo è, «[...] il pieno affrancamento dell'artista moderno dalla storia dell'arte e dal museo [...]. Per la prima volta, infatti, un'istituzione si rivolge finalmente ad artisti viventi con lo stesso rispetto e la stessa sensibilità, fino ad allora, riservata agli artisti scomparsi. L'avanguardia del XX secolo ha trovato nel MoMA un'istituzione che si propone di registrare fedelmente i nuovi sviluppi nel momento stesso in cui essi hanno luogo»[2].

Nel corso degli anni Cinquanta e Sessanta, Johnson avrà occasione di progettare diversi interventi di ampliamento dell'edificio, non tutti saranno realizzati e buona parte delle espansioni costruite saranno, in seguito, demolite per attuare delle nuove modifiche. Nel 1984, Cesar Pelli realizzerà un intervento di rinnovamento che raddoppierà lo spazio espositivo del museo e dei servizi per i visitatori; e nel 2004, Yoshio Taniguchi, sarà l'autore dell'ultimo progetto di trasformazione del museo.

1. Una breve comunicazione redazionale non firmata, *The formal opening of MoMA,* «Time Magazine», Monday 22 May 1939, che manifesta contemporaneamente un interesse per l'opera, e la mancanza (ancora) di un'opinione critica riguardo all'opera.
2. Karsten Schubert, *Museo storia di un'idea. Dalla rivoluzione francese a oggi*, trad. it., Il Saggiatore, Milano 2004, p. 98.

# 9. L'avventura politica

Stimolato dall'incontro con Helen Appleton Read, come in precedenza accennato, Johnson comincia a documentarsi sugli scritti di Hitler. In seguito, assisterà anche ad alcuni suoi comizi. Sarà presente alla "Giornata di Potsdam", rimanendo profondamente turbato per la cornice scenografica creata per l'annuncio, da parte del cancelliere Adolf Hitler e del presidente Paul von Hindenburg, dell'alleanza tra il partito fascista tedesco e l'esercito prussiano. Come avrà modo di affermare in seguito, sarà colpito soprattutto dal risvolto estetico della massa e dall'organizzazione della manifestazione. Resterà stregato dall'immagine dell'ordine sociale a cui, bisogna aggiungere, verrà drammaticamente a contrapporsi, in seguito, il 'disordine' della guerra.

L'avvicinamento di Johnson alla personalità e al pensiero del futuro dittatore avverrà come in uno stato ipnotico. Ricorda in un'intervista del 1980: "Semplicemente non si poteva non essere catturati in quel momento così eccitante". Ma oltre al lato emotivo, c'era quello politico e filosofico: con il richiamo a Nietzsche, ai concetti di volontà di potenza e di superuomo che Johnson, in questa determinata situazione, vedeva concretizzarsi in un'azione capace di incidere nella realtà.

Tornato in patria egli sentirà l'esigenza d'impegnarsi direttamente in campo politico. Con la collaborazione di Alan Blackburn, compagno di studi alla Hackley e ad Harvard, nonché collaboratore al MoMA, fonda un partito d'ispirazione fascista, denominato "Youth and Nation". Questa vicenda suggerirà a Joseph Alsop un racconto che verrà pubblicato nel «Herald Tribune», intitolato: *Two Quit Modern Art Museum for Sur-Realist Political Venture*.

L'idea base del movimento era quella di cercare di far fronte alla crisi economica scoppiata negli Stati Uniti nel 1929 con una serie di ricette che sembravano trovare un consenso popolare; tra queste, rientrava anche l'opposizione alla politica interventista di Franklin Delano Roosvelt. Ma il progetto politico non raccoglierà sufficiente consenso.

Nel 1933, Johnson scrive un documentato articolo su «Hound & Horn» intitolato *Architecture in the Third Reich*[1], nel quale disegna un quadro dettagliato del nuovo clima artistico in Germania con l'avvento di Hitler al potere[2].

Nel 1934, nonostante il buon esito delle mostre e l'appoggio e la stima di Barr, si dimette dal MoMA per potersi meglio dedicare al suo impegno politico. Questa decisione sorprende i suoi amici, ma Johnson è preso da un interiore bisogno di dare un diverso senso alla propria esistenza. Egli vede la scelta politica come l'unica in grado di offrire uno sbocco positivo al proprio progetto di vita. «Beh, la mia mente vagava», ricorda Johnson in un'intervista, «Ho lasciato [il MoMA] il giorno di Natale. Non mi sentivo sufficientemente stimolato. C'erano nuovi mondi da conquistare. C'era un grande mondo là fuori. Mi dicevo che [nell'impegno che mi ero assunto] non c'era niente da sfidare o qualcosa del genere. Dovevo fare qualcosa al riguardo. Questo museo presentava un orizzonte limitato»[3]. Nonostante le due mostre di successo – *Modern Architecture – International Exhibition* e *Machine Art* – egli si domandava: «Cosa avrei potuto fare? Non ero un professionista del museo. A meno che non ci fosse stata una idea eccitante [...] non ero disposto a fare qualsiasi duro lavoro»[4].

Nel 1935, a seguito del totale insuccesso del suo progetto politico, Johnson pensa di entrare nel movimento del controverso senatore populista della Louisiana, Huey Long che, però, verrà assassinato. Johnson si rivolgerà, allora, a Charles E. Coughlin, un reverendo cattolico operante a Detroit, demagogo e antisemita, famoso per i suoi sermoni radiofonici. Johnson scriverà diversi articoli per la sua rivista «Social Justice Weekly».

In questo periodo si reca più volte in Germania. È presente al raduno di Norimberga del 1938 – *Reichsparteitag Großdeutschland* – quando Hitler decide l'annessione dell'Austria. Nel settembre del 1939, è ancora in Europa e, questa volta, su invito del *Reichsministerium für Volksaufklärung und Propaganda* [Ministero del Reich per l'istruzione pubblica e la propaganda], visita il fronte seguendo la *Wehrmacht* in Polonia. Spedisce diversi articoli per la rivista di Coughlin.

Scrive delle lettere alla madre, tra cui una a proposito delle drammatiche conseguenze di un bombardamento a Varsavia: «[...] ho visto Varsavia bruciare e Modlin essere bombardata. È stato uno spettacolo commovente»[5]. Quest'ultima frase verrà interpretata assai negativamente da alcuni storici e rievocata, sempre con toni critici, anche in diversi articoli commemorativi dopo la sua morte. Nel 1939, gli accenni della stampa riguardo alla posizione politica di Johnson solleciteranno l'attenzione dell'FBI.

Nel 1940 Dale Kramer nel numero di ottobre di «Harper's Bazaar», scrive un racconto intitolato *The American Fascists*, in cui traccia un breve ritratto di Johnson politico.

L'FBI registra il fatto che Johnson ha organizzato una riunione presso l'ambasciata tedesca a Washington. Potrebbe essere stata una pura coincidenza, scrive Schulze, ma tre giorni dopo la divulgazione della notizia di questo incontro «[...] Philip era nuovamente ad Harvard, iscritto come studente alla scuola di architettura»[6]. La sua relazione con il nazismo da questo momento sarà un episodio concluso, anche se non troveranno mai conclusione le mormorazioni su di lui.

Alla fine del 1940, infatti, uscirà il libro di William L. Shirer, *Berlin Diary*, che è un resoconto giornalistico della guerra, in cui è citato Johnson. Egli appare come una pericolosa spia che ricorda Howard W. Campbell jr., il protagonista del romanzo di Kurt Vonnegut, *Mother Night* (1961), in cui si narra di uno scrittore americano, un drammaturgo di talento che, nel corso della seconda guerra mondiale, accetta di diventare un agente infiltrato nelle file naziste. In effetti, Campbell pur non sapendo nulla di preciso del suo vero ruolo di agente, diventa uno dei principali esponenti della propaganda germanica, affabula milioni di ascoltatori con i suoi discorsi antisemiti alla radio e crede di far tutto ciò per passare informazioni agli Stati Uniti attraverso un codice segreto. Poi, Campbell sarà catturato e tradotto in Israele per essere processato come criminale nazista. Alla fine, riuscirà a dimostrare di essere stato un agente dello spionaggio americano. E pur non potendo più essere accusato di crimini contro l'umanità, nondimeno lo sarà per crimini contro se stesso. Infatti, questa è la morale del libro: si finisce per essere chi si finge di essere e il confine tra ciò che è giusto o sbagliato, tra bene e male, è labile.

Per ottenere una riabilitazione Johnson si arruola come soldato semplice, prestando servizio dal 1943 al 1945. Il dossier dell'FBI, gli impedirà di ottenere l'avanzamento a tenente di riserva della Marina a cui aspirava.

Nonostante tutto, Johnson verrà, in un certo qual modo, perdonato dai suoi compatrioti; nel corso della sua vita e della sua attività professionale non incontrerà mai seri ostacoli a causa del suo passato, ma il suo 'errore' non sarà mai dimenticato. Nelle interviste, egli assumerà sempre un atteggiamento fortemente autocritico, rispondendo con sincerità alle domande, non nascondendo mai nulla.

1. Philip Johnson, *Architecture in the Third Reich*, in: *Writings*, op. cit., pp. 52-54
2. All'inizio in qualità di Reichskanzler [Cancelliere del Reich] e nel 1934 come Führer [Capo].
3. Zane interviews with Philip Johnson, op.cit..
4. Ivi.
5. Franz Schulze, *Philip Johnson. Life and Work*, op. cit., p. 139.
6. Ibidem, p. 143.

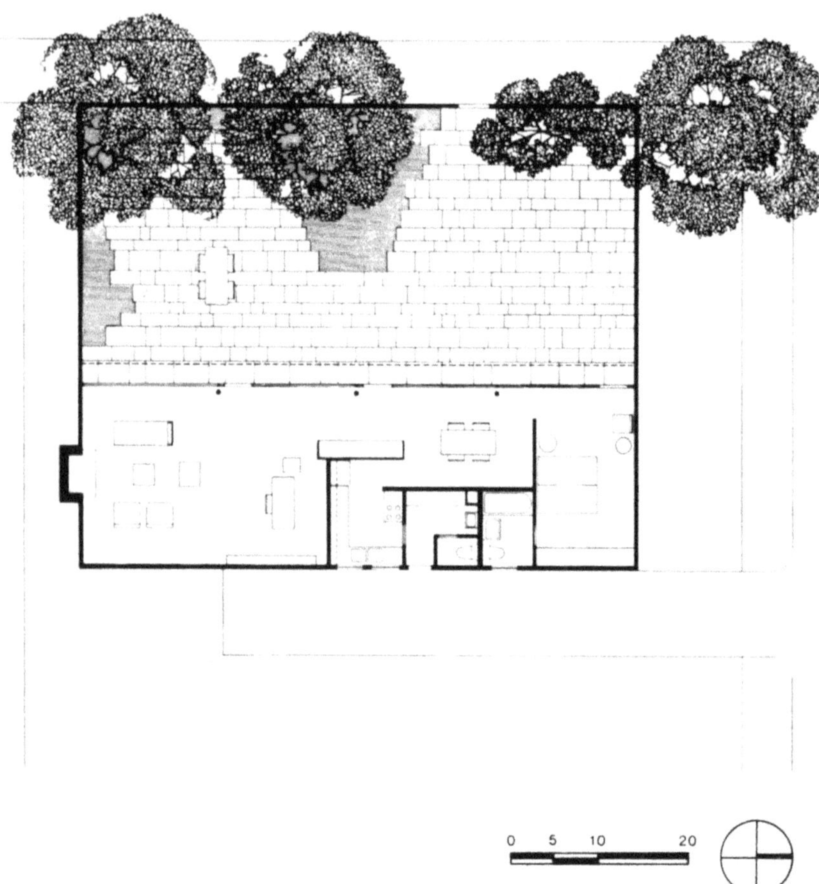


Ash Street House, Cambridge, Massachussets (1942).

# 10. La laurea in architettura

Nel 1942, a 36 anni, Johnson si iscrive alla Harvard Graduate School of Design. Ma è uno studente del tutto atipico: per la sua non più giovane età, per la notorietà derivante dal successo del libro[1], *The International Style* e per il suo passato politico che, all'inizio, sarà causa d'imbarazzo, facilmente superato dal suo comportamento affabile. Tra gli studenti egli non è solo il più maturo, ma anche il più ricco e il più informato. Un insieme di circostanze che lo renderanno un personaggio interessante; questo, gli darà un notevole vantaggio nei rapporti sociali, anche con i professori.

Tra il corpo docente dell'università spiccano tre eminenti figure, tre profughi dalla Germania nazista: Gropius, il fondatore della Bauhaus, Marcel Breuer (collega nel Bauhaus), e Martin Wagner, ex direttore della pianificazione urbana di Berlino.

Gropius non ha un buon rapporto con Johnson, non tanto per i suoi imbarazzanti precedenti con il nazismo, quanto per la scelta di Mies come proprio ideale maestro e per l'eccesso di pressioni esercitate per favorire la sua elezione a preside della Harvard Graduate School of Design. Ma se i rapporti con Gropius sono freddi, con Breuer sono improntati a cordialità e rispetto.

Così Johnson risponde alle domande dell'amico Peter Blake:

P. B.: *Chi era il tuo insegnante preferito ad Harvard?*

P. J.: *Oh, Marcel Breuer. Era un artista. È stato il miglior insegnante che abbia mai avuto. Tutti gli altri erano 'ideologi' del Bauhaus.*

P. B.: *Come mai sei andato ad Harvard, invece che alla scuola di Mies in Illinois?*

P. J.: *Ho sempre molto sofferto nel tenere la matita in mano. Tanto più nel fare disegni che avrebbe dovuto vedere Mies – beh, non avevo intenzione di impazzire. Non l'ho mai detto prima, ma è vero.*

P. B.: *E tu hai spesso detto che con Walter Gropius non c'è mai stato un buon rapporto.*
P. J.: *Povero Gropius. Era un intellettuale, e di quel genere che i tedeschi chiamano Gasse, una strada stretta, ovvero un uomo con una visione unilaterale. Questa è stata la cosa peggiore che si potesse dire anche di Hitler: che era solo una Gasse. Gropius era un intellettuale, e aveva tutti gli attributi per esserlo nel modo più assoluto. Non ha mai pensato che l'architettura fosse un'arte; non ha mai pensato che l'arte potesse essere un obiettivo. Egli pensava che l'architettura dovesse portare a...un "miglioramento sociale" – questo era il suo proposito. E dal momento che egli non era un artista di prima classe, il "miglioramento sociale" è stato un buon modo come un altro per definire l'architettura.*
P. B.: *Tu sai come progettare un edificio per il "miglioramento sociale"?*
P. J*: Non credo che mi piacerebbe neppure tentare di saperlo. È un diverso genere di costruzione che mi rifiuterei di fare – con la stessa perentorietà di un dato di fatto – il progetto capitalista è basato sul profitto, se questa è l'espressione corretta. Al contrario, questi progetti sono solo un mezzo, una forma di anti-arte, come qualsiasi espressione marxista*[2].

Ad Harvard Johnson vuole ottenere la laurea nel più breve tempo possibile; si dedica, perciò, interamente allo studio; il suo atteggiamento è quello di chi vuol mettere da parte il proprio passato e, soprattutto, intende farlo dimenticare agli altri.

A Cambridge, all'inizio, vive in un appartamento condominiale, al 995 Memorial Drive, il cui progetto d'interno era stato realizzato da Mies. Successivamente compra un lotto situato all'angolo tra Ash Street e Acacia Street, per costruire un alloggio individuale. La licenza edilizia è del settembre 1941 e la realizzazione del 1942.

Baserà il disegno della nuova casa su uno dei progetti (non realizzati) di tipologie abitative elaborate da Mies, tra il 1931 e il 1938, in diverse varianti e denominate "earth-hugging court-houses" [case con cortile murato]. Questi impianti che Johnson studia, in seguito, verranno da lui presentati in forma organica all'interno di un preciso quadro critico nella mostra dedicata al maestro tedesco che realizzerà nel 1947 al MoMA e nel libro che pubblicherà sulla sua opera.

La casa a corte al 9 Ash Street sorge su un terreno di 446 metri quadrati. È un volume di ridotte dimensioni a base rettangolare con tre pareti chiuse e una completamente vetrata rivolta verso il cortile pavimentato, con la presenza di alberi ed altre piccole piante e circondato da un muro alto 2,74

Ash Street House, Cambridge, Massachussets (1942). Foto di Ezra Stoller. Courtesy Esto.

metri per mantenere la privacy. L'ambiente interno consiste in un'unica stanza – un rettangolo allungato – il cui spazio continuo è contraddistinto dalla continuità della fronte vetrata e dalla posizione arretrata della cucina del bagno e di alcuni mobili-contenitori.

La parete vetrata fornisce una perfetta integrazione tra spazio interno ed esterno. L'edificio è costruito con un sistema sperimentale di prefabbricazione. Tutto ciò che è visibile dalla strada è la *texture* a fasce verticali del muro continuo, composto da pannelli rivestiti di compensato, sia verso l'interno, che l'esterno della casa. Infine, il tetto piano è sostenuto da tre colonne di legno lamellare. Come osserva John Jacobus, è singolare il fatto che i progetti di Mies, «databili tra il 1931 e il 1935, non siano riusciti ad essere costruiti e che sia stato proprio Johnson con la sua casa a Cambridge, Massachusetts, a realizzare, nel 1942, per primo questa tipologia miesiana»[3]. L'edificio con cortile murato in seguito sarà un tema sviluppato da Johnson in molti progetti, dall'Abby Rockefeller Sculpture Garden, alla Roofless Church, al Nahal Soreq Nuclear Center ed altri ancora.

Nell'aprile del 1942, un giornale locale noterà la particolarità della costruzione e pubblicherà una breve nota di apprezzamento nei confronti della casa di Johnson: «[...] una casa di quattro ambienti, di cui Cambridge non ha mai visto prima nulla di simile»[4].

Nonostante il rapporto poco confidenziale nei confronti di Johnson, Gropius acconsentirà a mettere in atto una modalità insolita per una tesi di laurea; per cui, verrà consentito a Johnson di presentare la propria casa ad Ash Street. In occasione di una lunga intervista di Hilary Lewis, così egli risponde alle sue domande:

H. L.: *Perché hai costruito la tua casa ad Ash Street, Cambridge? Mi risulta che fosse il tuo progetto di tesi di laurea all'Harvard Greduate School of Design. Pensavi di vivere a Cambridge dopo la laurea?*

P. J.: *No, l'ho costruita per puro divertimento. Non sapevo che sarebbe stata la mia tesi. È stato molto gentile da parte del preside concedermi questo. Ash Street è diventata la mia testi di laurea, ma io non ci avevo pensato. Ho pensato di costruire una casa in cui mi sarebbe piaciuto vivere e che avrei potuto raggiungere le aule* [*dell'università*] *a piedi. In quel momento sembrava una buona idea, sapevo che l'avrei potuta rivendere, cosa che ho fatto. E, infatti, non c'è stato nessun problema. Ma non avevo in mente di rimanere a Cambridge*[5].

L'interno della casa sarà arredato, in maniera piuttosto formale, con mobili disegnati da Mies, disposti con la massima precisione tanto da assumere una sorta d'inamovibilità, come un'installazione all'interno di un museo.

«*Ash Street era un progetto miesiano*», prosegue Johnson nell'intervista, «*fatto con amorevolezza. Sono stato molto male quando Mies* è venuto in città e *non è andato a vederlo. Naturalmente, ora sono contento, perché non avevo seguito in ogni punto i suoi principi di base*»[6].

L'alloggio diverrà ben presto un punto d'incontro per studenti e professori. La pratica della mondanità consentirà a Johnson di consolidare la posizione che aveva cominciato ad avviare nel 1930 al MoMA, ma poi aveva interrotto per un diverso progetto di vita. Diventerà una sorta di centro sociale dell'Harvard Graduate School of Design, ed anche, un popolare salotto pettegolo, dove venivano offerte ottime bevande calde, abbondanti e gustosi cibi, serviti da camerieri esperti.

Questa costruzione, secondo la *Buildings Chronology* dei lavori di Johnson, non risulta essere la prima; essa è anticipata dal Warburg Apartment che risale al 1934 e da altri cinque progetti non realizzati.

Il Warburg Apartment è un intervento di architettura d'interni per l'amico Edward Warburg che gli aveva chiesto di adeguare la casa ai dettami dell'International Style in modo da creare l'ambiente adatto per le preziose opere della sua collezione d'arte moderna. L'alloggio è al quinto piano di un palazzo *Gothic-Revival* lungo la Upper Fifth Avenue. Uno dei fratelli di Warburg, non ancora abituato alla freddezza degli spazi della modernità, inventerà una battuta su questo appartamento che farà il giro di New York: "L'interno è così antisettico che si ha la sensazione di essere in un caseificio. Quando vai in bagno non trovi l'apparecchio che ti potresti aspettare, piuttosto ti sembra di avere di fronte una centrifuga per il latte".

Nel 1935, «House & Garden» pubblicherà un articolo sull'appartamento di Warburg. Il primo riguardante Johnson come progettista, un modesto esordio per un architetto per il quale saranno consumati litri e litri d'inchiostro ed un notevole numero di pagine web per presentare le sue opere.

1. Un testo, in quegli anni, molto letto e discusso nelle scuole di architettura
2. Peter Blake, *Magic Johnson*, intervista a Philip Johnson per i suoi 90 anni, in: «New York Magazine» 3 giugno 1996.
3. John M. Jacobus jr., *Philip Johnson*, George Braziller, New York 1962, p. 25.
4. Semplice nota redazionale, «Cambridge Chronicle-Sun», 23 aprile 1942; che testimonia l'interesse che suscitato dal progetto. http://www2.cambridgema.gov/historic/L94_evaluation.pdf.
5. Hilary Lewis, John O'Connor, *Philip Johnson. The Architect in His Own Words*, Rizzoli, New York 1994, p. 23.
6. Ibidem.

# 11. L'avvio della professione

Conseguita la laurea, Johnson torna a New York per iniziare la sua professione di architetto. Apre lo studio in un appartamento a Lexington Avenue, poi si trasferisce in un altro appartamento più grande all'East 42nd Street, questa volta con un socio, Landes Gore, un ex collega di Harvard.

A New York non può firmare i progetti non avendo ancora superato l'esame di abilitazione professionale. Decide allora di stabilirsi a New Canaan, cittadina del Connecticut, dove lavorano altri suoi colleghi di Harvard ed, anche, Marcel Breuer. Apre lo studio in un piccolo appartamento di due piani, un edificio d'epoca coloniale in mattoni rossi che si affaccia sulla strada principale. Successivamente, realizzerà per sé un'originale villa, la Glass House.

Johnson tenterà più volte l'esame di licenza a New York, fino a quando nel 1950, con l'aiuto di un *tutor*, riuscirà a superarlo. Nel frattempo fa la spola tra New Canaan e New York, dove è impegnato al MoMA. I suoi progetti sono firmati da Landes Gore o da Frederick C. Genz.

L'avvio nel mondo della professione procede lentamente. Realizza una piccola costruzione, a New London, Ohio (1944). «Dopo Harvard e prima di entrare nell'esercito durante la guerra, Johnson progetta una modesta struttura», scrive Frank D. Welch, «un moderno fienile per la sua famiglia, a Townsend Farm. È triste che sia stato l'unico edificio richiesto nel territorio in cui è nato. "Negli anni passati Cleveland non mi ha mai chiamato. Devo essere stato un personaggio politico negativo", soggiunge l'architetto»[1]. Come si vedrà più avanti, sarà invitato dall'università di Cleveland, nel 1996, a realizzare un'importante installazione, *Turning Point*, situata in un punto cruciale della città.

Seguono alcuni progetti di villette – fortemente influenzate dall'indirizzo miesiano – di cui due sole saranno realizzate. La prima è la Richard E. Booth House, Bedford Village, New York (1946), ma la sua costruzione non sarà portata a termine secondo i disegni di progetto. La seconda è l'Eugene Farney House, Sagaponack, Long Island, New York (1947), rivestita in legno e situata su una duna di fronte all'Atlantico. È un volume squadrato, a forma di H, e sollevato dalla superficie sabbiosa tramite dei pilastri di legno: riflette per molti aspetti le idee di Mies e l'insegnamento di Breuer ad Harvard.

1. Frank D. Welch, *Philip Johnson & Texas*, University of Texas Press, Austin 2000, p. 21.

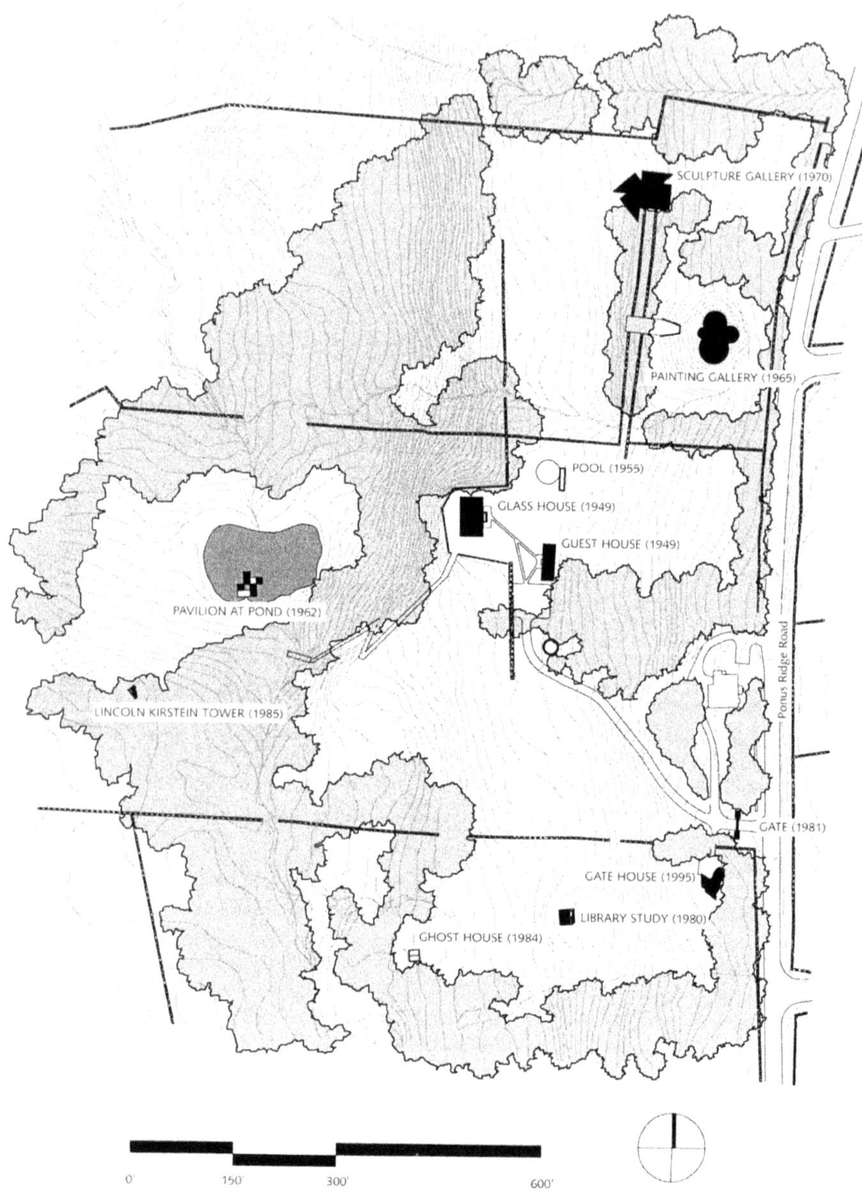


Glass House, New Canaan, Connecticut (1949-1995). Planimetria del parco.

# 12. La casa a New Canaan

La Glass House a New Canaan (1947-1949), è il primo importante progetto dell'architetto americano: un edificio trasparente, leggero che sembra esprimere un senso di fragilità. Esso trova un suo ideale complemento nella Brick House, costruita nello stesso anno, che trasmette, al contrario, un'idea di solidità, pesantezza, consistenza materica, in quanto è totalmente rivestita in mattoni.

Il progetto di Johnson per la Glass House nasce sulla spinta di almeno due fondamentali interessi che hanno come punto d'incrocio la personalità dell'autore e le sue problematiche interiori. Esse tendono a sopravanzare, in una certa misura, il messaggio architettonico dell'opera; e sono: il ritenere il proprio progetto come una ricerca di sé, e l'esigenza di attirare l'attenzione sulla sua figura di progettista attraverso delle peculiari caratteristiche di tipo spaziale e formale.

Nel corso del tempo, dopo la Glass House e la Brick House, verranno costruiti e dislocati nel parco altri padiglioni. A seguito di questo processo moltiplicativo la denominazione di Glass House andrà a connotare l'intero complesso.

«La mia residenza a New Canaan», scrive Johnson, «può essere definita come il "diario di un eccentrico architetto". Ho tenuto questo diario per quasi cinquant'anni, iniziando dall'acquisto del terreno nel 1946. Quando ho camminato la prima volta sul terreno dei primi due ettari [...] ho stabilito il posizionamento della Glass House proprio nel punto dov'è ora. Tutti i dubbi che ho avuto, prima di costruire la casa nel 1949, sono registrati altrove, ma la sua posizione sulla collina è una scelta che ho fatto nei primi cinque minuti»[1].

Il luogo scelto per la casa è lontano dalla strada, sul culmine di un leggero pendio che guarda verso la Rippowam Valley – accanto ad un muro in pietra costruito da un precedente agricoltore – dove il terreno, situato su un promontorio, forma una sorta di piazzola dalla circoscritta estensione.

«Durante gli ultimi 40 anni, anche se in maniera episodica, ho cercato di creare un paesaggio punteggiato da piccoli edifici disposti in modo casuale tra i campi falciati, segnati da muretti di pietra dei contadini e abbellito da alberi, organizzati in filari o raggruppati in un bosco ceduo, adeguatamente innaffiati dall'acqua di un ruscello e di uno stagno. Il disegno di questo paesaggio, quanto sia dettato da scelte fortuite, determinate dall'orografia del terreno o dai tratti alberati esistenti, e quanto sia ispirato dal mio amore per i giardini o per il paesaggio settecentesco inglese, non ho idea»[2]. In questo ampio terreno, Johnson saprà creare un ambiente assolutamente non convenzionale in cui abitare: un luogo urbano-non-urbano a diretto contatto con la natura, ma non troppo distante da New York. Un sito naturale che cerca di tradurre il disegno del giardino storico inglese del XVIII secolo con un atteggiamento di distacco dalle regole, anticipando l'epoca denominata post-moderna.

Il vasto giardino – che con le successive acquisizioni raggiungerà l'estensione di 19 ettari – e le distinte presenze architettoniche che fanno parte della Glass House, andranno a comporre una nuova realtà paesaggistica che metterà in luce la particolare sensibilità e fantasia creativa di Johnson.

La composizione dell'insieme, osserva Francesco Dal Co, sembra volersi sottrarre al condizionamento di una chiara struttura. Affiora il senso della libertà dai vincoli espressivi/concettuali che sempre più diventano manifesti, «[...] man mano che il distacco dalla vitrea fissità della prima scatola edilizia si precisa come percorso architettonico attraverso l'autobiografia. Con ciò la dialettica tra ordine e disordine, tra centro e periferia, tra certezza e incertezza, diviene la chiave del racconto architettonico che Johnson propone. Ne discende il carattere labirintico che l'intero sistema finisce per acquisire»[3].

I primi studi riguardanti la lunga e tormentata fase progettuale della Glass House[4], aldilà dell'apparente bizzarria del suo sviluppo, indicano quanto l'autore si sia impegnato per raggiungere quella che sarà l'espressione conclusiva. Gli schizzi iniziali mostrano una casa in cui non erano presenti, né l'acciaio profilato color nero della struttura, né il vetro totalizzante delle pareti della soluzione finale, ma spunti immaginativi tra i più vari, perfino una serie di "archi siriani" in pietra. Johnson era, chiaramente, alla ricerca di un proprio stile e oscillava tra uno storicismo venato di esotismo, uno spoglio neo-classicismo e il suggestivo vocabolario analitico miesiano. In questa fase iniziale, dunque, trionferà un Mies interpretato da Johnson. La versione finale della Glass House, in cui l'architetto si renderà conto di aver finalmente trovato la soluzione corrispondente al suo modo di sentire, sarà più un *coup de maître* che un capolavoro.

Con la Glass House, Johnson diventerà il guru di un Movimento Moderno ormai in declino.

Come osserva Michael Sorkin, un riconosciuto talento di Johnson è quello di «[...] sapersi appropriare delle varie tendenze riuscendo ad estrarre da esse il loro meglio. [...] Ma l'attitudine che più di ogni altra lo contraddistingue è la capacità di gestire il meccanismo della pubblicità»[5]. E questo, vale per buona parte dei suoi edifici, partendo proprio dalla Glass House. Una straordinaria capacità di divulgare le proprie scelte progettuali, le idee personali che si riassumono in un preciso modello di vita.

«Se il vero ispiratore di quest'opera è stato Mies van der Rohe, solo Johnson è stato in grado di costruirla e, soprattutto, viverci [...]. La sua carriera è iniziata quando ha trasformato se stesso nell'*uomo* nella Galass House. In un attimo, è diventato l'austero apostolo dell'architettura moderna o il moderno apostolo di architettura austera»[6].

La casa di New Canaan è modellata sulla Farnsworth House a Plano, Illinois (1946-51), che Johnson aveva conosciuto attraverso i disegni di Mies, esaminati in vista della futura mostra al MoMA, la cui realizzazione avverrà due anni dopo. La peculiarità della casa dell'architetto tedesco è quella di avere anch'essa l'involucro esterno totalmente vetrato e la pianta libera, ma l'approccio compositivo è totalmente asimmetrico e procede per sottili equilibri.

Nonostante le forti analogie tra i due progetti nonché la convergenza del sentimento di Johnson nei confronti del pensiero del suo 'maestro', la linea progettuale della Glass House appare, al tempo stesso, miesiana e anti-miesiana.

In aggiunta, come Johnson ricorderà più volte, Mies odiava la Glass House e detestava il modo in cui il suo più devoto 'allievo' aveva reso omaggio alla Farnswort House e, contemporaneamente, messo in una falsa luce i principi estetico-progettuali su cui si fondava l'opera. Quando Mies andrà a visitare la casa, Johnson ricorda in un'intervista, farà delle considerazioni sprezzanti sul suo progetto: «A Mies non piaceva la soluzione d'angolo.

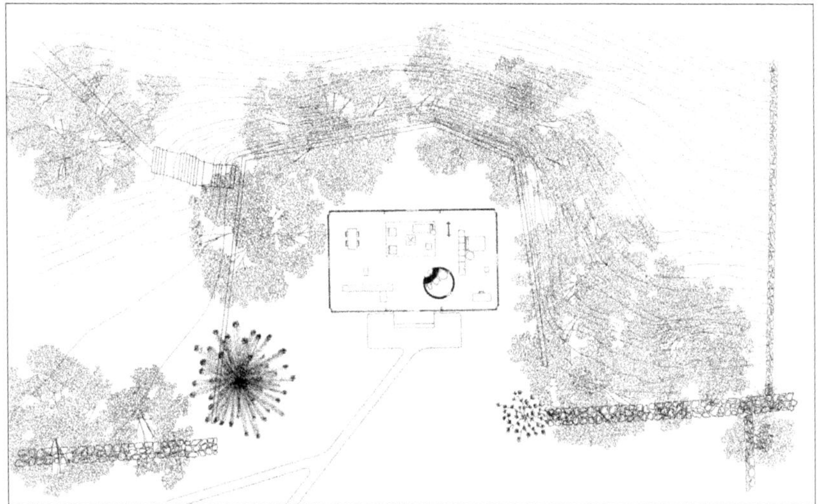

The Glass House, New Canaan, Connecticut (1949-1995). Planimetria.
A sinistra: veduta esterna. Foto di Richard Payne.

Una volta mi disse, "Vieni a vedere la Farnsworth House; ti mostrerò come deve girare correttamente un angolo"»[7]. E, dopo aver messo in rilievo alcuni errori, quali: la congiunzione delle pareti, le porte d'ingresso sistemate simmetricamente rispetto alle facciate, il piano di calpestio non sollevato dal terreno, la presenza di un incongruo volume circolare che trapassa il piano di copertura, non vorrà più dormire al suo interno e Johnson sarà obbligato a chiedere ad un vicino di ospitarlo per la notte.

In effetti, come apparirà chiaro in un articolo pubblicato negli anni Cinquanta su «The Architectural Review»[8], la concezione progettuale della Glass House mette in evidenza una duplicità d'intenti da parte del suo autore: da un lato, la riduzione dell'impianto iconico del progetto – di ascendenza modernista – e, dall'altro, il suo 'arricchimento' formale, attraverso una rilettura in chiave critica di emblematiche esperienze architettoniche del passato, che porta ad un effetto composito dell'immagine progettuale, con il paradossale fine della sua estetizzazione. Egli chiama, questo suo modo di procedere per ambiti circoscritti, *Eclectic Experimentalism*, strettamente dipendente da quella sua passione per il collezionismo.

L'articolo della rivista inglese, presenta questo variegato quadro composto da immagini del progetto e da quelle degli edifici storici individuati nel percorso ideativo, accompagnate da estese didascalie.

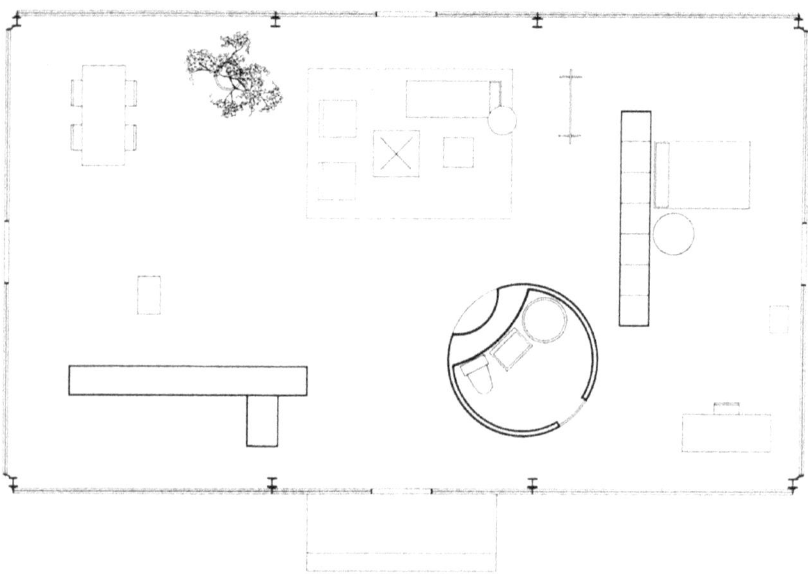

The Glass House (1949). Veduta dell'interno. Foto di Richard Payne. Pianta.

Nonostante le notazioni critiche mosse alla Glass House come manufatto architettonico, essa rimane un *seminal work* per quanto riguarda la ricerca di un rapporto assoluto e simbolico tra oggetto architettonico e natura; ma, anche, per ciò che concerne l'insieme delle altre costruzioni, per la sensibilità e l'equilibrio dell'atto configurativo che ha saputo regolare con un definito senso il rapporto tra presenza architettonica e spazialità ambientale/naturale.

Come afferma Vincent Scully, La Glass House è «[...] uno degli edifici più importanti d'America», essa rappresenta «[...] un vero archetipo, un oggetto d'architettura fondamentale, un germe di vita e come tale ricco di anticipazioni»[9].

Costruita dopo la metà degli anni Quaranta, è un volume a pianta rettangolare di 17,06 x 9,75 metri, con le pareti interamente di vetro che all'interno in altezza misurano 3,10 metri. La presenza di quattro porte d'ingresso, poste al centro di ogni parete, rafforza la simmetria del contenitore. Mentre lo spazio interno, conformato come un'unica grande sala, è scomposto in diverse aree funzionali, definite attraverso il posizionamento di elementi d'arredo ed opere d'arte. La loro studiata dislocazione nell'ambiente ha il fine di enucleare diverse zone: cucina, pranzo, soggiorno, letto.

Il dipinto di Nicolas Poussin, *I funerali di Focione* (1648), posto su un cavalletto, delimita il soggiorno e il bozzetto in cartapesta di Elie Nadelman[10], *Two Circus Women* (c. 1930) separa la cucina dall'ingresso.

Ci sono, poi, delle sculture di piccola dimensione che operano un contrappunto spaziale e sono: *Night*, di Alberto Giacometti[11] (1947), posta sul tavolino da fumo, poi sostituito da *Conversation Piece*, di Mary Callery (1952) e *Place*, di Alberto Giacometti (1950) sistemata a terra vicino al tavolo da fumo. Negli ultimi anni questo assetto verrà modificato.

Il bagno è contenuto all'interno di un corpo cilindrico rivestito di mattoni, gli stessi impiegati per il pavimento. Una parte del volume è incavata per guadagnare lo spazio per l'alloggiamento di un caminetto. Il cilindro fuoriesce dal piano di copertura di circa 40 centimetri.

La costruzione, che è la prima ad essere realizzata nella condizione di completa permeabilità visiva, andrà a radicalizzare i termini del rapporto tra interno ed esterno. A questo proposito, Johnson spesso ricorderà un aneddoto che riguarda Wright, il quale entrato nella Glass House appena costruita, guardandosi attorno con finta aria spaesata, chiederà a Johnson: "Qui immagino si possa lasciare il cappello in testa?". Intendendo, con

questo, che il progetto aveva messo in crisi quel limite reale e concettuale che la scatola architettonica in sé definisce.

La curiosità e l'interesse prodotto dalla stravagante dimora, sarà un'occasione per Johnson per allargare la cerchia dei suoi ospiti e dare vita a quello che sarà definito uno dei più importanti salotti architettonici d'America: un luogo d'incontri conviviali e culturali. Attraverso la rete di contatti che comincerà a tessere, scrive Sophy Burnham[12], Johnson diventerà, anche, un importante mediatore nel campo dell'arte.

Ma per il mondo degli architetti, soprattutto americani, la Glass House sarà considerata una sorta di Kaaba. Fin dall'inizio della sua realizzazione susciterà una grande attenzione: da cui l'autore riuscirà a ricavare, anche, una serie d'importanti incarichi di lavoro.

Oggi la Glass House è considerata e vissuta come un museo d'arte e d'architettura, anche per la presenza della Painting Gallery e della Sculpture Gallery che custodiscono parte della sua collezione d'arte contemporanea[13]. Ma ogni costruzione nel giardino di New Canaan, bisogna aggiungere, non solo è testimone di una precisa fase del percorso intellettuale e creativo del suo autore, ma è rappresentativa di un'importante momento della cultura architettonica americana.

L'insieme degli edifici ora è gestito dal National Trust for Historic Preservation.

La Brick House, ultimata nel 1949 ha una pianta rettangolare, il cui lato lungo ha la stessa dimensione di quello della Glass House, mentre l'altro corrisponde alla metà del lato corto.

La costruzione ha una struttura lignea esternamente rivestita in mattoni. Ha tre finestre circolari, situate sul retro, che costituiscono un richiamo al Duomo di Firenze. «Le tre finestre [...] vengono da Brunelleschi. In effetti, ero già interessato alla storia quando avevo iniziato con un arco siriano nei primi disegni della casa»[14]. La porta d'ingresso è posta al centro del lato frontistante la Glass House.

Il volume è posizionato alla sinistra dell'ingresso della Glass House ed è collegato ad esso da uno sentiero che corre diagonalmente.

Dall'alto: The Glass House (1949). Foto di Richard Payne.
The Glass House (1949 e Brick House (1949-1953). Foto di Philip Johnson.

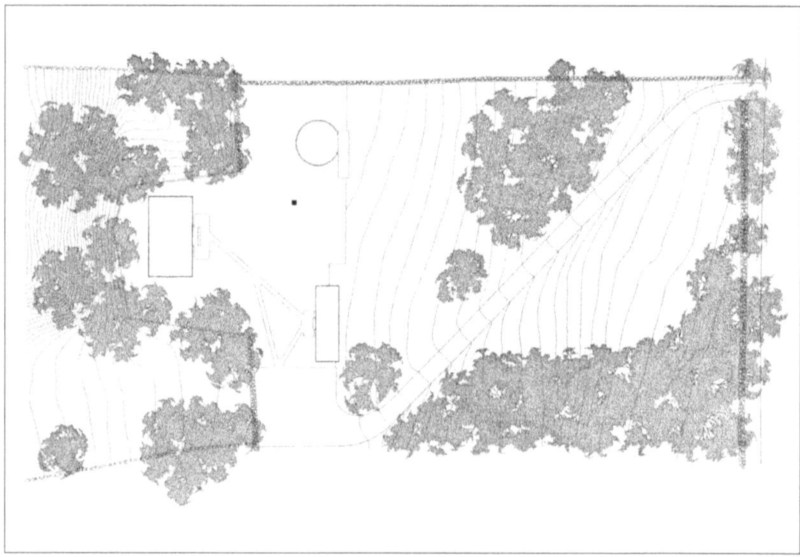

Brick House (1949-1953). Foto di Richard Payne.
Sotto: planimetria originale della Glass House e della Brick House,1949.

In un primo tempo l'organismo era composto da tre camere da letto con servizi, collegate da uno stretto corridoio. Nel volume sono ospitati anche gli impianti per il funzionamento di entrambe le case.

Nel 1953 lo spazio interno sarà rimodellato. Verrà realizzata una sola e più ampia camera da letto, e uno studio. Al suo interno sarà inserita una struttura lignea distaccata da soffitto e pareti, composta da sottili pilastri binati ed archi ribassati che sorreggono due volte di gesso anch'esse ribassate. «[...] non so dare una risposta a "Perché gli archi?". Perché li ho usati così spesso in quel periodo? Ho appiattito quell'arco perché non era in tutta la stanza. Ricordo questo. Così ho usato l'arco ellittico. Poi ho avuto una sorta di blocco con quell'arco ellittico che ho usato per il padiglione nel lago. L'ho usato nella prima versione dell'Asia House. E l'ho impiegato, naturalmente, nella Sheldon Art Gallery. È stato nella mia mente per molto tempo»[15].

Il baldacchino è rivestito con della seta stampata su disegno di Fortuny, applicata su pannelli asportabili. Questa soluzione ha come riferimento storico il controsoffitto della stanza da pranzo della casa di Soane a Londra. Il tema formale del "telo teso", sarà riproposto da Johnson anche per il soffitto della Kneses Tifereth Israel Synagogue (1954-1956) a Port Chester, New York.

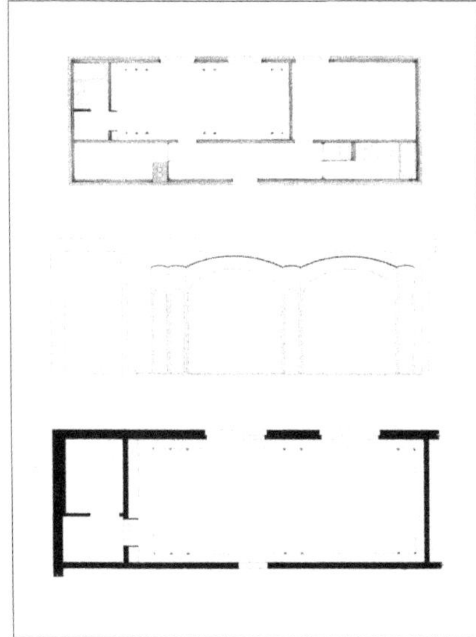

Pianta della Brick House del 1949.
Sezione e pianta del 1953.

Il Garden Pavilion, realizzato nel 1962, è una costruzione 'fuori scala' che si protende sullo specchio d'acqua di un laghetto artificiale situato in un avvallamento del terreno. Come nell'architettura barocca ha il fine di creare l'illusione di una maggiore distanza. Per quest'opera, che segna in modo esplicito il suo distacco definitivo dall'algido rigorismo miesiano ed un avvicinamento ad un'architettura non più "a pareti lisce", ma di tipo 'plastico', Johnson fa riferimento, in questo caso, a Francesco Borromini. In un'intervista, alla richiesta di

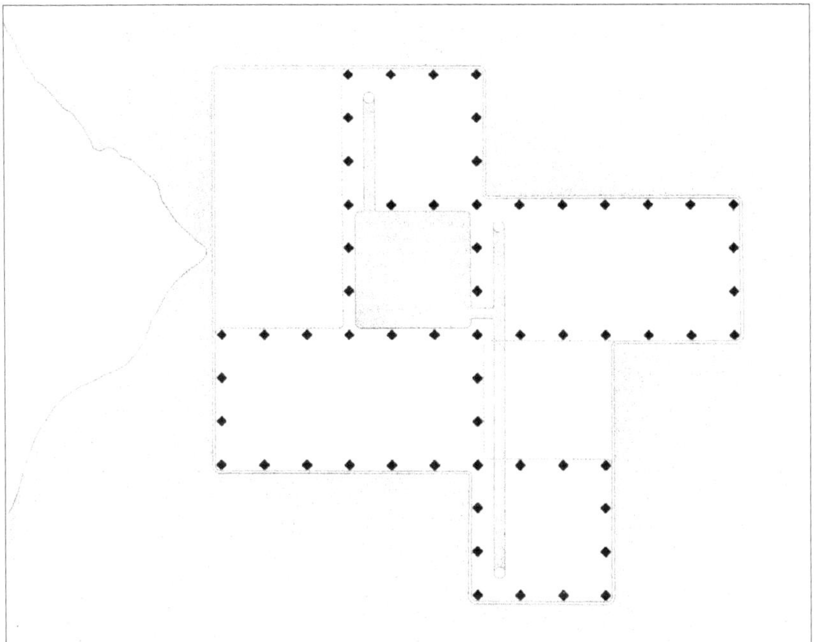

Garden Pavilion, (1962). Pianta. A sinistra: veduta dal parco. Foto di Richard Payne.

chiarire le ragioni della trasformazione dell'arco in senso scultoreo, Johnson risponderà ironicamente di aver ricevuto il suggerimento da Wright: «Mi ricordo di un pranzo a Roma con Frank Lloyd Wright, da Scarlini. Eravamo passati da una sala a un'altra; c'era un enorme e spesso muro nel quale avevano praticato un'apertura e inserito un arco [in cemento armato]. Egli andò a sbattere proprio contro l'angolo dello stipite e allora disse: "Vedi, Philip, la terza dimensione"»[16].

In effetti, Johnson divide, concettualmente, l'arco tridimensionale in due questioni. La prima è estetica: egli riceverà il suggerimento della nuova forma da dare al pilastro dalla visione del dipinto di Robert Delaunay, *Saint-Séverin* (1909-1910).

La seconda è tecnica: riguarda il, così detto, problema dei problemi del Rinascimento, quello delle due colonne concorrenti in un angolo. «Quando si hanno due archi posti ad angolo [...] che cosa si può fare? [...]. Il problema non è stato risolto fino a che il Laurana non ha progettato il Palazzo Ducale

Painting Gallery (1965). Veduta dell'entrata. Foto di Richard Payne.
A destra: planimetria e pianta.

di Urbino. Nel cortile [...] ha aggiunto una colonna supplementare. E da allora non ha avuto più alcuna preoccupazione con gli archi ad angolo. Bene, ho voluto progettare un arco in grado di rivolgersi nei due sensi. Invece di un portico ad arcate, giusto per creare un ritmo, ho cercato di ruotare il ritmo di 90 gradi. Così ho inventato questo arco che ha un modo di iniziare la colonna, sia per un verso, che per l'altro»[17].

Il Pavilion è una costruzione prefabbricata in cemento armato alta 1,8 metri ed è composta da un insieme di pilastri collegati da archi ribassati, sormontati da spessi architravi. Il volume, composto da unità a base quadrata, in pianta presenta un disegno che – come afferma l'autore – ricorda una girandola per bambini. Il pavimento è attraversato da stretti canali d'acqua che vanno a congiungersi alla fontana centrale.

Nella buona stagione a Johnson non dispiacerà portare gli ospiti nel padiglione per un lunch-party, utilizzando come sedili dei cuscini, disposti sotto le volte dorate del soffitto, lasciandosi cullare dal rumore della fontana posta al centro.

La Painting Gallery, costruita nel 1965, è uno spazio interrato, senza finestre, che occupa una prominenza del terreno del parco. All'esterno il rialzo è coperto da un prato che, nel suo culmine, presenta una superficie piana, pavimentata – il cui disegno riflette, a scala più piccola, la pianta sottostante – delimitata da un basso parapetto. Per il disegno della porta d'ingresso Johnson prenderà lo spunto dall'immagine della tomba d'Agamennone a Micene, denominata, anche, Tesoro d'Atreo.

La pianta ipogea del padiglione mette in luce la fantasia del progettista, unita alla raffinata e attenta sensibilità dello studioso d'arte e d'architettura.

Il senso del progetto è il punto d'incontro di una serie di soluzioni pratiche per dare risposta alla duplice questione di immagazzinare le opere d'arte e di poterle liberamente e facilmente osservare.

«All'epoca seguivo la scuola di allestimento museale di Alfred Barr», ricorda Johnson, «il quale affermava che in un museo non doveva esserci la luce diurna, perché il sole avrebbe potuto rovinare i dipinti. Con le finestre era difficile controllare la giusta quantità della luce sulle immagini. Per cui, essendo di quella scuola – a cui non appartengo più – per quella galleria ho deciso di evitare la luce naturale. Trovavo interessante l'idea di un museo interamente sotterraneo. In un museo mi stanco quasi subito. La mia capacità di resistere non va oltre, più o meno, i quindici minuti. Per esempio, per me, il miglior museo del mondo è la piccola cappella di San Sepolcro, che è così difficile da raggiungere. Dov'è custodito un Piero della Francesca, uno dei dipinti più importanti del mondo. Mi piace vedere una sola opera d'arte alla volta»[18].

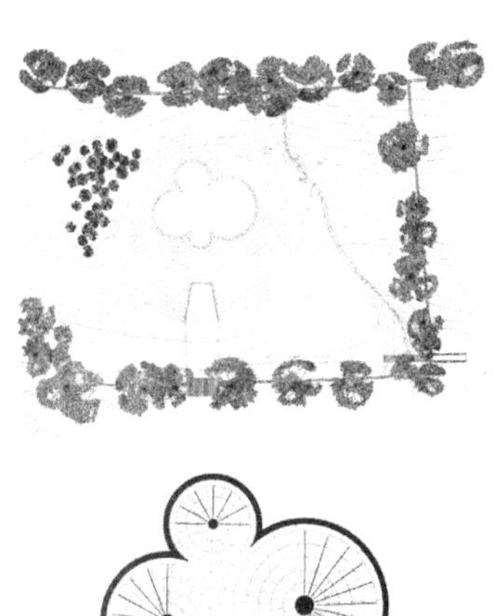

La galleria, costruita per raccogliere 46 dipinti della collezione di Johnson e del suo compagno David Whitney, consiste in tre spazi circolari di differente diametro ed uno più piccolo che ha la funzione di atrio. Ciascuno di tali ambiti ha al centro un pilastro che sostiene la struttura di copertura, e nello stesso tempo è utilizzato come perno attorno al quale far ruotare dei pannelli – che vanno da terra a soffitto – come pagine di un

Painting Gallery (1965). Veduta dell'interno. Foto di Richard Payne.

libro. Su questi piani semoventi sono appese opere di media dimensione ed anche disegni e foto. Un sistema d'immagazzinamento ed esposizione delle opere che, come ricorda Johnson, è tratto da Soane: una soluzione adottata nella sua casa a Londra, al 13 Lincoln's Inn Fields, per archiviare la sua collezione ed accedere ad essa in maniera immediata.

La Sculpture Gallery, terminata nel 1970, sorge su un terreno in pendenza ed è, in parte, interrata per ridurre l'impatto visivo della volumetria nei confronti dell'ambiente naturale circostante. In questo progetto, come nella vicina Painting Gallery, Johnson cercherà di adattare l'edificio alle caratteristiche del luogo. La struttura è in mattoni e il tetto è in acciaio e vetro. Protagonista di questo padiglione è la scala – come nel progetto wrightiano del Guggenheim (anche se al posto della scala c'è la rampa) – concepita come un itinerario espositivo da percorrere in discesa. L'analogia con il celebre museo newyorkese, però, sta anche nel vuoto centrale e negli spazi espositivi che s'incontrano lungo il lato esterno del

Sculpture Gallery (1970). Foto di Richard Payne.

percorso di visita. Dall'ingresso posto in alto, dunque, si scende lungo la scala che si avvita attorno ad uno spazio la cui conformazione è il prodotto della deformazione di un rettangolo, a seguito della sovrapposizione di tre triangoli che corrispondono a tre pianerottoli destinati ad ospitare le opere. «[...] sono rimasto affascinato dalle grandi scale del periodo rinascimentale e barocco, soprattutto del barocco», ricorda Johnson, «Ma anche da certe esperienze in cui si va su e giù, come con le scalinate [della Grande Muraglia] in Cina che ho visto solo in fotografia. Che vanno su e giù lungo il fianco della montagna. Una magnifica sensazione, proprio per quell'insieme di linee che sono lì. O la grande scalinata [della Scala Santa] a Roma dove si sale in ginocchio. Poi, naturalmente, sono stato influenzato dalle isole greche, dove ogni strada è una scala»[19].

La spazialità della galleria assomma in sé un gioco di opposte tensioni che cercano di provocare il senso della scoperta e della sorpresa. Gli ambiti triangolari che ruotano attorno al nucleo centrale con le loro asciutte forme angolari producono un senso di frammentazione spaziale – o di alterazione

Sculpture Gallery (1970). Veduta dell'interno. Foto di Richard Payne.
A destra: pianta.

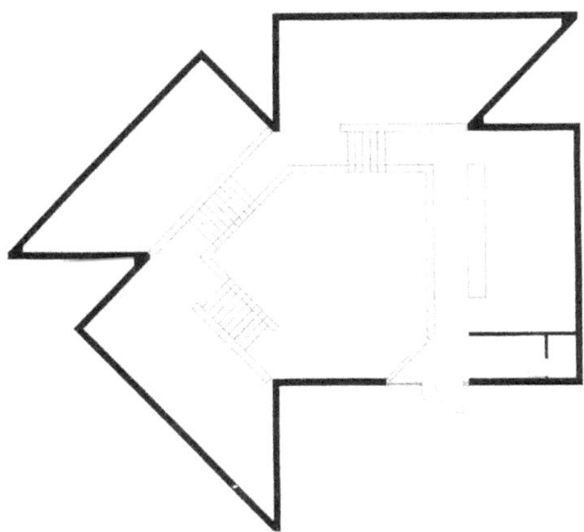

della geometria di partenza – che contraddistingue anche l'insieme degli edifici johnsoniani realizzati nel corso degli anni Settanta, il cui indirizzo è classificato dall'autore con il termine *New Formalism* (e che Charles Jencks preferisce definire *Late Modernism*).

Oltre all'interno, le sculture si trovano anche all'esterno del padiglione, dislocate secondo una precisa strategia visiva. La prima è *Ozymandias*, di Julian Schnabel (1989) che sottolinea l'ingresso della Sculpture Gallery; un po' più lontano s'incontra *Untitled*, di Donald Judd (1971), che è un'opera *site-specific* e consiste in un basso muro circolare in cemento armato. Accanto all'ingresso della Painting Gallery si trova *Untitled*, di Robert Bart (1967) e infine *Figure*, di Jacques Lipchitz (1929-1930), una scultura in bronzo fortemente verticalizzata che aveva la precisa funzione di riequilibrare, in senso percettivo, il vuoto tra la Glass House e la Guest House; in seguito, però, l'opera sarà venduta.

L'Entrance Gate, realizzato nel 1977, rappresenta l'ingresso alla proprietà. È un moderno riferimento astratto alla porta medievale; faticoso risultato di un progetto protrattosi per diversi anni. Si compone di due sagome di cemento armato alte circa 6 metri e di una barra di alluminio che corre al loro interno: si alza e si abbassa azionando un comando elettronico.

La Library Study, costruita nel 1980, è un edificio-scultura fortemente in sintonia con il genere di ricerca del suo amico Frank O. Gehry. Intonacata di bianco, con l'intento di richiamare lo stile mediterraneo, assumerà in seguito un colore bruno; la cui spiegazione sarà: "It's an emotion not a color".

Library Study (1989). Veduta dal parco. Foto di Richard Payne.

La ragione del suo impianto formale è quella di costituire in sé un "evento" in grado di suscitare un'emozione nella contemporanea percezione del paesaggio.

Situato su un rialzo del terreno, l'edificio è il risultato di un processo compositivo di tipo geometrico che nasce dall'incontro di due figure: un cubo, quella dominante, e un cilindro che occupa un angolo della volumetria. Entrambe sono sormontate da un volume troncoconico – che funziona come un camino di luce per l'interno – e da uno snello prisma a base quadrata che incorpora la canna fumaria del caminetto.

Tre pareti dell'interno sono occupate da scaffalature che contengono libri di architettura che rispecchiano agli interessi progettuali dell'architetto e le sue curiosità culturali. C'è, inoltre, un tavolo per leggere, scrivere, disegnare, posto sotto lucernario. I raggi di luce che penetrano all'interno, animano la staticità dell'ambiente enfatizzando i piani che configurano la sua spazialità.

Per stabilire un rapporto con l'esterno, c'è una finestra rettangolare

Library Study (1989). Veduta dell'interno. Foto di Richard Payne. Pianta e sezione.

di fronte al tavolo di studio che guarda verso la Ghost House: una *folly* dedicata a Gehry.

La Ghost House, realizzata nel 1984, è composta da una struttura in acciaio, avvolta da una rete metallica la cui forma suggerisce una casa, con il tetto a capanna che, però, è diviso in due, in senso verticale lungo il suo asse di simmetria. All'interno crescono dei gigli e la struttura è coperta da rampicanti. È un'opera *site-specific* che si poggia sulle fondamenta di un precedente edificio demolito del XIX secolo. Johnson definisce quest'opera come "lo spirito della casa classica". In effetti, la casa è stata costruita nel colmo del suo massimo interesse per il postmodernismo: una corrente di pensiero interessata anche agli aspetti della tradizione.

L'omaggio a Frank Gehry risiede nell'uso di materiali da lui diffusamente impiegati a Los Angeles nel corso degli anni Settanta, per edifici di basso costo e realizzati con strutture metalliche.

Lincoln Kirstein Tower (1985). A destra: Ghost House (1984).
Foto di Richard Payne.

La Lincoln Kirstein Tower, è una scultura alta 10,7 metri realizzata in cemento armato. Edificata nel 1985, è un omaggio all'amico e vecchio compagno di università Lincoln Kirstein, scrittore, impresario, fondatore della rivista letteraria «Hound & Horn», e co-fondatore del New York City Ballet diretto da George Balanchine. A Kirstein, Johnson deve l'incarico per il progetto del New York State Theater at Lincoln Center.

L'opera intende fare riferimento a geometrie create con le tessera del Domino, come pure, alle coreografie di Balanchine. La proporzione dei gradini è studiata in modo da creare un senso disagio in chi sale. L'ascesa fino alla cima richiede una certa attenzione, ma non mancano le protezioni.

Johnson definirà la struttura, "a staircase to nowhere": pur essendosi più volte impegnato in quella sorta di scalata fino alla sommità.

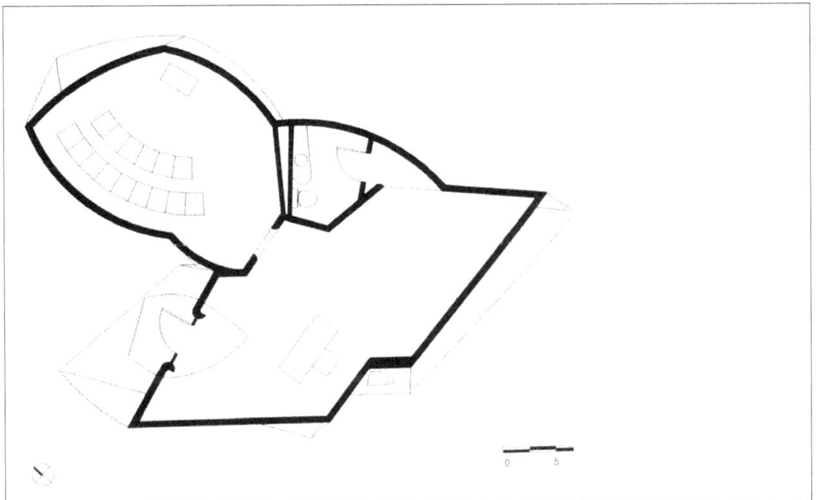


Da Monsta (1995). Pianta.
A sinistra: vedute esterne. Foto di Richard Payne.

Da Monsta, realizzato nel 1995 è l'ultimo padiglione. Il nome *Da Monsta* fa riferimento alla parola "*monster*", impiegata da Johnson per definire il padiglione, nel corso di una conversazione con Herbert Muschamp, che la riutilizzerà in un articolo sul «New York Times». Il termine sarà, in seguito, rielaborato nel gergo underground hip-hop.

Il padiglione ha la funzione di punto d'accoglienza per i visitatori e di orientamento prima della visita[20]. La figura architettonica è composta da un insieme di superfici curve che Jeffrey Kipnis definisce come dei "piani deformanti che collidono e che producono spazi sensuali, evocativi". L'edificio rappresenta una delle interpretazioni del *Deconstructivism*, date dal suo autore. La configurazione formale del padiglione si basa su una geometria non-euclidea, altre suggestioni provengono da esperienze scultoree. "Non credo di aver inventato una nuova architettura", afferma l'architetto, "Nulla viene dal nulla, e io copio tutti". Diversi sono i progettisti di riferimento per questo edificio. Uno di questi è Hermann Finsterlin, un architetto espressionista tedesco, noto per i suoi disegni fantastici oscillanti tra immagini architettoniche e scultoree; a cui bisogna aggiungere Frederick Kiesler con i suoi studi per l'Endless House (1965).

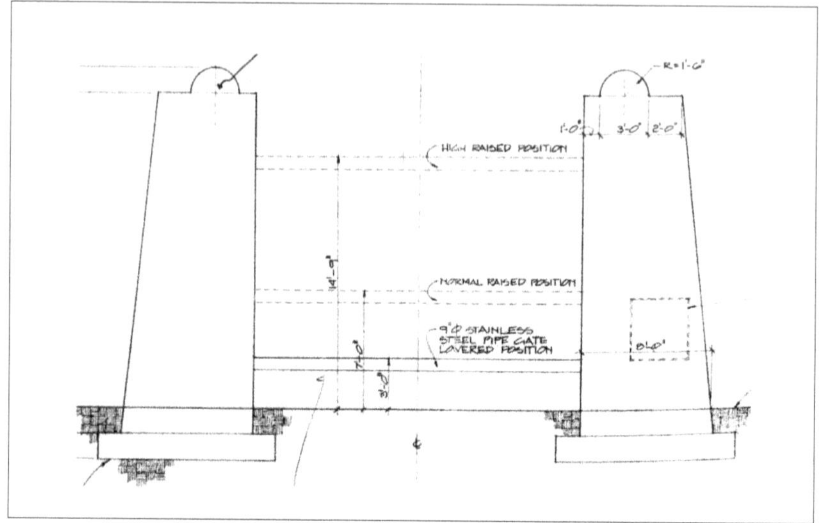


Entrance Gate (1977).

Altri spunti provengono da, Frank Gehry, Peter Eisenman, ma soprattutto, da Frank Stella, autore di un progetto (non realizzato) per la Kunshalle di Dresda (1991).

L'interno di Da Monsta si compone di due spazi e un piccolo ambiente per i servizi igienici. La struttura è costituita da due strati di rete metallica ricoperti di calcestruzzo spruzzato e, nella parte centrale, è inserito uno strato di poliuretano espanso.

"Credo che possa essere visto come una forma organica vivente", osserva Johnson e, poi, aggiunge, "Queste forme ora è possibile realizzarle solo grazie al computer. [...] Il cemento è spruzzato su una maglia metallica, come per una piscina. All'interno della rete ci sono quattro pannelli isolanti che possono essere facilmente piegati. In una settimana tutto viene assemblato insieme".

Due colori contraddistinguono il volume: il rosso e il nero. I suoi insoliti contorni segnano una svolta radicale nell'opera di Johnson.

Il padiglione rappresenta il punto conclusivo del pensiero dell'architetto americano a proposito del rapporto tra scultura e forma che egli chiama *structurated warp*.

1. David Whitney e Jeffery Kipnis, *Philip Johnson. The Glass House*, Pantheon Books, New York 1993, p. VII.
2. Ivi.
3. Francesco Dal Co, *La casa dei sogni e dei ricordi. Philip Johnson a New Canaan*, «Lotus International» n. 35, Electa 1982/II
4. Cfr. Philip Johnson Papers, 1008.2002 (bulk 1925-1998), The Getty Research Institute.
5. Michael Sorkin, *Philip Johnson: The Master Builder as a Self-Made Man*, «The Village Voice», October 30, 1978.
6. Ivi.
7. John W. Cook, Heinrich Klotz (a cura di), *Conversations with Architects*, Lund Humphries, London 1973, p. 16.
8. Ripubblicato in due volumi (già cit.) intitolati: *Writings* (1979) e *The Glass House* (1993).
9. Vincent Scully, *Foreword*, in: *Writings*, op. cit., p. 8.
10. La scultura si trova nel foyer del New York State Theater, Lincoln Center.
11. Quest'opera sarà riconsegnata a Giacometti per un restauro, poiché il bronzo presentava dei problemi di fusione.
12. Sophy Burnham, *The Art Crowd,* David McKay Company, New York 1973, pp. 38-39.
13. La collezione di Johnson e Whitney è stata ceduta al MoMA, ma una parte è rimasta nella Glass House a New Canaan.
16. Hilary Lewis, John O'Connor (a cura di), *Philip Johnson. The Architect in His Own Words*, op. cit., p. 36.
17. Ibidem, p. 37.
18. John W. Cook, Heinrich Klotz (a cura di), *Conversations with Architects*, op. cit., p. 28.
19. Hilary Lewis, John O'Connor (a cura di), *Philip Johnson. The Architect in His Own Words*, op. cit., pp. 40-42.
20. Ibidem, p. 39.
21. Ibidem, p. 46.
22. La Glass House, a New Canaan, sarà ceduta, da Johnson al National Trust for Historic Preservation per essere aperta al pubblico.

# 13. Il ritorno al MoMA

Nel 1945, Alfred Barr invita Johnson a ritornare al MoMA, ma trova contrari alcuni componenti del consiglio d'amministrazione, per la sua vicenda politica e per il timore di uno scandalo che potrebbe danneggiare l'immagine del museo. Ma Abby Aldrich Rockefeller con una frase lapidaria saprà cancellare ogni esitazione per il suo reintegro nella struttura: "Ad ogni giovane dovrebbe essere consentito di commettere almeno un grande errore".

In un'intervista per l'Oral History Program del MoMA, Sharon Zane domanderà a Johnson:

S.Z.: *Cosa ti ha detto Alfred Barr a proposito della tua avventura politica?*
P. J.: *Alfred era il più simpatico di tutti i miei amici, e stava dalla mia parte, sia se avevo torto, che ragione. Era di una completa fedeltà, e questo spesso non è cosa comune tra amici. Ha pensato che fossi impazzito, ha pensato che stessi facendo un grosso errore. Mi diceva: "Cosa c'è di sbagliato in una carriera nel mondo dei musei d'architettura? Pensi di andartene e fare che cosa? Non conosci le tue capacità. Non puoi prendere e andartene in questo modo". Ma non ha mai cercato di dissuadermi* [...] *non c'è mai stato alcun problema*[1].

Su invito di Barr, Johnson riprende dunque la sua attività presso il MoMA, collaborando nel Department of Architecture and Industrial Design (la dicitura era stata modificata per indicare l'allargamento degli interessi anche ad aspetti collaterali alla disciplina architettonica). «Sono tornato a lavorare nel museo, non ufficialmente, un anno dopo la guerra [...]. Non ho mai ricevuto un compenso»[2]. Il suo vecchio ruolo di direttore era svolto da Peter Blake. «In effetti anche se non in forma ufficiale», ricorda Blake, «Philip era il direttore del dipartimento, e io lavoravo sotto di lui. Il motivo di questo accordo [...] dipendeva dal fatto che [afferma Johnson:] "alcuni dei trustees non riuscivano a dimenticare il mio passato nazista e si sarebbero dimessi se fossi diventato il direttore ufficiale del dipartimento". Abbiamo così mantenuto la finzione – io ero il capo del Department of Architecture and Industrial Design, e Philip era una sorta di consulente non ufficiale»[3].

Nel 1947 Johnson scrive un libro sull'opera di Mies van der Rohe e realizza su di lui anche un'importante mostra al MoMA. L'esposizione e la costruzione della Glass House, daranno notevole lustro alla sua figura di critico e, di riflesso, anche di progettista.

Il saggio, è il primo importante testo critico sull'architetto tedesco che ne analizza in maniera complessiva e puntuale l'opera; anche se Johnson si trova nel colmo di un travaglio interiore: sta cercando di liberarsi dalla condizionante, impegnativa soggezione all'architetto tedesco.

Nella stesura del libro avrà la collaborazione dello stesso Mies per le informazioni e l'accesso ai materiali grafici, per cui andrà spesso a Chicago per intervistarlo, per studiare i suoi progetti – realizzati e non – e quelli in via di conclusione nel campus dell'IIT [Illinois Institute of Technology], soffermandosi particolarmente sul tema dell'edificio con telaio in acciaio e pareti in vetro: ovvero, quello della casa di Edith Farnsworth in prossimità del Fox River, a Plano, Illinois (finita di realizzare solo nel 1951). Da questo progetto Johnson trarrà lo spunto per la Glass House; anche se Landes Gore afferma che l'idea di una casa con le pareti in vetro è precedente alla visione del progetto miesiano da parte di Johnson.

La Farnsworth House, scrive Johnson, è concepita come un volume sospeso, composto da pareti di vetro continue. «Qui la purezza della gabbia è assoluta. Né le colonne di acciaio da cui è tenuta sospesa, né l'indipendenza della terrazza galleggiante rompono la tesa pelle»[4].

Nel 1949 assumerà il ruolo ufficiale di direttore del Department of Architecture and Industrial Design.

Nel 1951 Johnson realizza la mostra dal titolo *Eight Automobiles*. Sulla linea della precedente mostra *Machine Art* (1932) al MoMA, espone il design fortemente iconico dell'automobile come espressione d'arte. Questa mostra, scrive Johnson nel programma, «[...] comprenderà oltre alle automobili americane ed europee anche degli ingrandimenti fotografici di vetture, selezionate per la loro eccellenza come opere d'arte e per la loro rilevanza rispetto ai problemi contemporanei del design delle autovetture»[5]. La mostra scatenerà un dibattito acceso, in quanto era opinione, ancora largamente diffusa, che le automobili non fossero un soggetto adatto ad entrare in un museo. «*Henry Ford mi ha scritto, con tono severo, in una lettera che non c'è arte nelle Jeep*», afferma Johnson in un'intervista con Robert Stern. «*Questo era abbastanza curioso. Voglio dire, in quei giorni era ancora possibile prendere una posizione ferma di tipo morale sull'importanza della purezza della forma in un oggetto*»[6].

E alla domanda di Stern su ciò che fosse o non fosse l'arte, Johnson risponderà: «*Sì, lo sapevamo. Voglio dire, era una convinzione, che da allora si è disintegrata. E tutto da quel momento si è andato scompaginando. I principi della progettazione erano così chiari allora che non abbiamo avuto problemi a fare mostre di design. Non potremmo farlo ora, perché non vi è più chiarezza. Ma in quei giorni, assolutamente, c'era. Così è andata anche per l'architettura*»[7].

Johnson manterrà il ruolo di direttore fino al 1954, poi si dimetterà. Nel dicembre del 1957 sarà eletto fiduciario del MoMA, conservando tale rapporto con il museo fino alla sua morte. In questo periodo – in cui l'architetto americano cerca una sua strada per affermarsi come progettista – il suo impegno al MoMA costituirà una piattaforma fondamentale per meglio definire la sua visione dell'architettura e per mantenere contatti sociali, guadagnare credibilità, prestigio ed ottenere importanti incarichi progettuali.

I vari progetti realizzati all'incirca nel primo decennio, come si è già notato, manifestano un forte debito nei rispetti del maestro tedesco. Questo legame ideale con Mies, nella fase conclusiva di questo periodo, porterà anche ad un'associazione, seppure temporalmente breve, per la realizzazione del Seagram Building a New York (1956-1958). In questo lavoro, il suo intervento resterà circoscritto al progetto del Four Season Restaurant. Dagli anni Sessanta in poi, comincerà a sperimentare progettualmente in varie direzioni e con un atteggiamento più libero, meno legato ai consolidati schemi di progettazione riconducibili all'origine miesiana.

1. Sharon Zane interviews with Philip Johnson, op.cit..
2 Robert A. M. Stern, *The Philip Johnson Tape*, The Monacelli Press, New York 2008, p. 107
3. Peter Blake, *No Place Like Utopia*, W.W. Norton, New York-London 1993, p. 108.
4. Philip Johnson, *Mies van der Rohe*, The Museum of Modern Art, New York 1947, p. 162.
5. Dal comunicato stampa della mostra "Eight Automobiles", intitolato: *Museum to Open First Exhibition Anywhere of Automobiles Selected for Design*; MoMA Archive.
http://www.moma.org/docs/press_archives/1538/releases/MOMA_1951_0056_1951-08-23_510823-46.pdf
6. Robert A. M. Stern, *The Philip Johnson Tape*, op. cit., p. 117.
7. Ivi.

Rockefeller Guest House, N.Y. (1950). Foto Studio di Philip Johnson.

## 14. La Rockefeller Guest House

Nel 1948, Blanchette Ferry Hooker Rockefeller e John D. Rockefeller 3rd incaricano Johnson di progettare una Guest House per un lotto centrale di Manhattan, un *pied a terre*, uno spazio in cui esporre i più pregiati pezzi della loro collezione d'arte moderna, un 'salotto' in cui incontrare amici, intrattenere critici, intellettuali, attraverso party, conferenze informali, piccoli concerti.

Situata al 242 East 52nd Street accanto alla Turtle Bay Music School, sarà uno dei primi edifici residenziali di New York City a manifestare l'influenza del pensiero architettonico di Mies, nonché dell'*International Style*. La casa, inaugurata nel 1950, è un'elegante costruzione di due piani, stretta e lunga (7,62 x 30 metri), inserita tra due alti fabbricati. L'autore eserciterà, nel percorso ideativo, un severo processo di riduzione formale. L'esterno mette in evidenza in maniera netta l'organizzazione spaziale dell'interno. La facciata si presenta divisa in due differenti settori: il basamentale, realizzato in mattoni rossi (gli stessi impiegati per rivestire il cilindro della Glass House, a New Canaan), il superiore, composto da un sistema tripartito di lastre di vetro smerigliato sostenute da putrelle verticali, attraversate verso il basso, da una fascia metallica orizzontale che ulteriormente le suddivide. Entrambe le zone sono ricomposte in un insieme unitario da un'intelaiatura portante di profilati d'acciaio ad H che forma una sorta di cornice. Una soluzione tecnologica e formale ripresa dagli schizzi di due edifici del campus dell'IIT, disegnati da Mies per la Library e l'Administration Building. A proposito di tale scelta progettuale, Johnson scriverà nel libro dedicato all'opera di Mies: «Gli elementi strutturali sembrano simili a quelli di una cattedrale gotica [...]. E mentre l'architetto medievale ha potuto contare sulla collaborazione dello scultore e del pittore per il suo effetto finale, Mies ha dovuto svolgere le funzioni, per così dire, di tutte e tre le professioni. Egli perciò unisce acciaio con acciaio, o acciaio con vetro o mattone, con quel gusto e quell'abilità che in passato stava dentro la cesellatura d'un capitello in pietra o la pittura di un affresco»[1].

L'elemento più notevole della Rockefeller Guest House è l'ambiente interno del piano terra, con un patio rettangolare, posto quasi centralmente, che interrompe lo sviluppo longitudinale dividendolo in due ambienti e dando loro aria e luce. Il piccolo cortile è provvisto di una vasca d'acqua dallo spessore piuttosto sottile e per attraversarla bisogna passare su tre lastre di pietra che fanno da ponte.

Entrando nella casa s'incontrano: un ampio spazio di soggiorno con un caminetto, poi aldilà del patio, una camera da letto con bagno; le due camere da letto con bagno, al piano superiore sono raggiungibili tramite una scala situata nella zona dell'ingresso. In effetti, il piano superiore risulta inutile, per Blanchette Rockefeller sarebbe stato sufficiente un piano. Il suo raddoppio servirà a Johnson per rafforzare la presenza dell'edificio sulla strada che – sono le sue parole – "give the facade height" ed anche perché un solo piano, "would look all wrong"[2].

Nel 1955 la casa sarà donata dalla famiglia Rockefeller al MoMA che utilizzerà gli spazi per eventi speciali, conferenze, mostre, ricevimenti. E questo, fino a quando, nel 1964, Johnson non progetterà per il MoMA l'East Wing, un ampliamento necessario a svolgere le numerose attività culturali, collaterali a quelle delle grandi esposizioni. Nel 1964, contestualmente alla costruzione dell'East Wing, la Rockefeller Guest House verrà venduta a Robert C. Leonhardt.

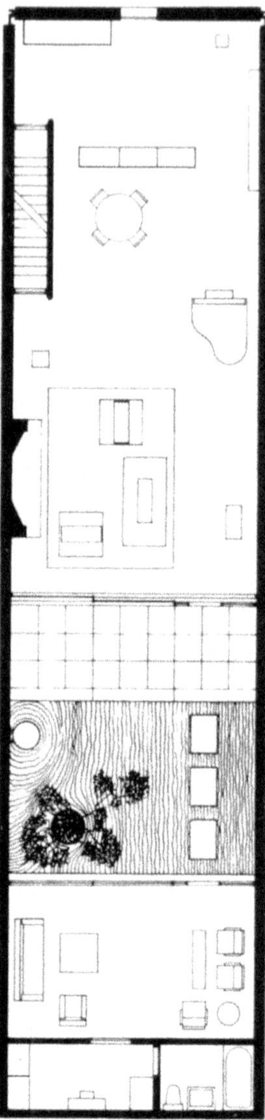

Rockefeller Guest House, N.Y. (1950). Pianta.

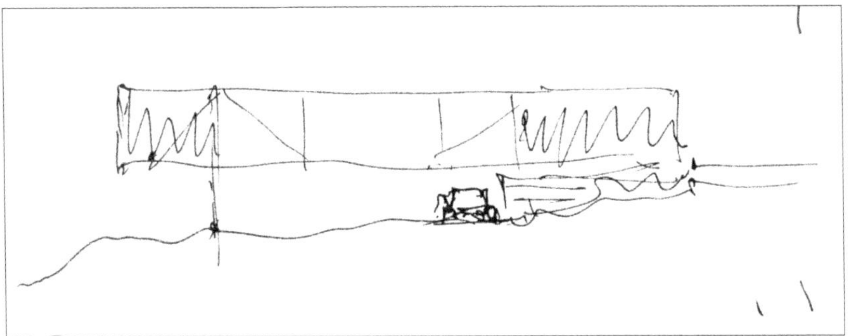

Ludwing Mies van der Rohe, House on a Hillside (c.a. 1934). Schizzo del prospetto.

Quando nel 1971 morirà, la vedova affitterà la casa a Johnson che la terrà fino al 1979. La casa avrà poi diversi altri proprietari. Nel dicembre del 2000 sarà classificata, dalla Landmarks Preservation Commission, monumento da salvaguardare.

Lo stesso anno in cui Blanchette chiede a Johnson di progettare la Rockefeller Glass House, gli propone anche di progettare lo Sculpture Pavilion (1948) per il giardino della residenza della famiglia a Pocantico Hills, New York. Il progetto, però, non sarà accettato dalla famiglia Rockefeller.

Un secondo progetto non andato a buon fine, in questo stesso anno, è quello della House of Glass, un padiglione destinato ad arricchire il *courtiard/garden* del museo, dedicato all'esposizione delle sculture: uno spazio voluto da Barr, incluso nel progetto di Goodwin e Stone fin dall'inizio, progettato da John McAndrew.

La proposta di Johnson non verrà realizzata, questa volta, per mancanza di fondi. Tuttavia, tali insuccessi saranno bilanciati dal legame d'amicizia che egli svilupperà con Nelson Rockekeller, presidente del MoMA, con Blanchette Rockefeller e con l'architetto Wallace K. Harrison, un fiduciario del MoMA e stretto alleato dei Rockefeller che garantirà a Johnson la progettazione delle future aggiunte del museo. E questo, dal 1948 fino al 1977, quando per la progettazione della Museum Tower sarà rifiutata la proposta di Johnson & Burgee e affidato l'incarico a Cesar Pelli & Associates.

La House of Glass (1948) è un padiglione permanente di acciaio e vetro che sarebbe dovuto essere situato nell'area dello Sculpture Garden; in

The House of Glass, MoMA Art Sculpture Garden (1948). Vista prospettica.

cui, in precedenza, erano stati realizzati dei padiglioni provvisori, quali: il *Dymaxion Deplayment Unit* di Richard Buckminster Fuller (1942) e una serie di modelli al vero di abitazioni, su progetto di Marcel Breuer (1949), Gregory Ain (1950) e Junzo Yoshimura (1954-55).

La proposta per la House of Glass intende essere, per Johnson, un'espressione della nuova estetica da lui abbracciata. In uno scritto che accompagna gli elaborati, così si legge: «[Il progetto serve a dimostrare] che il vetro è il più leggero, il più flessibile e il più assolutamente moderno materiale a disposizione degli architetti di oggi. L'edificio [...] avrà l'aspetto di un enorme cristallo fluttuante nello spazio del giardino del museo, e nel centro di Manhattan [...]. Il suo effetto nel rivoluzionare il settore delle costruzioni e tutti gli aspetti del design di ricerca dovrebbe essere paragonato a quello dei primi grattacieli a telaio in acciaio»[3].

Il brano sembra riflettere il nuovo spirito maturato in Germania agli inizi del Novecento e che investirà l'architettura portandola all'esaltazione di una nuova concezione architettonica, volta a mettere in discussione i principi fondativi della città "moderna" nella ricerca di un punto di conciliazione del conflitto tra città-campagna, tra natura e nuove tecnologie architettoniche. Il *Glaspavillion* progettato da Bruno Taut (per il Werkbund di Colonia del 1914) è un esempio emblematico di questa tensione intellettuale, a cui fa riscontro, in ambito saggistico, la visione utopica della *Glasarkitektur* di Paul Scheerbart, dove nel primo capitolo, si legge: «Noi viviamo perlopiù in spazi chiusi [...]. Se vogliamo elevare il livello della nostra civiltà, saremo quindi costretti [...] a sovvertire la nostra architettura. E sarà possibile realizzare tutto ciò soltanto eliminando la chiusura degli spazi in cui viviamo. Ma ciò sarà possibile soltanto con l'introduzione dell'architettura di vetro che permette alla luce del sole [...] di penetrare nelle stanze non solo da un paio di finestre, ma direttamente dalle pareti»[4].

Questo è quello che Johnson cerca di mettere in pratica, a partire dalla sua casa ad Ash Street, a cui faranno seguito altre ville, fino a giungere al progetto che maggiormente lo rappresenta, la Glass House a New Canaan.

La proposta di Johnson si ispira, anche, ad alcuni schizzi di Mies per opere non realizzate, inclusi nella mostra del 1947 al MoMA e nel libro sulla sua opera. In particolare, gli schizzi per una casa ad Hillside (ca. 1934) che mostra un volume sollevato da terra sostenuto da pilastri in acciaio. Analogamente, la House of Glass sembra quasi 'galleggiare' con il suo pavimento sollevato dal terreno. Un effetto, in seguito, riproposto con la Robert C. Leonhardt House (1956) anch'essa basata su uno schizzo di Mies.

In questi progetti Johnson manifesta una certa curiosità e interesse per l'impiego del vetro in architettura secondo modalità totalizzanti; ama sperimentarne i suoi effetti nelle costruzioni e in chi vive in esse. Ma c'è, anche, l'interesse a ripercorrere la strada miesiana. La Glass House realizzata a New Canaan nel 1949 sarà l'opera in questo senso più riuscita o che raccoglierà maggiore interesse intorno a sé.

1. Philip Johnson, *Mies van der Rohe*, op. cit., p. 138.
2. Le due frasi di Johnson sono tratte dal testo della Landmarks Preservation Commission (redatto nel 2000) per la designazione della Rockefeller Guest House di edificio rappresentativo di NYC.
http://neighborhoodpreservationcenter.org/db/bb_files/00-ROCKEFELLER-GUESTHOUSE.pdf
3. Peter Reed, *The Space and the Frame: Philip Johnson as the Museum's Architect*, in: John Elderfield (a cura di), Philip Johnson and the Museum of Modern Art, Harry N. Abrams, New York 1998, p. 72.
4. Paul Scheerbart, *Architettura di vetro*, Adelphi, Milano 1982, p. 15.

# 15. Progetti per il MoMA

Nel 1951, Johnson progetta il Grace Rainey Rogers Annex al 21 West 53rd Street. È un edificio di sette piani che si affianca a quello di Goodwin e Stone. Al suo interno ospita gli spazi per l'attività culturale, amministrativa, gestionale del MoMA, quali: il People's Art Center per le attività di studio (e sperimentazione diretta dell'arte, rivolta a bambini e adulti) e d'incontro dei soci del museo, le aree dei magazzini/laboratori, una biblioteca e gli uffici (situati al 5° piano).

La facciata dell'Annex è un *curtain-wall*, una griglia miesiana, un elegante e ben ritmato scheletro in acciaio il cui schema, nel 1959, sarà ripreso per la sofferta soluzione della facciata dell'Asia House.

In un'intervista rilasciata negli anni Novanta, riflettendo su questo progetto, Johnson dirà: «[...] non c'era architettura in esso. Era solo una scheggia e non ho voglia di fare una dichiarazione architettonica»[1].

Peter Reed, nelle pagine di un saggio sulla storia del MoMA, risponderà a questa affermazione, cercando di rovesciare il troppo severo giudizio del suo autore: «Anche se l'annesso è sembrato all'architetto, piccolo e insignificante, col senno di poi il suo progetto è stato comunque una precisa affermazione. È stata la messa in atto di un'espressione chiaramente moderna e assolutamente appropriata per una istituzione»[2]. L'Annex confinava, con l'edificio del Whitney Museum, il cui lato più lungo si rivolgeva verso lo Sculpture Garden. Questo prospetto sarà ridisegnato da Johnson realizzando un alto muro in mattoni di grigio cemento. Quando nel 1961 l'edificio del Whitney Museum al 20 West 54th Street sarà lasciato per la nuova costruzione progettata da Marcel Breuer, al 945 Madison Avenue, il MoMA amplierà gli spazi dell'Annex e a piano terra realizzerà

West Wing, MoMA, N.Y. (1962-63). Foto di Richard Payne.

Annex e West Wing, MoMA, N.Y. (1962-63). A destra: particolare della facciata.

una caffetteria, affacciata verso il giardino. In seguito, costruita la East Wing, la caffetteria sarà trasferita sul lato opposto. L'Annex verrà demolito nel 1981 per poter costruire la Museum Tower.

Nel 1953, Johnson progetta l'Abby Aldrich Rockefeller Sculpture Garden. Un giardino delle sculture che può essere considerato, con la Glass House, uno dei suoi progetti più riusciti: un saggio d'installazione museale con una marcata finalità estetica.

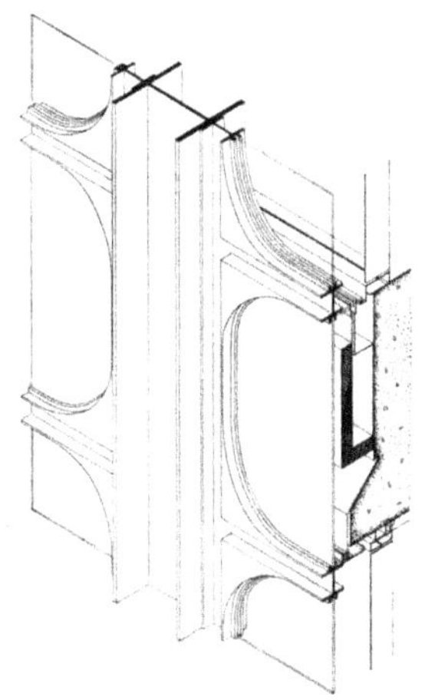

"La ragione dello Sculpture Garden", come dichiarerà Nelson Rockefeller, in occasione della sua inaugurazione, "è quella di consentire agli abitanti di New York di godere, nel corso della visita delle opere d'arte del museo, di un breve momento di vita all'aria aperta nel contesto di uno spazio urbano chiuso che è come un'unità 'estratta' dalla confusione della città". Da qui anche la ragione dell'accentuazione del tema della sua chiusura, del suo isolamento con l'alto muro di circa quattro metri che lo divide dalla West 54th Street, piuttosto che la cancellata in ferro com'era in origine.

Johnson vede questo progetto di giardino come un'ideale 'stanza' costruita per ospitare un'esposizione di sculture all'aperto che ha come origine il *courtiard* miesiano di Ash Street, ma che nel suo sviluppo porterà anche a progetti come la Roofless Church (1960), il Research Nuclear Reactor (1960) o il John F. Kennedy Memorial (1970), ossia a spazi che hanno la caratteristica di risultare, a un tempo, chiusi-aperti, 'estrapolati' dallo spazio circostante. Un ulteriore, importante riferimento di questa concezione è la piazza italiana. «La mia idea era una piazza», afferma Johnson, «Ho sempre amato la piazza di San Marco a Venezia» [3].

Come nota Mirka Beneš: «Fin dall'inizio, il giardino delle sculture è stato l'eco di questa concezione urbana. Il pubblico si raccoglieva in mezzo al giardino per guardare le sculture, camminare, mangiare ai tavoli sistemati all'estremità occidentale della terrazza, leggere o conversare gli uni con gli altri, cercando una tregua all'aria aperta dallo studio intensivo delle opere d'arte all'interno dell'edificio musale. Questo progetto di giardino, come contenitore pavimentato di sculture immobili e persone in movimento, permette un raggruppamento concentrato di pubblico in un piccolo spazio della città» [4].

Lo Sculpture Garden è, dunque, un sereno spazio urbano che assomma in sé una serie di sotto-spazi sottilmente definiti da gruppi di alberi (faggi piangenti europei, betulle, e andromede giapponesi) e vasche d'acqua dall'andamento lineare. L'area è scandita in cinque zone: cinque ambienti ideali all'interno dei quali sono disposte le sculture. «Hanno tutti una forma diversa», osserva Johnson. «Allora, come operare la divisione? Ebbene, ho

The Abby Aldrich Rockefeller Sculpture Garden, MoMA N.Y. (1953). Foto di Michele Costanzo. A destra: planimetria.

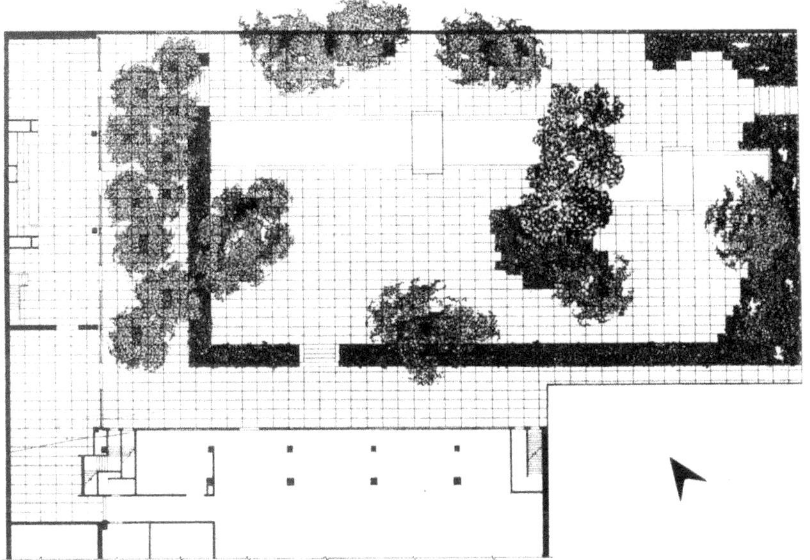

usato l'acqua come dispositivo per separare e, allo stesso tempo, collegare. Essa consente di circoscrivere le aree per le installazioni»[5].

Il piano di calpestio del giardino si trova a un livello più basso, circa un metro rispetto al piano d'ingresso del museo; per cui, al visitatore che entra, questa variazione di altezza offre un maggior grado di leggibilità del disegno d'insieme del giardino.

La pavimentazione è composta da grandi lastre rettangolari di marmo grigio del Vermont, non levigato. Le dimensioni del *parterre* sono di 24,38 x 60,96 metri.

Nel 1964, in occasione della costruzione dell'East Wing, anche lo Sculpture Garden verrà ampliato, sarà aggiunta una terrazza in parte occupata dai tavoli della nuova caffetteria. Nel corso di successivi ampliamenti del museo, il giardino delle sculture subirà altre modifiche.

Nel 1964, dunque, Johnson progetta l'East Wing del MoMA. Anche questo edificio alto sei piani ha il prospetto in *curtain-wall* (largo 15,24 metri) e si affianca alla costruzione del 1939, ma dal lato opposto rispetto all'Annex.

La ragione di questo secondo ampliamento del MoMA sta nell'esigenza di acquisire nuovi spazi da destinare all'esposizioni e agli uffici. La costruzione apparentemente è simile all'Annex, tuttavia, il disegno della nuova struttura

– pur condizionata, nel vocabolario espressivo, dai limiti dati dall'impiego di una griglia composta da elementi industrializzati in acciaio – nella sua concezione e conseguente sviluppo, non ha più l'impronta miesiana. Tra gli elementi di dettaglio più immediatamente riscontrabili, che mettono in luce tale volontà di distacco dal maestro tedesco, sono da indicare: il prospetto, composto da una struttura in acciaio verniciata di nero e vetro di colore bronzato, con un arretramento (di circa un metro) all'ultimo piano per trovare una corrispondenza con la terrazza dell'edificio di Goodwin e Stone; gli angoli delle riquadrature della griglia sono arrotondati; l'ultimo piano, infine, si conclude con la Founder's Room (completata nel 1967), nel cui interno il soffitto presenta nove cupole in gesso collegate da una griglia orizzontale in acciaio che porta internamente l'impianto d'illuminazione.

A questo si aggiungono alcuni interventi che investono l'intorno immediato del nuovo volume e sono: il ridisegno della hall d'ingresso del museo; l'ampliamento – in corrispondenza della nuova East Wing – della superficie dello Sculpture Garden, con la creazione dell'Upper Terrace che, essendo posta ad un livello superiore rispetto al giardino, sarà dotata di scale. Per il loro disegno e posizionamento Johnson trarrà ispirazione da Schinkel.

Nel 1970 lo studio Johnson & Burgee proporrà un Progetto di ampliamento del MoMA; rispetto ai due interventi precedenti rivolti verso la 53th Street, la proposta risulterà molto più impegnativa, prevedendo, inoltre, un nuovo accesso per il pubblico sulla 54th Street.

L'idea principale del progetto è quella d'intervenire nell'area dello Sculpture Garden ricavando due piani: il primo fuori terra e il secondo interrato. Il giardino è posto sopra il solaio di copertura della nuova costruzione; e questo, per ottenere nuove gallerie espositive. Quelle sotterranee con i soffitti alti 6 metri sono particolarmente adatte per l'esposizione di opere di grandi dimensioni. La circolazione tra i piani avviene attraverso un vasto atrio con pareti in vetro *fumé*, e con scale mobili per gestire più facilmente la «[...] quantità infinita di persone senza alcuna possibilità d'intasamento, proprio come avviene nei grandi magazzini»[6]. La proposta non sarà accettata a causa del preventivo troppo elevato.

Nel 1976 sarà formata una commissione per selezionare lo studio a cui affidare l'incarico del progetto d'ampliamento. Saranno invitati: Mitchel and Giurgola Associates, I. M. Pei and Partners, Gruen Associates, di cui César Pelli è uno dei *partner* (in quell'anno nominato *dean* della Yale School of Architecture).

César Pelli sarà incaricato del progetto e Johnson, che per circa trent'anni era stato l'architetto ufficiale del museo, rimarrà profondamente offeso dalla decisione del Museum's Stearing Committee e dall'ostilità nei suoi confronti, anche se non manifesterà mai in pubblico i suoi sentimenti di disappunto. Sta di fatto che interromperà le donazioni di opere d'arte al MoMA. Nel 1986, infine, Johnson cederà la Glass House al National Trust for Historic Preservation, mantenendone l'uso fino alla sua morte e quella del suo compagno David Whitney.

Il rapporto con il MoMA, comunque, non sarà del tutto compromesso in quanto molti anni dopo, nel 1988, realizzerà con Mark Wigley l'importante mostra *Deconstructivist Architecure*.

1. Sharon Zane interviews with Philip Johnson, op.cit..
2. Peter Reed, *The Space and the Frame: Philip Johnson as the Museum's Architect*, op. cit., p. 77.
3. Mirka Beneš, *A Modern Classic: The Abby Aldrich Rockefeller Sculpture Garden*, op. cit., 128.
4. Ivi.
5. Hilary Lewis, John O'Connor (a cura di), *Philip Johnson. The Architect in His Own Words*, op. cit., p. 62.
6. Mirka Beneš, *A Modern Classic: The Abby Aldrich Rockefeller Sculpture Garden*, op. cit., 97.

Kreeger House a Washinton D. C. (1963-68). Foto di Richard Payne.

# 16. Le ville per i collezionisti

Philip Johnson è una persona che, come si è già accennato, ama vivere in società, ama gli incontri mondani e ama frequentare l'ambiente intellettuale. È, anche, un collezionista, vicino al circuito culturale del MoMA, grazie al quale ha la possibilità di conoscere importanti artisti. La sua passione per l'arte lo porterà ad entrare in stretto contatto con studiosi e operatori in campo artistico come Barr o, anche, con persone dotate di spiccata sensibilità per l'arte, come Emily e Burton Tremaine.

I primi incarichi di lavoro, i più interessanti, in buona parte verranno da rapporti che egli stabilirà con collezionisti desiderosi di farsi costruire una dimora che rispecchi il loro profondo interesse per le arti, favorisca il loro desiderio di convivere con opere d'importante valore culturale ed economico, ed assecondi la loro volontà di sviluppare le relazioni sociali.

Da questa esperienza, che durerà più di un decennio, egli riuscirà a trarre una diversa visione del museo, rispetto alla concezione dello spazio-loft del MoMA portata avanti dal suo amico Barr, che consisteva in uno spazio astratto in grado di adattarsi ad un continuo succedersi di esposizioni e di rispondere alle diverse esigenze di allestimento, nonché alle varie sollecitazione del pubblico.

La nuova concezione espositiva, per Johnson, nasce dalla specificità del contesto domestico con cui le opere d'arte devono cercare di stabilire una diversa relazione, dalle contenute dimensioni degli spazi per la loro sistemazione che le obbliga ad una interazione forzata con la quotidianità della vita, dalle imprevedibili relazioni con gli oggetti dell'abitare e dalla loro libera corrispondenza con chi le possiede.

Il particolare genere di 'appaesamento' delle opere e la familiarità dell'ambiente domestico che le accoglie, offre all'utente un genere di relazione da cui è possibile trarre un incentivo diverso da quello offerto

Rockfeller Pool Pavillon and Art Gallery, Westchester, New York (1948). Plastico.
A sinistra: pianta.

dal museo, una differente maniera di leggere il loro messaggio, cogliere la loro essenza, percepirne gli stimoli, interpretare e vivere il loro fascino, e un diverso modo di lasciarsi prendere da esse. Assai opportunamente, Honoré de Balzac nel suo romanzo, *Il cugino Pons*, fa dire al protagonista, non senza una certa dose d'ironia: «Io credo all'intelligenza degli oggetti d'arte; essi riconoscono gli intenditori, li chiamano, dicono loro: "Ehi, tu!"» [1].

C'è, in definitiva, nello spazio domestico, un grado d'intimità con le opere, di spontaneità, d'immediatezza nel rapporto con esse, che non può ritrovarsi nel museo pubblico. E questo, anche per via del privilegio del possesso e dell'esclusività del suo godimento. Di ciò, il collezionista è spesso consapevole, com'è pure consapevole che il collezionare è una forma di 'distacco' dell'opera dal suo naturale rapporto con la collettività, di suo 'isolamento'. Mario Praz, in *La casa della vita,* mette bene in evidenza tale aspetto: «Sottoposta alla psicoanalisi la figura del collezionista non ne esce bene, e dal punto di vista etico c'è certamente il lui qualcosa di profondamente egoistico e limitato, addirittura di gretto...» [2].

È un fatto che, alla fine del proprio percorso di 'caccia', molti collezionisti costruiscano musei, facciano donazioni, realizzino sofisticati apparati organizzativo/culturali per rendere partecipe la società, in senso ideale e concreto, del grande dono dell'arte: in questo modo, producendo (in maniera più o meno conscia) l'annullamento di ciò che poteva scaturire dal precedente rapporto solitario, esclusivista e misterioso con essa. A testimonianza del graduale allentarsi di questo sottile legame tra individualità e socialità, aperte alla fruizione di tutti le collezioni diventeranno parte di un più generale bene pubblico.

C'è da aggiungere, che le ville progettate da Johnson sono circondate spesso da vasti giardini alberati, arricchiti da sculture; un po' come quello che verrà a determinarsi, con un sempre maggiore proposito, nella sua Glass House. Con la differenza che la casa a New Canaan è composta da una sommatoria di unità formalmente e fisicamente distinte, una specie di 'villaggio', che sarà anche un tema più volte affrontato progettualmente da Frank Gehry. Diversamente, le johnsoniane ville per collezionisti, pur relazionandosi ai rispettivi ambienti naturali, mantengono un maggiore senso dell'unità organica della costruzione; e al loro interno, le opere restano avvolte dall'atmosfera, dagli odori e sapori della vita domestica.

Questa specificità dello spazio espositivo sarà sviluppata, approfondita dall'architetto in un susseguirsi di esperimenti progettuali: un percorso che va dalla Menil House, alla Kreeger House/Kreeger Museum. E, solo alla fine del ciclo, l'esperienza raggiungerà una sua compiutezza: avendo, l'organismo architettonico, assunto la capacità di trasformarsi, quasi in modo naturale, in museo.

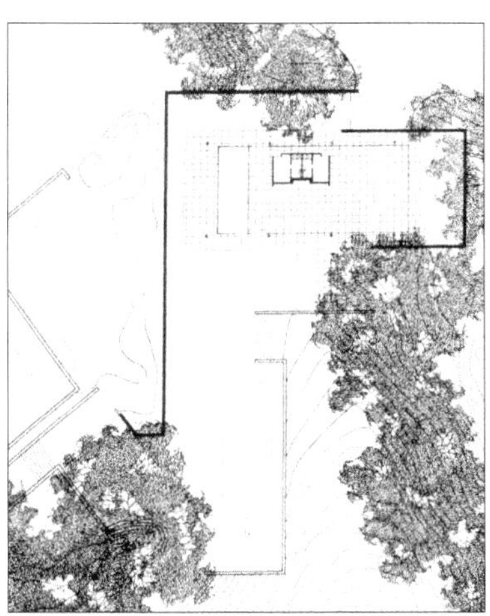

Dopo l'importante esperienza delle case dei collezionisti, l'impegno di Johnson nella progettazione dei primi musei sarà quello di trasmettere in essi qualcosa di intimo, di più profondamente sensibile.

Il Rockfeller Pool Pavillon and Art Gallery, Westchester, New York (1948), è un progetto non realizzato, ma è il primo in cui l'autore affronta idealmente le potenzialità espressive e di stimolo delle qualità 'domestiche' di cui si è detto. Si tratta di un padiglione con piscina per la casa di campagna di John D. Rockfeller 3rd. Si colloca su un terrazzamento, in analogia con gli ultimi studi di Johnson (del 1947) per la Glass House. La pianta rettangolare, presenta al centro un voluminoso camino, dietro al quale sono collocati i servizi. Le pareti di vetro sono concepite come

schermi per disporre le opere, mentre all'esterno i muri che circondano la terrazza funzionano da sfondo per le sculture.

Il progetto non sarà accettato da Blanchette Rockefeller, ma darà origine ad un secondo incarico di progetto la Rockefeller Guess House, a New York.

La Menil House, Houston, Texas (1950) è il primo edificio realizzato da Johnson nel Texas per una coppia di collezionisti trasferitisi, durante l'ultimo conflitto, dalla Francia negli USA: Dominique Schlumberger, una ereditiera francese le cui fortune provengono dall'attività nella produzione tessile e nell'estrazione petrolifera, e John de Menil che si occupa delle società della moglie.

La coppia, pur intenzionata a stabilitasi a Houston, risiede in un primo periodo a New York in quanto Dominique è in cerca di un architetto a cui affidare la progettazione della sua casa in Texas, e John è in cerca dei giusti

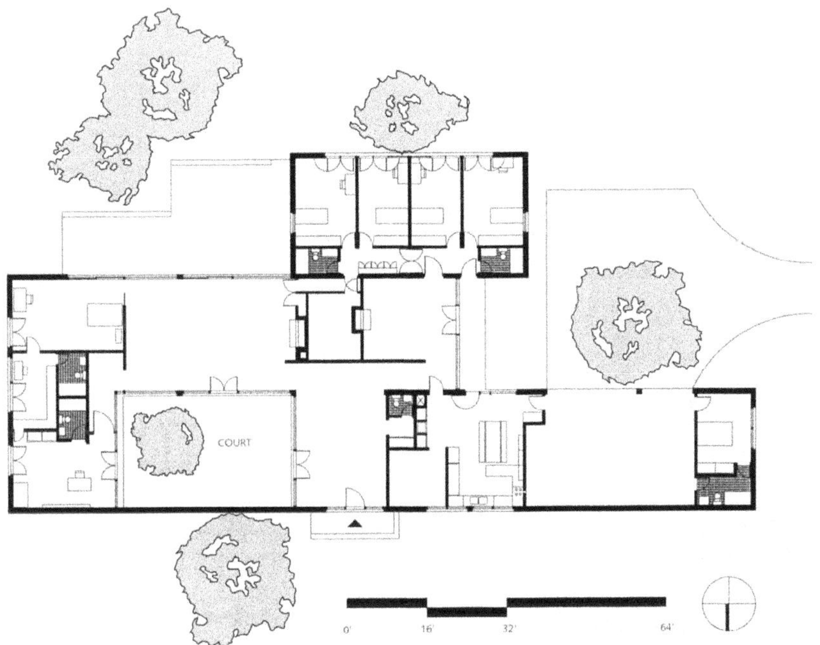


Menil House, Houston, Texas. (1950). Pianta.
A sinistra: vista dall'esterno. Foto di Richard Payne.

appoggi per entrare a far parte della ristretta rosa dei fiduciari del MoMA. Dominique è amica di Mary Callery – nota scultrice appartenente alla New York School e collezionista d'arte essa stessa, collegata ad architetti modernisti come Mies e Johnson – e a lei si rivolgerà per avere indicazioni riguardo all'incarico di progetto per la sua casa.

La risposta di Callery, seppure ricca di humour, sarà decisiva per la scelta di Dominique: «Se vuoi spendere $ 100.000 chiama Mies van der Rohe, se vuoi spendere invece solo $ 75.000 chiama Philip Johnson»[3].

Johnson progetterà, dunque, la Menil House al 3363 San Felipe Road, Houston. Sarà la più importante costruzione realizzata nella città texana nel dopoguerra secondo i dettami dell'*International Style*. Per molti anni essa sarà una casa-museo.

Menil House, Houston, Texas. (1950). Vedute degli interni. Foto di Richard Payne.

Situata nel quartiere alla moda di Briarwood, contraddistinto da edifici in stile Tudor e inizio Novecento, la costruzione è a un solo livello, la copertura è piana. L'abitazione di 5.500 metri quadrati è inserita in un area verde fittamente alberata. L'impianto si sviluppa attorno ad una corte aperta con all'interno un giardino semi-tropicale. Il lato nord è chiuso e rivolto verso la strada. Il lato sud è composto da pareti vetrate che guardano verso in giardino.

L'edificio, per l'eccessiva austerità della sua impostazione, produrrà un certo disappunto da parte dei figli della coppia, nonché stupore misto a fastidio tra gli abitanti di Houston, ma i de Menil, nonostante le critiche, rimarranno soddisfatti del progetto. Tuttavia, respingeranno la proposta di Johnson per gli interni: «Philip avrebbe voluto inserire nell'ambiente di soggiorno un divano di Mies van der Rohe, un tavolo di vetro di Mies van der Rohe e due sedie di Mies van der Rohe su un tappeto color muffa», ricorda la signora de Menil in un'intervista del 1995. «Ma noi volevamo qualcosa di più *voluttuoso*» [4]. Chiamerà, allora, Charles James, uno stilista eccentrico che, in precedenza, aveva creato per la signora abiti da sera 'scultorei'. L'idea era quella di inserire negli interni di Johnson, eleganti e discreti, un sontuoso infuso di colore e calore, per creare la cornice ideale per l'eclettica collezione d'arte.

Così, operando un'audace deviazione dalle pareti bianche prescritte dal credo modernista, James introdurrà una distinta gamma di colori. La purezza delle linee architettoniche moderne verrà sovvertita con la realizzazione di esuberanti e molto personali interni.

Per decenni, Johnson ometterà di dare indicazioni riguardo a questo edificio che sarà cancellato dalla sua *Building Chronology*, anche se la casa diventerà una tappa obbligata nel circuito culturale internazionale e i de Menil faranno ottenere all'architetto numerosi incarichi progettuali in Texas.

Completato l'edificio, i de Menil sistemeranno al suo interno la loro importante collezione d'arte, che continuerà ad essere accresciuta. Una collezione che, alla fine, raggiungerà i 15.000 pezzi: dalle sculture in osso del Paleolitico, alle lattine della zuppa di Warhol. La necessità di spazio indurrà Dominique, negli anni Sessanta, a chiamare Howard Barnstone e Eugene Aubry, architetti di Houston, per trasformare il garage in ufficio per il *curatorial staff* (composto da una mezza dozzina di persone), e il magazzino/archivio per ospitare la collezione. Alla corte verrà aggiunta, inoltre, una copertura a crociera realizzata con un materiale leggero e traslucido su una struttura metallica con 4 aperture ad arco ai lati.

La maggior parte delle opere, in seguito, saranno trasferite nella Menil Collection: un nuovo spazio espositivo ad alcuni chilometri di distanza, progettato da Renzo Piano (1980-1987).

Con la morte di Dominique, nel 1997, la casa sarà trasformata nella sede della Menil Foundation.

Nel 2004 la villa che aveva fatto tanto discutere, sarà restaurata e riportata alle condizioni del progetto iniziale: togliendo tutte le aggiunte, le trasformazioni realizzate nel corso del tempo per esigenze di spazio. L'intervento sarà portato avanti con particolare attenzione al carattere originale dell'edificio. Nuovi impianti elettrici e meccanici saranno introdotti, badando a non alterare la patina della costruzione. Verrà, infine, restaurata la corte con giardino. La casa è ora un piccolo museo, non aperto al pubblico, ma utilizzato come luogo per eventi speciali e incontri.

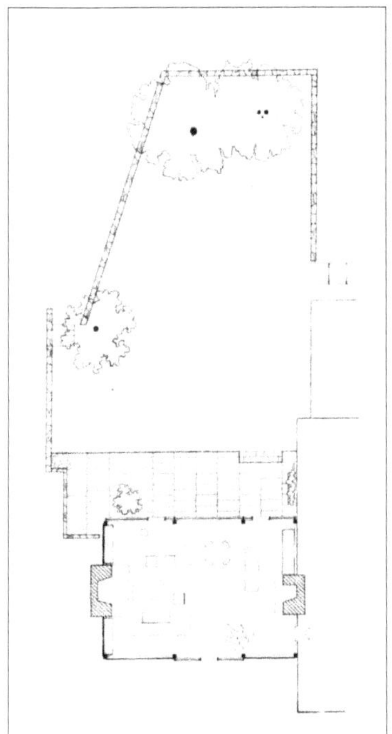

Tremaine House, Madison, Connecticut (1951-1955). Fienile. Pianta. A sinistra: vista dall'esterno. Foto di Richard Payne.

La Tremaine House, Madison, Connecticut (1951-1955) è un duplice intervento di ampliamento e di ristrutturazione della casa di Emily Hall e Burton Tremaine, due importanti collezionisti e filantropi interessati all'arte del XX secolo. Dopo il loro matrimonio, nel 1945, con l'acquisto un dipinto di Piet Mondrian cominceranno a portare avanti quello che diventerà per loro una vera passione. La loro collezione d'arte, sarà considerata tra le più importanti degli Stati Uniti, anche se, poi, sarà smembrata in varie donazioni.

Nel corso degli anni, la coppia donerà circa novanta opere alla National Gallery di New York e più di 300 al Wadsworth Atheneum di Hartford. Alla fine del 1980 i Tremaine decideranno di lasciare che, dopo la loro morte, le opere più importanti della collezione siano vendute e che sia devoluto il ricavato a vari enti di beneficenza.

Nel 1951, dunque, i Tremaine pensano di ristrutturare un vecchio fienile della tenuta di Madison, composta da un insieme di edifici di piccola dimensione, dove vivono e dove conservano la collezione. Incaricano per questo Johnson che è amico di Burton dall'infanzia, in quanto entrambi sono di Cleveland. I loro incontri periodici sono vivacizzati dalle discussioni sul comune interesse per l'arte moderna, sulle reciproche collezioni e sull'ammodernamento della proprietà.

Il fienile del 1720 sarà trasformato in uno spazio di soggiorno. Johnson proporrà di ristrutturare l'interno valorizzando le capriate di legno e mantenendo esternamente l'edificio intatto; rimuovendo solo la parete a sud, lunga 13,10 metri, per sostituirla con una totalmente in vetro dal pavimento al soffitto, sostenuta da una struttura lignea.

Il risultato sarà un sorprendente e molto apprezzato gioco di contrasti tra il vecchio e il nuovo, tra lo stile *New England* e l'apporto moderno johnsoniano.

Tremaine House, Madison, Connecticut (1951-1955). Foto di Richard Payne.
A destra: pianta.

Nel 1955, sempre in occasione di questi incontri verrà presa la decisione di costruire un padiglione in vetro – sulla falsariga della Glass House a New Canaan – posto su una terrazza preesistente e rivolto verso il giardino, dove sono sistemate delle sculture.

Nel giardino si trova anche una piscina, con al centro quattro fontane, protetta da una parete alta 2,4 metri e utilizzata come sfondo per le sculture.

In un'intervista, Tremaine affermerà divertito di non aver mai assunto come architetto l'amico: "l'unica cosa che ricordo è che alla sera quando ci sedevamo a conversare ci chiedevamo se: non sarebbe bello avere una piscina e uno spazio per esporre le opere? Oppure se questo spazio di soggiorno non fosse troppo piccolo? Erano giorni piacevoli quelli che l'architetto trascorreva con gli amici, con persone che avevano idee affini. Per quanto possa ricordare non abbiamo mai avuto un momento di disaccordo".

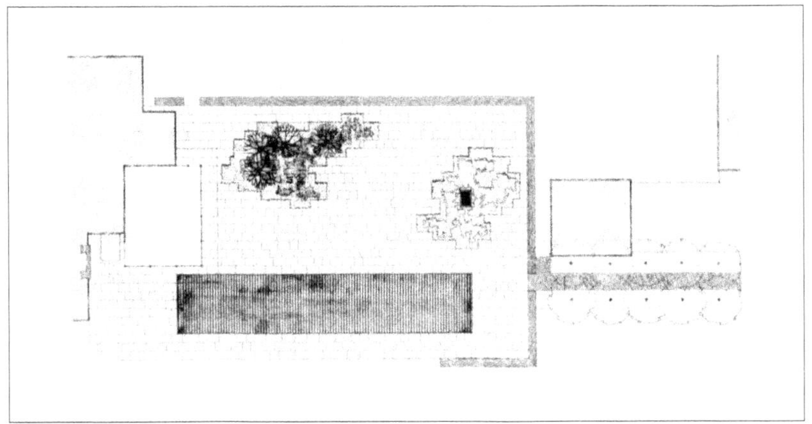

La Davis House, Wayzata, Minnesota (1952-54), si trova al 1780 Shoreline Drive, in un vasto terreno alberato di circa 5 ettari, in leggero declivio, rivolto verso il lago Minnetonka ad ovest di Minneapolis.

I coniugi Phyllis Seaton Beckwith e Richard Siebe Davis non sono solo esponenti della ricca borghesia statunitense con la passione per il collezionismo d'arte. Richard Davis, originario di Ashland, Kentucky, laureatosi in belle arti nel 1939 all'Harvard University, nel periodo anteguerra sarà direttore del Cranbrook Academy of Art. In seguito, acquisterà alcune importanti opere d'arte e organizzerà interessanti mostre e iniziative didattiche. Nel dopoguerra, fino al 1959, sarà curatore e direttore del Minneapolis Institute of Art.

La collezione creata con la moglie Phyllis Davis, pur comprendendo opere precolombiane e bronzi greci ed etruschi, sarà particolarmente attenta ai disegni e alle sculture del XX secolo.

Nel 1959 Davis è commissario USA alla V Biennale d'Arte di San Paolo, Brasile. Fino al 1985 lavorerà come consulente artistico vivendo, principalmente, in Inghilterra e a New York.

Per la Davis House, Johnson farà riferimento, come spunto di partenza, a due sue precedenti opere: la Hodgson House a New Canaan (1950-1951) e la Chrysler House in Florida (1952); quest'ultimo è un progetto non realizzato. Entrambe le case sono basate su un impianto ad L. Nella definizione dell'organismo, l'architetto terrà ben conto del clima freddo del Minnesota.

L'organismo abitativo occupa due corpi edilizi, chiaramente distinti per forma e dimensione e collegati tra loro da un passaggio vetrato, esternamente rivestito in mattoni. Nel primo volume, a pianta rettangolare, si trovano: la cucina, due camere per la servitù e il garage. Nel secondo, a pianta quadrata, ci sono gli spazi di soggiorno e le camere da letto padronali. A differenza di altri progetti, le pareti perimetrali sono per la maggior parte chiuse per offrire ai dipinti una maggiore superficie espositiva. La costruzione è caratterizzata dalla presenza di un grande patio coperto situato nella zona centrale – dotato di piante e di una piccola fontana – da cui i diversi ambienti traggono luce.

La terrazza, delimitata da pareti su ogni lato, s'ispira alla casaTugendhat di Mies van der Rohe, mentre lo schema distributivo riecheggia quello di alcune soluzioni abitative di Marcel Breuer dove è presente un certo mescolamento tra la zona notte e la giorno. Nella casa, inoltre, si può accedere da diversi ingressi.

In questa soluzione è riconoscibile, oltre ai riferimenti ai maestri, una ricerca delle proporzioni, un controllo della spazialità e un'attenta relazione tra i materiali impiegati che va aldilà delle sue stesse fonti d'ispirazione.

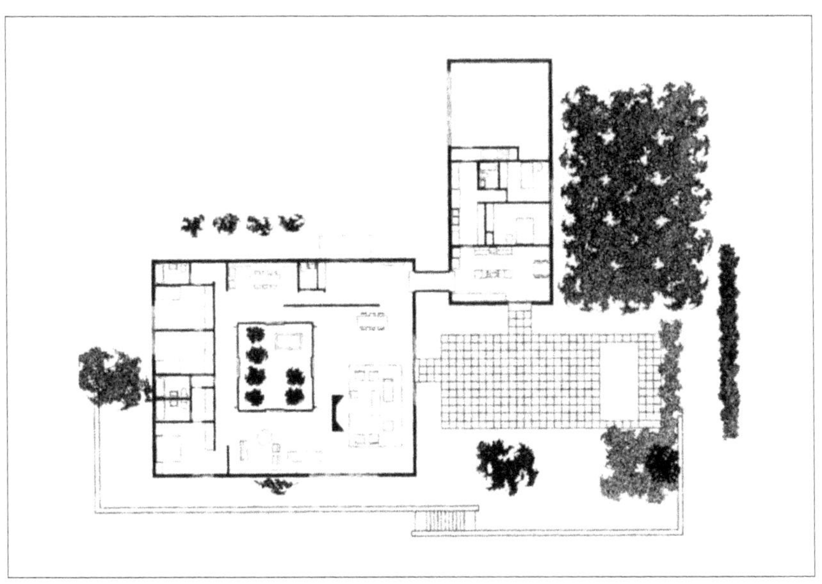

Davis House, Wayzata, Minnesota (1952-54). Pianta.
A sinistra: vista sulla facciata posteriore e dell'interno. Foto di Richard Payne.

Con la morte di Davis la casa sarà venduta a Mike e Penny Winton. A poca distanza dalla villa, la coppia incaricherà Frank Gehry di progettare una *guest house* di circa 213 metri quadrati.

In seguito, il terreno sarà diviso in tre lotti e le due case entreranno a far parte di due proprietà diverse. La casa progettata da Johnson sarà acquistata da Bob e Carolyn Nelson. Quella di Gehry sarà venduta a Kirt Woodhouse, che trasferirà la *guest house* (dividendola in otto parti) ad Owatonna nel campus della University of St. Thomas, a Saint Paul, Minnesota per essere preservata come opera d'arte e visitata dal pubblico.

La Kreeger House a Washinton D. C. (1963-1968) è la lussuosa villa di David Lloyd Kreeger, magnate delle assicurazioni e di sua moglie Carmen Matazzo y Jaramillo. Sorge al 2401 Foxhall Road N.W., in un'area a nord-est della capitale statunitense: un terreno boscoso di circa 2 ettari e mezzo, in leggero pendio e con vista panoramica sulla città.

I Kreeger sono amanti dell'architettura, della musica e delle arti visive; dal 1952 al 1988 s'impegneranno nella creazione di un'importante

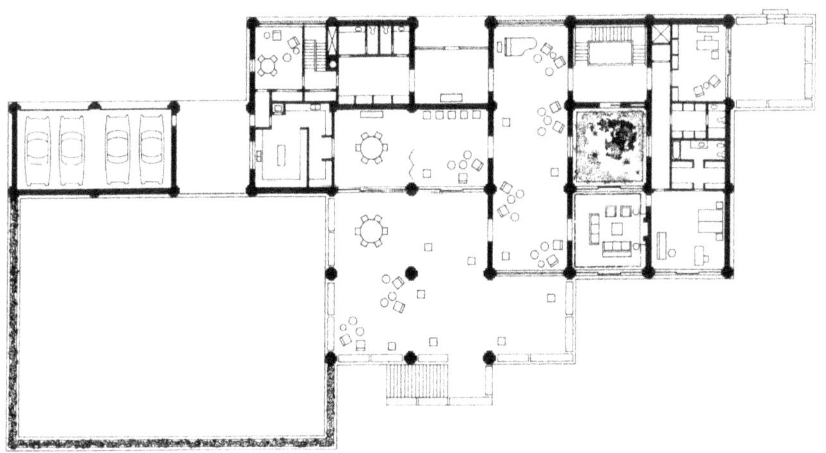

Kreeger House a Washinton D. C. (1963-68). Pianta.
A sinistra: vista della facciata d'ingresso. Foto di Richard Payne.

collezione di dipinti e sculture di artisti europei e americani del XIX e XX secolo, oltreché opere d'arte tradizionali africane e asiatiche. Per i loro molteplici interessi in campo artistico saranno importanti figure di riferimento per la comunità di Washington D.C., nella promozione della cultura attraverso stimolanti iniziative ed un tessuto di contatti sociali. La trasformazione della casa in museo – aperto al pubblico nel giugno 1994 – è la testimonianza più rilevante del loro desiderio di diffondere l'amore per l'arte.

L'edificio, progettato da Johnson, si sviluppa su due livelli e occupa una superficie di 2230 metri quadrati. È, inoltre, circondato da una cornice verde con numerose piante ad alto fusto.

Il suo programma costruttivo è caratterizzato da cinque fondamentali requisiti, richiesti dal committente, che sono: spazi adeguati per mettere in mostra la collezione; una sala per concerti di musica da camera; ambienti luminosi, con vista panoramica, ma protetti da intrusioni esterne; aree ricreative provviste di piscina, cabine, campi da tennis; alloggi padronali separati da quelli della servitù.

Boissonas House a New Canaan, Connecticut (1954-1956).
Veduta sulla terrazza. Foto di Ezra Stoller. Courtesy Esto. Pianta.

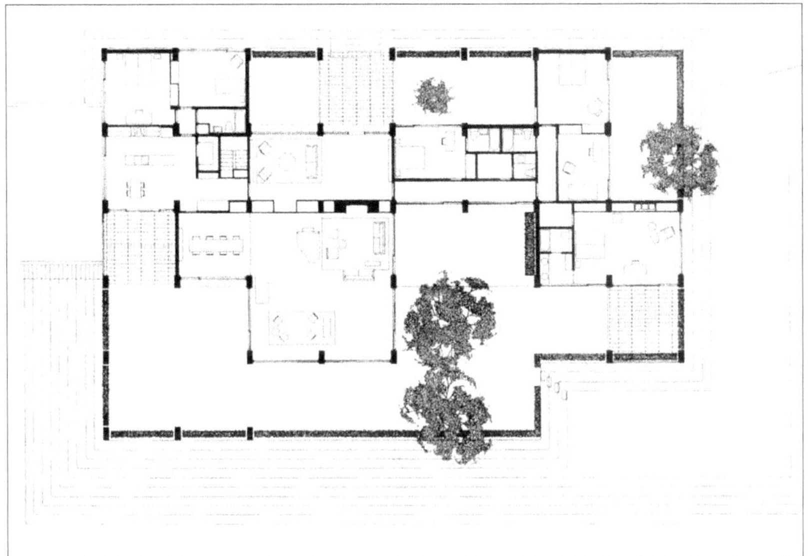

I Keeger seguiranno il progetto con attenzione e diretta partecipazione, ma saranno maggiormente interessati alle questioni inerenti la sistemazione della collezione. E questa preoccupazione è testimoniata da un brano di una lettera di David Kreeger (datata 18 luglio 1963) in cui invita Johnson, nella vecchia casa di Fessenden Street, a Washington D.C., per un «[...] colloquio esplorativo sul progetto», per vedere come inserire le opere negli spazi della nuova casa, «[...] la nostra [crescente] collezione d'arte è la fonte del nostro problema!»[5].

La casa è un esempio del modo in cui Johnson riesce ad incorporare nel vocabolario modernista riferimenti all'architettura del passato attraverso la configurazione degli spazi, le scelte dimensionali e l'accostamento dei vari materiali.

In quest'opera, sono ricapitolati molti temi che hanno contraddistinto il linguaggio *New Formalist* di Johnson: la sintesi tra modernismo e classicismo, la ricerca della monumentalità, la volontà d'investire lo spazio statico di una sensibilità percettibile e generare un ordine spaziale come prodotto della "geometria costruita".

Un precedente, strettamente correlato con questo progetto, è la Boissonas House a New Canaan, Connecticut (1954-1956), costruita per Sylvie Schalumberger (sorella di Dominique de Menil) e da suo marito, Eric H. Boissannas. In quest'opera, Johnson parte da una pianta composta da una maglia di quadrati di 4,87 x 4,87 metri, disegnati da pilastri in mattoni a base rettangolare di 40,64 x 81,28 centimetri. L'organismo si compone di un'alternanza di spazi chiusi e aperti, quali: terrazze o cortili con il verde. Tali ambienti sono distribuiti nell'interno dell'organismo secondo il rigoroso ordine geometrico dato dalla griglia di partenza. La costruzione è a un solo livello e la copertura piana è solo interrotta da un volume cubico a doppia altezza (6,09 metri) posto al centro: occupa quattro quadrati e ospita il soggiorno, caratterizzato dalla presenza di un camino.

L'edificio ha un diretto rapporto con il paesaggio. La sua spazialità, aperta e dialogante con l'esterno, composta da grandi ambienti vetrati e pergolati, ricorda la residenza di Charlottenhof di Schinkel a Potsdam: che, peraltro, ha molto influenzato anche Mies.

In precedenti redazioni del progetto Johnson si era lasciato tentare, invece, dallo schema del Casino di caccia di Claude Nicholas Ledoux, incontrato nella lettura del saggio di Emil Kaufman, *Von Ledoux bis Le Corbusier*[6] e dal ricordo della vignoliana Villa Farnese a Caprarola. Nella redazione definitiva, il riferimento alla griglia di Mies è chiaramente espresso, anche se poi è in parte alleggerito, com'egli afferma, dall'enfatizzazione delle colonne in mattoni che certamente «[...] non avrebbero potuto essere miesiane»[7].

Un altro riferimento piuttosto evidente riguardo all'impiego della griglia è un progetto, non realizzato, di Louis I. Kann, il Jewish Community Center a Trenton, New Jersey (1954-1959). Ma, rispetto a tale accostamento, Johnson non ammette e non nega. «Hanno detto che mi sono avvicinato a Kahn», afferma in un'intervista, «non so perché. Non credo, anche se essa [la Boissonas House] è diversa da Mies. Dio sa da dove...ho preso da Kahn. Vedi, uno prende le cose senza ammetterlo... Il problema con gli architetti e con i progettisti è che non c'è da fidarsi, perché hanno sempre una loro idea e usano sempre una propria storia»[8].

Con il progetto della Kreeger House l'architetto mette in evidenza, con maggiore determinazione, il suo interesse per lo sviluppo della dialettica tra ordine e flessibilità. Egli parte da una griglia tridimensionale di 6,70 x 6,70 x 3,35 che regola la configurazione degli spazi. E questo, tramite il rigido posizionamento dei pilastri a base cruciforme.

«Le composte proporzioni della casa sono annunciate dal prospetto principale. Dopo aver attraversato la porta situata nel muro che protegge la

Kreeger House a Washinton D.C. (1963-68).

villa dalla rumorosa Foxhall Roads, il visitatore si confronta con un'imponente distesa orizzontale di travertino, sormontata da un'incantevole sequenza di sottili volte. Salgono e scendono sopra i pilastri verticali con un ritmo regolare, queste forme curve animano la facciata in maniera delicata e piacevole. [...] Un modulo coerente anima questa danza architettonica. L'edificio è stato concepito come una griglia di cubi. È come se, nel visualizzare la struttura, l›architetto avesse giocato con dei blocchi forati – un gioco apparentemente semplice che produce risultati sorprendentemente eloquenti e variegati. Questo accade perché Johnson ha unito e diviso i suoi cubi per specifici motivi funzionali ed effetti spaziali ed ha tolto loro, secondo un suo preciso disegno, fianchi, fondali e piani» [9].

Partendo da questa scansione di tipo astratto, il disegno della casa prende forma con la definizione di due volumi entrambi composti di 9 moduli, dove l'uno risulta parzialmente compenetrato nell'altro.

Il primo dei due si compone di un'ampia loggia coperta, che funge da ingresso alla casa e da spazio conviviale e, entrando all'interno, da un ambiente di soggiorno. Sul lato opposto all'ingresso, la loggia si collega al giardino tramite una scala dal sapore schikeliano e, lateralmente, ad un ampio cortile dove si trova la piscina. Tutti questi spazi sono arricchiti dalla presenza di sculture.

Il secondo volume è contraddistinto dalla presenza al centro di un cortile con piante tropicali. In esso si trovano: da un lato, le camere da letto distribuite su due piani, un salottino, uno studio; dall'altro, la Great Hall e la sala della musica, che è a doppia altezza e occupa tre moduli, due dei quali sono quelli in comune con la loggia (verso la quale si affaccia).

Questa scelta distributiva degli spazi consente di nascondere a sud il garage e altri servizi.

L'edificio, che in parte si sviluppa su due piani, è realizzato con una struttura in cemento armato gettato in opera, con l'aggiunta di barre di acciaio, in alcuni punti, come rinforzo. La maglia dei pilastri si conclude con una serie di volte a vela ribassate che vengono abbinate, divise, svuotate, secondo le necessità. Le lunette laterali sono arricchite da una serrata sequenza di sottili lame verticali di bronzo e, in corrispondenza di spazi chiusi, diventano delle finestre vetrate. L'involucro esterno dell'edificio è in travertino. Anche all'interno le pareti sono rivestite dello stesso materiale, alternato ad un tessuto beige applicato nelle zone dove sono in mostra dei dipinti. I pavimenti della Great Hall, della sala da pranzo e del soggiorno sono in travertino o in teak messo in opera a spina di pesce.

Nel progetto, Johnson darà particolare rilievo alla luce naturale e al movimento, attraverso lo spazio architettonico. Nel 1965, aveva scritto su «Whence & Whither»: «L'architettura *non* è certamente la progettazione dello spazio, certamente *non* è la dislocazione o l'organizzazione della sequenza spaziale. L'architettura esiste solo nel *tempo*. (Questa è la moderna perversione della fotografia. Blocca l'architettura in tre dimensioni, e qualche edificio in due)»[10].

La Kreeger House trasformatasi, in un secondo tempo, in museo svilupperà un'azione culturale – fatta di eventi, mostre, attività performative – che in parte era stata portata avanti, anche, dalla coppia di collezionisti. L'arte e l'architettura saranno contestualizzate nei programmi del museo, attraverso mostre temporanee e speciali iniziative con finalità educative o di sensibilizzazione, quali: conferenze, *masterclass*, tavole rotonde, incontri con artisti, concerti e programmi interattivi per bambini.

Questo progetto conclude un periodo dell'attività progettuale di Johnson. Dopo quest'opera, per un decennio, l'autore non progetterà più ville e si dedicherà ad edifici di altro genere, tra cui una serie di musei.

1. Honoré de Balzac, *Il cugino Pons*, Garzanti, Milano 1973, p. 37.
2. Mario Praz, *La casa della vita*, Mondadori Milano 1958, p. 21.
3. Frank D. Welch, *Philip Johnson & Texas*, op.cit., p, 41.
4. William Middleton, *A Hause that Rattled Texas Windows*, «The New York Time» June 3, 2004.
5. Cit. dal sito del Kreeger Museum alla voce: "Architecture". http://www.kreegermuseum.org/about-us/architecture
6. L'occasione della lettura del saggio di Emil Kaufman sarà una conferenza che terrà nel 1942, nella sua casa ad Ash Street.
7. Stover Jenkins, David Mohney (a cura di), *The Houses of Philip Johnson*, Abbeville Press, New York-London, p. 157.
8. Ivi.
9. Benjamin Forgey, *The Architecture: Well-Ordered Surprises*, catalogo del Kreeger Museum, Washington D.C. 2009, p. 34
10. Philip Johnson, *The Processional Element in Arcihitecture,* in: *Writings*, op. cit., p. 151.

# 17. I musei degli anni Cinquanta e Sessanta

Gli anni Cinquanta possono essere considerati l'inizio di una fase in cui Johnson si impegnerà nell'affermazione di sé come progettista e nella ricerca di un proprio linguaggio.

Una tensione che si rifletterà nel suo distacco da Mies, per cui la relazione scolaro-maestro troverà una 'sofferta' interruzione, pur rimanendo intatti i rapporti di stima e di rispetto.

L'occasione del progetto per il Seagram Building (1954-1958) che vedrà entrambi associati, segnerà la conclusione di questa *liasion*: per Johnson, soprattutto, sarà la fine di un legame intellettuale e di "un modo di vedere le cose" (Jacobus). Anche se, come si è già osservato, fin dagli esordi la sua maniera di progettare si era rivelata tendenzialmente 'distante' dal canone modernista.

Fin dai primi lavori l'architetto esprimerà un'attenzione sempre più indirizzata verso la definizione di un'espressività in grado di guardare al nuovo senza operare fratture con l'antico, senza voltare le spalle (in maniera troppo teatrale) all'architettura dei secoli passati, piuttosto cercando di stabilire un rapporto di continuità o di semplice consonanza con il presente.

I progetti del decennio successivo segneranno il rafforzamento di tale tendenza; per cui, dall'iniziale prevalenza dell'astratto lessico miesiano, l'architetto cercherà di lasciare un varco sempre più aperto alla propria diversa sensibilità: un modo d'immaginare il progetto che, nel suo evolversi, cercherà di tenere al margine il linguaggio modernista per lasciare emergere la ricerca della forma come valore in sé. Anche se tale nuova espressività trova sostegno nel sistematico prelievo iconico – di immagini o di loro frammenti – dal patrimonio figurativo storico-architettonico o da ricordi di

Pre-Columbian Art Museum, Washington D.C. (1958-1963). Foto di Ezra Stoller. Courtesy Esto.

University of St. Thomas, Houston, Texas (1958). Veduta della corte. Foto di Paul Hester. A destra: planimetria.

viaggi, da curiosità intellettuali, studi ed esperienze conoscitive nel campo dell'architettura: atteggiamento questo che anticipa la stagione del post-modernismo. Il tutto filtrato attraverso un'attenta chiave di lettura critica e un notevole, innato, spirito creativo.

È a questo punto che egli sentirà l'impulso di sottolineare tale avvenuto trapasso con un'affermazione sulla necessità di conoscere la storia. Come dirà in un'intervista: «Essa è parte di noi, sia a livello conscio, come nel mio caso, che inconscio»[1].

A quel tempo, nota Calvin Tomkins, Johnson cercava una propria via d'uscita dall'austerità di quell'*International Style* – che pure aveva contribuito a diffondere negli USA, come in Europa – soprattutto rivolgendosi alla storia dell'architettura.

Egli affermerà che bisogna riconoscere il merito a Louis Kahn di avere indicato «[...] la strada che ci avrebbe allontanato dall'*International Style*»[2].

Diversi anni più tardi, vedendo ormai concluso il capitolo modernista, in una conversazione con Tomkins, dirà: «Ho vinto. Ho lottato tutta la vita contro "la forma segue la funzione" e ora non devo più combatterla. Il funzionalismo è davvero morto e la gente fa architettura usando qualsiasi elemento del passato ritenuto degno d'interesse»[3].

Il primo passo in questo percorso elaborativo verso una differente sensibilità, un diverso approccio all'architettura può essere individuato nel progetto per la University of St. Thomas a Houston, Texas (1958), definita da John Jacobus: «[...] una mescolanza tra *l'Industrial Classicism* miesiano degli anni intorno al 1940 e il *Romantic Classicism* degli anni intorno al 1820»[4]. In quest'opera Johnson mette in atto una curiosa sintesi tra il progetto di Mies van der Rohe per l'Illinois Instute of Tecnology a Chicago (1940-48) e quello di Thomas Jefferson per la University of Virginia a Charlottesville (1819-26).

Nelle sue riflessioni critiche sul *masterplan* dell'IIT di Mies, nota Jacobus, «Johnson rileva un sottile ordine del progetto che potrebbe con profitto venir rapportato a quello dei *campus* dei tradizionali e classicheggianti *colleges*, come quello di Thomas Jefferson per la University of Virginia»[5]. Ma nello schema planimetrico di Mies, «A differenza del *campus* di Jefferson, però, l'ordine non dipende da raggruppamenti assiali»[6]. In effetti, la geometrica autonomia degli articolati rettilinei parallelepipedi miesiani non ha una relazione gerarchica o centrifuga con l'insieme più grande.

Per realizzare il *masterplan* dell'università egli parte, allora, dall'impianto dell'*academical village* jeffersoniano che si sviluppa attorno al rettangolo molto allungato della corte, disposto sull'asse nord-sud e circondato per tre lati da una serie di costruzioni a due piani di diversa forma, distanziate

tra loro. Ogni edificio è collegato all'altro da passerelle disposte su tre lati e sorrette da una successione di sottili pilastri.

Il linguaggio adottato segue, invece, quello delle costruzioni miesiane per l'IIT che si contraddistinguono per la loro essenzialità tecnologica: i fabbricati sono realizzati in mattoni, vetro e struttura metallica lasciata in vista. «Nel *masterplan* della University of St. Thomas, composto da vari elementi, Johnson ha dotato gli edifici di qualche pittoresca irregolarità intorno ad un cuore centrale, creando un effetto spiritualmente molto vicino alla Jefferson's University. Fornendo, anche, percorsi pedonali protetti e passaggi coperti che circondano e collageno le varie costruzioni che ricordano, anche da questo punto di vista, il progetto della University of Virginia». A questo punto Jacobus, conclude: «Il risultato è un modo di sviluppare l'interrelazione tra le parti completamente non-miesiano, e questo nonostante l'adozione di facciate in acciaio, vetro, metallo e mattoni»[7].

Nel progetto, il quarto lato, sarebbe dovuto essere occupato da una cappella che, nella University of Virginia [8] è la Rotunda. Questa costruzione era stata immaginata da Johnson a base quadrata e sormontata da un volume piramidale con, al culmine, un'apertura per illuminare l'interno.

Tale ipotesi progettuale, come si vedrà più avanti, comincia ad entrare in crisi nel momento in cui Dominique de Menil proporrà all'amministrazione del *college* di arricchire l'interno della cappella con una serie di dipinti di Rothko.

L'indecisione dell'artista riguardo a quest'idea, indurrà Dominique de Menil a sottoporre a Rothko una seconda proposta: la realizzazione di una cappella dedicata interamente alla sua opera – sempre su progetto di Johnson – da situare in un terreno di proprietà dei de Menil, confinante con quello dell'University of St. Thomas.

L'insieme di proposte e discussioni che faranno seguito, saranno la causa dell'interruzione del progetto della cappella per l'università. Quando negli anni Novanta sarà presa, alla fine, la decisione di realizzarla, Johnson disegnerà un edificio completamente diverso.

In questo lungo periodo di quasi due decadi, osserva Tomkins, Johnson diventerà *l'architetto* dei musei: «[...] progettista della nuova ala del MoMA e dell'Asia House a New York; del molto ammirato Munson-Williams-Proctor Institute a Utica; dell'Amon Carter Museum of Western Art a Fort Worth; della Sheldon Memorial Art Gallery a Lincoln; della Bielefelder Kunsthalle a Bielefeld, nella Germania Ovest; e della sezione pre-colombiana del delizioso piccolo museo Dumbarton Oaks a Washington»[9].

Queste opere sono testimoni della progressiva assunzione da parte di Johnson degli strumenti progettuali e di una più elaborata articolazione del proprio bagaglio linguistico che tiene conto di due aspetti: la ricerca di una forma di nomumentalità per l'edificio museale e il tentativo di superamento della concezione, del tutto americana, dello spazio-loft.

Riguardo al primo punto, ossia la questione della m*onumentality*, anche se si tratta di un concetto non facilmente definibile, nel corso degli anni arriverà ad occupare un posto di rilievo nella gerarchia dei valori architettonici e del linguaggio johnsoniano. Nella biografia a lui dedicata, così, scrive Franz Schulze: «[...] una volta consapevolmente riconosciuta la sua devozione verso di essa [la monumentalità], non smetterà mai di identificarla con il classico, il durevole, il grande spirito eloquente della forma architettonica»[10].

La m*onumentality* per Johnson non solo costituisce una presenza in cui la società può riconoscersi, ma è anche un tramite con cui superare il concetto di edificio come semplice "adempimento funzionale" (Giedion) e, per questo, svuotato dell'aura della forma, nonché del messaggio dell'immagine.

«Credo che costruire un museo oggi», nota Johnson, «sia più semplice che in passato. Quello che potrebbe rappresentare una difficoltà è il fatto che i musei sono, anche, dei monumenti pubblici che hanno preso il posto delle chiese e dei palazzi. Ma rispetto alle opere è abbastanza semplice, l'architettura museale dovrebbe consistere nell'organizzazione degli spazi per vedere l'arte»[11]. E questo, come più volte affermato, è stato compiutamente realizzato da architetti del passato, tra cui Schinkel. «Se si segue il loro esempio, si potranno appendere i quadri senza problemi. Si tratta di appenderli in una stanza dalle forme semplici e creare un'infilata di sale in modo da sapere in quale direzione si sta andando. Il senso di orientamento è assolutamente essenziale. Inoltre, rispetto a come l'edificio appare, si desidera la "monumentalità", come si usava dire in tempi passati. Quella parola, ora, non si può più usare, ma il desiderio di quel genere di qualità ancora sopravvive»[12].

L'idea della monumentalità era un tabù, soprattutto in Europa, per diverse ragioni, almeno tra i sostenitori del Movimento Moderno. E questo, dall'inizio della tragica esperienza degli anni Trenta, funestata dalla retorica dei regimi fascisti e non meno da quello staliniano, per la loro ideologica autorappresentatività. Tuttavia, nonostante la diffusa resistenza nei confronti del monumentalismo, tale problematico tema, dal 1943 – in pieno conflitto mondiale – comincerà ad essere affrontato e dibattuto negli Stati Uniti. L'associazione American Abstract Artists inviterà, infatti, Fernand Léger, Josep Lluis Sert e Siegfried Giedion, un pittore, un architetto e un critico e storico dell'architettura, a collaborare ad una delle sue pubblicazioni. Essi decideranno di trattare congiuntamente il tema della *nuova monumentalità*, pur avendo ciascuno un proprio punto di vista. Intitoleranno il loro breve, ma corposo scritto: *Nine Points on Monumentality*.

Nell'anno successivo Giedion rielaborerà le proprie considerazioni in un nuovo testo, *The Need for a New Monumentality*, pubblicato in un volume collettaneo a cura di Paul Zucker. «I popoli vogliono edifici che rappresentano la loro vita sociale, cerimoniale e comunitaria», scrive Giedion, «Vogliono che i loro edifici siano più che un adempimento funzionale. Cercano l'espressione delle loro aspirazioni per la monumentalità, per la gioia e l'eccitazione. Negli Stati Uniti, dove l'architettura moderna aveva avuto fino ad ora un'influenza piuttosto limitata – in quanto, più o meno impegnata a realizzare case isolate, complessi abitativi, fabbriche ed edifici per uffici – può sembrare troppo presto per parlare di questi problemi. Ma le cose si stanno muovendo velocemente. Nei paesi recentemente impegnati nella realizzazione di musei, teatri, università, chiese o sale da concerto, l'architettura moderna presto sarà costretta a cercare l'espressione monumentale che si trova aldilà di un semplice adempimento funzionale. Se non fossero stati in grado di rispondere a questa richiesta, l'intero sviluppo sarebbe stato in pericolo di vita con una fuga verso un nuovo accademismo»[13].

Lo scottante argomento sarà ripreso in una conferenza al Royal Institute of British Architects nel 1946 e, anche, vivacemente dibattuto in due numeri di «Architectural Review» (del settembre 1948 e dell'aprile del 1949). Nonostante le forti opposizioni di alcune personalità – una per tutte, Lewis Munford, che sosterrà che "i simboli sono venuti meno" e che "l'epoca [il dopoguerra] ne ha smarrito il significato" – il cammino dell'idea di "monumentalità" non verrà interrotto, piuttosto sarà ampliato con un'altra non meno impegnativa questione riguardante l'intero organismo urbano: "The Heart of the City", che sarà l'argomento cardine dell'VIII Congresso CIAM ad Hoddesdon, Inghilterra (1951), dedicato all'immaginazione spaziale da applicare ai nuovi centri urbani, piuttosto che alla rivendicazione di astratti *standard*.

Per quanto concerne il secondo punto, quello del museo-loft, la sua ragion d'essere è quella: di offrire al visitatore un ambiente sufficientemente anonimo da non interferire nella percezione dell'opera; di essere in grado di modellarsi sulle caratteristiche fisiche e sul significato dei materiali artistici da esporre; di avere un'organizzazione spaziale in grado di modificarsi, all'occorrenza, ad ogni mostra; di essere spazialmente libero al fine di dare la sensazione al fruitore di potersi muovere seguendo un itinerario autonomo rispetto al percorso di visita predisposto dal curatore, con un preciso quadro interpretativo riguardo alla scelta e alla disposizione delle opere.

Questo spazio 'libero', nella dialettica tra riduzione e configurazione, sarà condotto da Mies ad un punto estremo, con un progetto (rimasto allo stato teorico) denominato Museum for a Small City (1943). Un'idea, osserva Helen Searing, che «[...] nasce dall'ossessione di Mies nei confronti dello spazio universale»[14]. Per cui, da un lato si avvale del meccanismo della griglia geometrica che trasmette un senso di equilibrio alla figura architettonica e guida le scelte progettuali e, dall'altro, utilizza la lezione dei movimenti artistici rivoluzionari, come il De Stijl e il Costruttivismo.

«Il museo per una piccola città non dovrebbe emulare», scrive Mies, «il suo corrispettivo metropolitano. Il valore di un tale museo dipende dalla qualità delle sue opere d'arte e dal modo in cui sono esposte». E più avanti aggiunge: «L'edificio, immaginato come un unico vasto ambiente, è in grado di offrire una completa flessibilità di utilizzo. La tipologia strutturale che consente questo è il telaio in acciaio. Tale metodo costruttivo permette la realizzazione di un edificio con solo tre elementi base: un solaio, dei pilastri e un piano di copertura. Il pavimento e la terrazza avranno un rivestimento di pietra»[15].

Il museo, secondo la concezione johnsoniana, non deve mai esporre troppe opere, in quanto il suo fine è quello di essere protagoniste dello spazio che le ospita; e questo, attraverso una disposizione che rispetta la loro unicità, il loro individuale messaggio. Nella monografia su Mies, a proposito dell'interazione tra un dipinto e l'ambiente che lo accoglie, Johnson scrive: «È l'espressione più elaborata delle sue [di Mies] teorie che regolano il rapporto della pittura e scultura con l'architettura. Proprio come il Barcelona Pavilion e la casa della Berlin Building Exposition, in cui le opere d'arte vengono utilizzate come parte integrante del progetto, ma la loro indipendenza non ha mai richiesto un sacrificio. Esse migliorano l'architettura, mentre l'architettura le esalta. Per fare in modo che la disposizione del museo sia più flessibile, la struttura è ridotta ai minimi termini: solaio, colonne, tetto piano, pareti divisorie e chiusure esterne, che, essendo di vetro, dal punto di vista visivo, scarsamente funzionano come pareti. La relativa "assenza di architettura" accentua la specifica individualità di ogni opera d'arte che a volte incorpora in sé tutto il progetto. Così *Guernica* è chiaramente un dipinto indipendente, pur funzionando architettonicamente come uno schermo che definisce lo spazio circostante»[16].

Alla fine degli anni Cinquanta, come si è accennato, Johnson si allontanerà dalla concezione dello spazio museale libero e flessibile, per puntare verso una spazialità con un definito carattere formale/simbolico.

Così, se il progetto miesiano del Museum for a Small City, osserva Hitchcock, può essere considerato l'emblema di uno specifico modo di organizzare l'interno di un museo – che deriva dall'impronta spaziale data da Barr al MoMA – con la realizzazione del Guggenheim di Wright si viene a contrapporre una concezione diversa e fortemente iconica di museo, che offre la fruizione di uno spazio totale, caratterizzato da un enorme vuoto centrale, come punto di coagulo delle diverse zone destinate all'esposizione che gli fanno corona[17].

«Questi due tipi opposti di museo, intesi ciascuno come espressioni estreme», egli nota, «possono essere chiamati il *Barr* e il *Wright*, e sono tipi che possono fornire i poli del design museale della seconda metà del XX secolo: il museo come loft, e il museo come architettura-monumento». E più avanti aggiunge: «Il suo [di Johnson] personale lavoro come architetto di musei, in relazione ai due termini posti in eccessivo contrasto nel precedente paragrafo, sembrano rappresentare una *via intermedia*»[18].

Nel gennaio del 1960 su «Museum News» Johnson scriverà un articolo, *Letter to the Museum Director*, in cui esprime il suo modo d'intendere l'edificio museale.

Il testo è un'occasione per riflettere sui compiti del progettista e del direttore di museo nella progettazione e gestione dello spazio dedicato all'arte. Dopo la comparsa del Museum of Modern Art e poi del Guggenheim Museum, Johnson scrive: «A volte penso ai vecchi musei [...] come esempi per noi oggi più importanti di quelli contemporanei [...]. Per noi architetti, c'è sempre qualche precedente per indurci a fare meglio di quello che abbiamo già fatto. Guardate i primi musei. Chiare e concise disposizioni spaziali, sono ancora i migliori. L'Altes Museum di Schinkel a Berlino, il Dulwitch Gallery di Soane vicino Londra, l'Alte Pinakotek di Von Klenze a Monaco, sono i miei preferiti»[19].

All'interno di questa pur ristretta rosa di architetture museali, Johnson individuerà l'Altes Museum di Schinkel (1823-1830) come un progetto seminale, un punto di riferimento costante, non solo come organismo spaziale in sé, ma anche come materializzazione della visione teorica del suo autore che, in lontani anni, aveva progettato di studiare, analizzare in un saggio rimasto incompiuto, e più recentemente – nel marzo del 1961, in occasione del Festival dedicato a Schinkel[20] – aveva riaffrontato in una *lecture* a Berlino dal titolo: *Karl Friedrich Schinkel im Zwanzigsten Jahrhundert* [Karl Friedrich Schinkel nel XX secolo].

Per Johnson, mantenendo come riferimento l'articolo sopra citato, lo spazio museale inteso come entità autonoma tenderà sempre più a porsi come tramite dialettico tra le opere esposte e il visitatore. Per cui se il Classicismo non è mai stato lontano dal fare progettuale dell'architetto americano, i progetti degli anni Cinquanta e Sessanta orientati verso la linea del *Functional Eclecticism* (secondo la definizione di Johnson) sono ancora più espliciti nel loro riferimento alla storia.

Il Classicismo – mettendo da parte il Modernismo da cui era partito, nel periodo giovanile – è il più robusto dei fili che legherà in innumerevoli forme e travestimenti la sua lunga carriera anticonformista; e quest'idea di sotterranea continuità aiuterà a dare un senso alla sue varie incursioni in direzioni apparentemente scollegate, alternativamente solidali e sovversive rispetto alle tendenze contemporanee.

Del resto, la predisposizione di Johnson per Classicismo può essere fatta derivare – oltre che da interessi suscitati dalla sfera familiare, da esperienze di viaggi e dai suoi studi di carattere storico-filosofico-letterario – soprattutto dal suo entusiasmo per Mies e, quasi come diretta conseguenza, per Schinkel.

L'Asia House, New York (1959), è il primo progetto di museo in cui Johnson tenta una sperimentazione formale al di fuori di quel recinto concettuale – espressione del canone miesiano – che, fino ad allora, si era auto-imposto. Il riferimento è la prima soluzione delle tre da lui elaborate.

Rispondendo, in un'intervista, alle domande di Heinrich Klotz, Johnson cerca, sinteticamente, di esporre la successione delle vicende, delle idee, dei riferimenti che condurranno alla versione definitiva del progetto, nonché le attese rispetto a questo percorso, lontano da precedenti esperienze:

H. K.: *Poco fa, abbiamo discusso sul primo progetto per l'Asia House a New York. Avevi proposto una facciata che si concludeva in alto, all'altezza del tetto, con sottili arcate leggermente plastiche. Quello era il 1959.*
P. J.: *Sì, in quel momento stavo facendo quelle cose. L'arco in alto era lo stesso che ho impiegato nel mio Pavilion.*

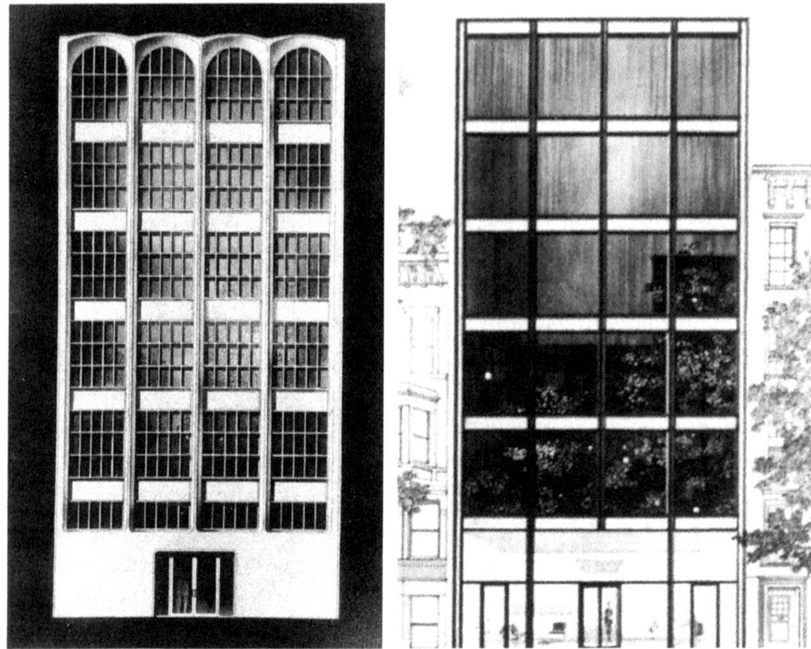

Asia House, New York (1959). Studi preliminari del prospetto. A destra: pianta.

H. K.: *Il primo progetto per l'Asia House* è stato l'inizio *del tuo periodo architettonico. È il momento in cui ti sei allontanato da Mies, e siamo rimasti tutti molto sorpresi nel notare che sei rimasto attratto da un grande architetto americano del XIX secolo, come Louis Sullivan, soprattutto dal suo Guaranty a Buffalo, che sembra molto vicino alla tua prima proposta per l'Asia House.*
P. J.: *Hai assolutamente ragione.* Il *Guaranty a Buffalo! È esatto! C'era anche Gaudì, naturalmente, ma nel piano frontale e nei tre lunghi inserti realizzati nel telaio, è più simile al Gage Building di Sullivan, un edificio molto stretto sulla Michigan Avenue a Chicago, che ha un piano basamentale. Non ho potuto riprendere il modo in cui Sullivan poggia a terra l'edificio, avendo scelto di inserire il vetro, che salendo s'insinua tra le colonne. Così ho reso il primo piano solido mettendo solo la porta, e poi ho abbassato il vetro che si è concluso con delle arcate, anziché con la pesante cornice di Sullivan, ma c'era Sullivan in questo*[21].

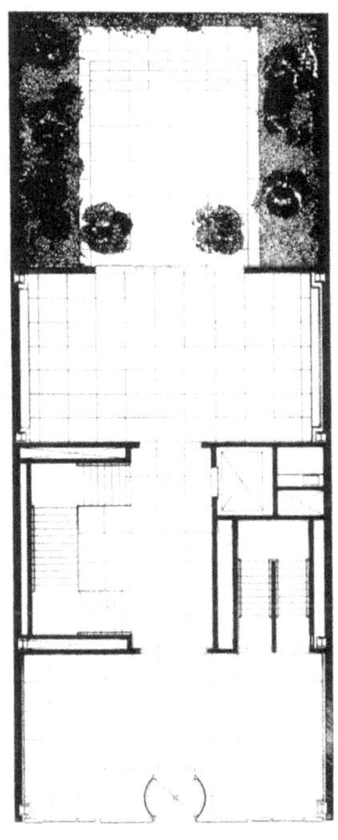

L'Asia House, è un fabbricato di 6 piani situato al 112 64th Street, New York; in un quartiere composto in prevalenza da palazzine georgiane rivestite in mattoni e con bow-windows. L'edificio ospita la sede dell'Asia Society, fondata nel 1956 da John D. Rockefeller 3rd: un'associazione *non-profit*, il cui scopo è diffondere la conoscenza della cultura asiatica negli Stati Uniti e nel mondo, attraverso dei centri coordinati dalla sede di newyorkese.

L'Asia House Gallery è all'interno dell'Asia House e occupa il piano terra e il primo piano. Le opere in esso raccolte provengono per la maggior parte dalla collezione di Rockefeller che consta in più di 300 pezzi provenienti da paesi, quali: Cina, Giappone, India, Corea. Al suo interno si trovano, inoltre, un auditorium e gli uffici dell'associazione. Sul retro della costruzione, quasi nascosto c'è un piccolo giardino che rende la galleria particolarmente confortevole e accogliente.

Lo spazio espositivo, piuttosto ridotto, del museo obbligherà gli organizzatori ad esporre i materiali artistici a rotazione, alternando queste mostre temporanee ad altre con opere provenienti da diversi paesi asiatici con cui l'Asia Society è in rapporto.

L'incarico per l'Asia House verrà offerto a Johnson direttamente da Rockefeller. Il percorso di sviluppo del progetto sarà piuttosto contrastato. La ragione della difficoltà che egli incontrerà nell'affermare la propria proposta progettuale sta in un'idea preconcetta di Rockefeller, riguardo all'edificio da realizzare.

Per altro verso, Johnson si trovava in una delicata fase di 'revisione' delle sue idee progettuali: egli era in cerca di un nuovo linguaggio e, come si è già indicato, intendeva stabilire un chiaro distacco dall'ipoteca miesiana, ricercando un più stretto rapporto con la storia.

È in questo stesso anno che in una lezione tenuta presso la Yale University – dal titolo: *Whither Away – Non Miesian Directions* – pronuncerà la nota frase, in precedenza già ricordata, "We cannot not know the history" che, poi, diventerà uno slogan postmoderno. Per Johnson, essa vuole significare che ogni nuova immagine progettuale deve essere definita solo

Asia House, New York (1959). Foto di Michele Costanzo.

dopo un percorso che passa per un preciso "luogo mentale", fittamente popolato dalle architetture storiche. Concluderà il suo intervento con una affermazione: «Vorrei proporre questo [l'idea di un linguaggio che tenga conto della storia] come sostituto della *debacle* dell'*International Style* che è ora in rovina intorno a noi»[22].

Per quanto riguarda l'organizzazione dell'interno dell'Asia House non incontrerà particolari resistenze, avendo a disposizione un programma molto chiaro.

Lo spazio espositivo del museo è assai curato. I due livelli sono collegati tra loro da una scala. Le pareti sono rivestite in travertino: per impreziosire gli ambienti e creare un fondale sufficientemente neutro senza creare interferenze con le opere esposte.

Gli attriti con Rockefeller, dunque, sorgeranno solo per la soluzione della fronte esterna.

Nella prima proposta di facciata (1958) Johnson cercherà di configurare un prospetto dal forte carattere formale attraverso la sua "tridimensionalità", come dirà in diverse occasioni. Il disegno è composto da un alto basamento, su cui s'innestano cinque pilastri, alternati a quatto grandi specchiature vetrate – suddivise, a loro volta, da una struttura più sottile, a griglia – che si concludono alla sommità con quattro archi a sesto ribassato.

Nella seconda proposta (1958) e nella terza (1959) – quella che sarà realizzata – verrà riproposto il telaio miesiano.

Nel progetto dell'ultima soluzione, tuttavia, cercherà di contrastare l'algida, astratta ripetitività del *curtain-wall*, introducendo dei moduli di diversa dimensione che creano una scansione di finestra e sottofinestra, a cui aggiungerà il colore bianco del telaio.

In un'intervista di Robert Stern, così Johnson commenterà, con la sua solita ironia, l'esperienza progettuale:

P. J.: [*Rockefeller*] *non aveva una sensibilità visiva ed era irascibile* [...]. *Si lasciava influenzare da chi aveva parlato con lui per ultimo. Il suo grande disappunto per l'Asia House stava nel fatto che non era tutta di vetro. Diceva: "Philip, mi piacciono gli edifici di vetro". L'edificio preferito da Rockefeller era quello di Bunshaft* [23]. *Era stato soprannominato "Banca Felice", in quanto, si può vedere l'interno; si trova all'angolo tra la 43rd e la Fifth. Era l'edificio che prediligeva in assoluto. Pare che abbia detto, con le sue solite maniere: "Ah, qui bisogna usare un po' di logica. È una banca, quindi perché non far vedere il movimento degli ingranaggi interni? Il vetro è l'unico materiale. E poi è rimasto addentato a quell'idea come*

*un bulldog. Non avrei mai dovuto accettare questo incarico. Vedi, stavo sempre più acquisendo una mentalità da storico. Penso che sia stato all'incirca nello stesso periodo in cui manifestavo queste stesse idee a Yale.*
R. S.: *È per questo motivo che hai progettato delle facciate alternative?*
P. J.: *Sì, e quella che ho realizzato è stata la "Facciata alla Bunshaft", come l'ho chiamata, con grande disappunto da parte di Bunshaft. È stata costruita,* nè più nè meno, *come un curtain-wall, qualcosa che, in definitiva, afferma solo la propria identità. Ma è una facciata interessante in cui ho introdotto il bianco. Questa è l'unica differenza. No, beh, ha anche altre caratteristiche interessanti*»[24].

Per l'inaugurazione del museo, nel 1960, sarà organizzata una mostra dal titolo, "Masterpieces of Asian Art in American Collections", una mostra importante con dei pezzi di singolare bellezza che verrà riproposta nella stessa sede in occasione della celebrazione del decimo anniversario dell'Asia House Gallery.

Nel 1981 l'Asia House si sposterà in un nuovo edificio, al 725 Park Avenue, all'angolo con a 74th Street, poco distante dalla sede della Frick Collection. Lo spazio museale sarà più ampio e il progettista sarà Edward Larrabee Barnes.

Il vecchio edificio dell'Asia House ora è occupato dalla Russell Sage Foundation, che svolge attività di ricerca nel campo delle scienze sociali.

Dopo la sofferta e deludente esperienza dell'Asia House, Johnson otterrà un incarico di progettazione per il Munson-William-Proctor Arts Institute a Utica (1955-1960), una cittadina industriale nel nord dello State of New York. «That was my first big job outside New York»[25], dirà Johnson a Stern.

A questo progetto di museo faranno seguito altri due, con la comune caratteristica di essere *free-standing*, isolati e circondati da ampi spazi verdi, pur essendo situati in aree centrali. Si tratta dell'Amon Carter Museum of American Art a Fort Worth (1958-1961) e dello Sheldon Memorial Museum of Art presso la University of Nebraska a Lincoln (1958-1963).

I tre musei saranno riuniti insieme in occasione di una mostra intitolata "Look for Beauty: Philip Johnson and Art Museum Design", a cura di Mary E. Murray, inaugurata presso il Munson-William-Proctor Arts Institute di Utica il 17/10/2010, per celebrare i suoi 50 anni di attività, essendo stato aperto al pubblico il 16/10/1960.

Pur nelle evidenti, reciproche differenze tra i tre progetti museali – imposte dai programmi, dalla volontà dei rispettivi clienti e dalle caratteristiche dei luoghi – esistono alcuni sottili lacci che li uniscono, che sono: gli impianti spaziali, le scelte strutturali, le configurazioni architettoniche che concettualmente li apparentano e che contribuiranno a definire il percorso dei tre progetti fino alla loro realizzazione. Questi aspetti sono messi in rilievo nella mostra della Murray, attraverso la presentazione al pubblico di molteplici materiali grafici, documentali, fotografici, costruttivi nonché modelli tridimensionali a diversa scala.

Sono proprio tali aspetti a formare una terna in sé coerente, utile per studiare un importante tratto del percorso della ricerca architettonica johnsoniana, che parte dal distacco dall'*International Style*, per un suo sempre più coinvolto avvicinamento ad un modernismo libero da steccati, ricco di riferimenti architettonici prelevati dalla storia.

Un percorso concettuale/creativo che, bisogna osservare, egli porterà avanti non senza incertezze e interiori dubbi, come si legge in una lettera a Hitchcock: «Per me è difficile avere quel tipo di sicurezza *professorale* che possiede Alfred Barr. È difficile stabilire una linea architettonica con la quale non si può operare un distacco; tanto più è difficile per me ora che mi sono impegnato nel mio lavoro professionale»[26].

Qualche anno più tardi, in un articolo su «Perspecta» riguardante la ricerca del linguaggio, affermerà in tono disincantato: «[...] guardo con piacere e, diciamolo pure, con una certa nostalgia agli anni Venti quando era chiara la linea di battaglia: il moderno si opponeva all'eclettico e si sognava una panacea universale, cioè modelli, i tipi, norme che avrebbero 'risolto' l'architettura.

Ora sappiamo di non poter 'risolvere' nulla. L'unico principio in cui mi pare valga la pena di credere è il Principio dell'Incertezza»[27].

Nell'incipit del suo scritto nel catalogo della mostra, la Murray nota: «Philip Johnson era un architetto colorito e schietto, famoso per dichiarazioni provocatorie di questo genere: "Certo preferirei costruire per Dio. Ma se Mammona arriva e mi chiede di costruire, cosa vuoi che dica? Dio non me l'ha chiesto".

Stilisticamente, sembrava mercuriale, probabilmente perché è stato, a un tempo, studente devoto della storia dell'architettura e attivo protagonista della storia dell'architettura moderna. *Look for Beauty*, punta ad esaminare proprio questo paradosso»[28].

E più avanti, nello stesso scritto, aggiunge: «Contemporaneamente al progetto per il Seagram, Johnson era in competizione per ottenere le commissioni di tre musei: il Munson Williams Proctor Arts Institute,

Munson-Williams-Proctor Art Institute, Utica, New York (1955-1960).
Foto di Ezra Stoller. Courtesy Esto.

l'Amon Carter Museum, e lo Sheldon Museum of Art. [...] Immediatamente dopo la loro realizzazione emergerà il personale stile di Johnson, con la sua capacità di trasmettere sostanza alla sua esperienza estetica. In base a ciò, possiamo dare testimonianza dell'arco stilistico di Johnson dall'*International Style,* ad una forma di storicizzazione del linguaggio architettonico che Johnson chiama *Neo-classicism*»[29].

Il Munson-Williams-Proctor Art Institute, Utica, New York (1955-1960), è un museo che nasce dalla collezione dell'industriale Alfred Munson.

Nel 1850, si farà costruire lungo Genesee Street, un'importante strada alberata della città, da un architetto di Albany, William L. Woollet jr., una villa in stile italiano denominata Fountain Elms.

Alla fine degli anni Trenta, del Novecento, per volontà di Maria Proctor[30], unica erede delle sostanze della famiglia, la villa e la collezione saranno donate alla città. Fountain Elms verrà adattata per consentire al pubblico di ammirare la collezione rivolta all'arte americana ed europea del XIX e XX secolo. Il museo si occupava anche di attività collaterali quali *musical performances*, corsi di storia dell'arte ed altro ancora, come nella tradizione dei musei americani di provincia che, per un verso, tendono a stimolare l'interesse del pubblico nei confronto dell'arte e, per l'altro, a favorire l'incontro, la socializzazione.

Nel 1954 il consiglio d'amministrazione del Munson-Williams-Proctor Institute – in seguito denominato MWPAI [Munson-Williams-Proctor Art Institute] – prenderà la decisione di aggiungere nuovi gli spazi al museo; ma prima di una decisione definitiva vorrà consultare Henry-Russell Hitchcock[31] per un parere sul da farsi. Lo studioso bostoniano suggerirà la costruzione di un nuovo edificio museale, piuttosto che un intervento di ampliamento della vecchia villa. Su specifica richiesta dei *museum trustees* stilerà anche un elenco di progettisti: tutti brillanti architetti, giovani e meno giovani, alcuni dei quali noti anche in campo internazionale[32]. Tra questi c'è anche il nome di Johnson. Per varie ragioni, molte delle personalità segnalate, non saranno disponibili. Tra il ristretto nucleo di architetti disponibili rimasto, sarà scelto Johnson per la sua proposta ritenuta interessante e per l'esperienza accumulata al MoMA come curatore e come progettista.

Per ottenere un sito conforme al programma saranno abbattute alcune ville lungo Genesee Street.

Nonostante la discreta ampiezza della nuova costruzione, in un tempo successivo, sorgerà la necessità di adattare Fountain Elms come organismo di supporto al museo. Così, nei primi anni Novanta, sarà realizzato un collegamento tra le due costruzioni – un passaggio a due piani, in parte sotterraneo – non percepibile provenendo dall'ingresso principale.

Il MWPAI si sviluppa su di più livelli – interrati, seminterrati e fuori terra – per non sovrastare con la sua massa le ville in quel settore della città.

I due piani fuori terra, destinati agli spazi espositivi, hanno la severa forma di un prisma a base quadrata, completamente privo di finestre e sollevato da terra per la presenza del piano sottostante – un seminterrato – le cui pareti esterne di vetro sono poste in posizione arretrata rispetto al perimetro del volume superiore. Tale piano è circondato da un fossato da cui prende luce e aria. Al suo interno si trovano: un auditorium per 271 posti, gli uffici e gli ambienti per le attività culturali.

Gli altri due piani sottostanti sono riservati agli impianti tecnici, ai servizi e a un magazzino-laboratorio.

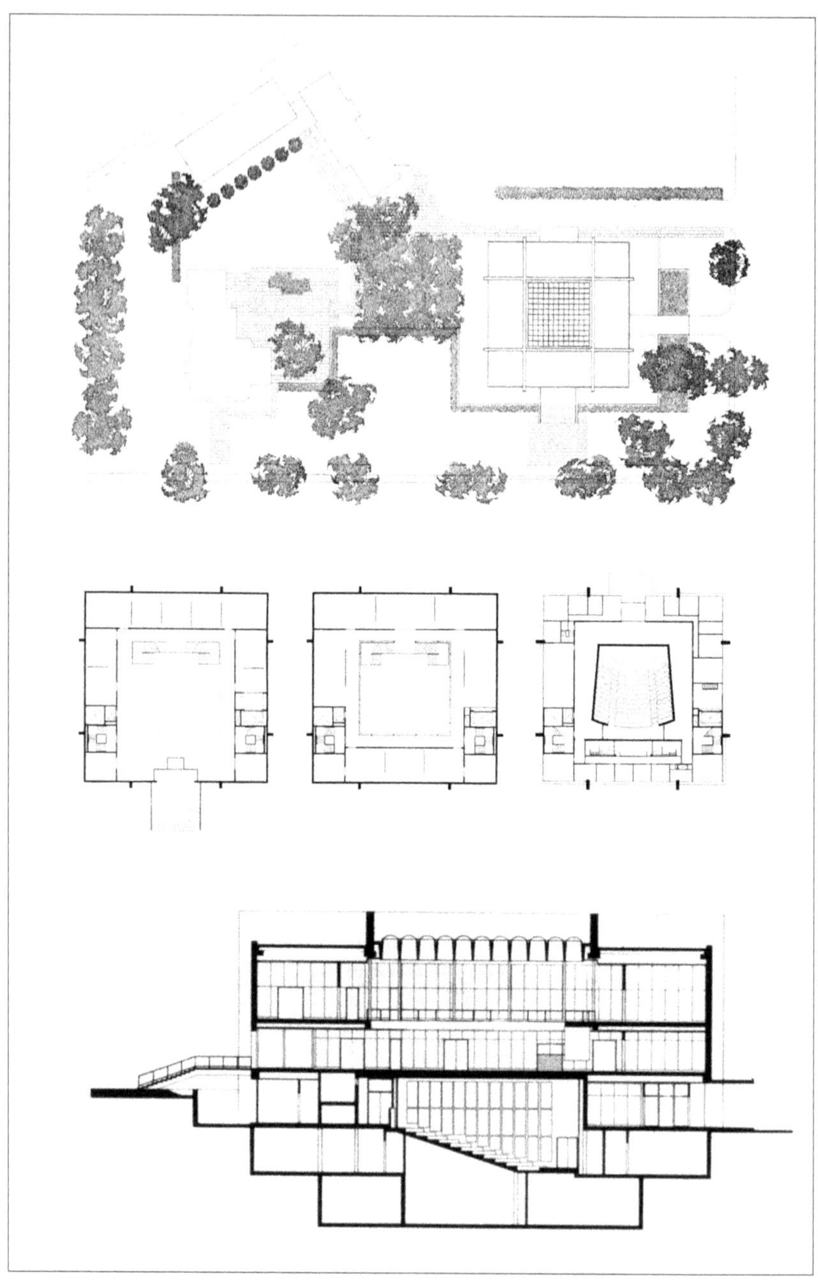

Munson-Williams-Proctor Art Institute, Utica, New York (1955-1960).
Planimetria, piante e sezione. A destra: veduta dell'interno. Foto di Ezra Stoller.
Courtesy Esto.

Le pareti vetrate del seminterrato percettivamente leggere, trasparenti, fragili – poste in contrapposizione alla pesantezza dell'elemento superiore che sembra volerle schiacciare – tendono a rovesciare una consuetudine estetico-figurativa che ha le sue radici nella tecnica costruttiva degli edifici: un effetto, peraltro accentuato dal rivestimento di lastre di granito canadese, color grigio scuro.

A dispetto della sua massa, il grosso prisma a base quadrata vuole anche sfidare la legge di gravità rimanendo, apparentemente, in sospensione: eludendo, percettivamente, la presenza della struttura che lo sostiene, rappresentata da quattro grossi telai in cemento armato, rivestiti di lastre di rame ossidato. Lavorando a coppie essi sembrano 'ghermire' il corposo volume come la *Maman* di Louise Bourgeois: un enorme ragno dalle otto lunghe e sottili zampe metalliche.

«Il risultato è una sorta di curiosa inversione manierista», osserva Jacobus, «essendo rivestito, il moderno palazzo di Johnson, non con l'atteso *rusticated basament* [basamento bugnato], ma con il suo esatto opposto e apparentemente inappropriato [...] mettendo in atto un disegno che, in definitiva, è tradizionale e classicheggiante», in questo modo, mettendo in luce «[...] una profonda urgenza di ristabilire un contatto sensibile con elementi della tradizione architettonica pre-moderna»[33]. Sul piano di copertura, i tratti orizzontali di tali strutture nell'incrociarsi lasciano al centro un'ampia superficie contornata da travi dove è inserito un lucernario a cassettoni, destinato a illuminare la *Sculpture Court* sottostante, una vasta sala a doppio livello che è il cuore dell'organismo. Attorno al grande vuoto sono disposte le sale espositive. All'altezza del secondo livello, c'è una balconata che circonda il vuoto centrale ed è collegata a terra tramite due scale. Essa è anche strettamente connessa con le sale espositive. Considerando che la hall è utilizzata come spazio per le sculture, tale percorso sospeso viene ad assumere un significato e un uso diverso rispetto all'Altes Museum. L'ordine, la rigidità dello spazio neoclassico viene qui a rompersi, acquisendo una dinamicità spaziale che va a sommarsi con il movimento dei visitatori e dei loro sguardi.

Come scrive Mary Murray, curatrice del MWPAI, in origine l'interno era arricchito dalla presenza di alberi, «[...] le loro forme organiche, avevano lo scopo di addolcire la dura geometria del contenitore architettonico»[34], fornendo al visitatore un momento di riposo prima di intraprendere il percorso attraverso le sale.Tale vasto ambiente, utilizzato prevalentemente per esporre sculture, al fine di ottenere maggiore spazio per manifestazioni artistiche ed altri eventi, verrà liberato dalle piante.

Al museo si accede tramite due percorsi. Quello principale è al 310 di Genesee Street. Per raggiungere l'ingresso si percorre il giardino delle sculture e una scala-ponte che supera il fossato e il dislivello tra la quota dell'esterno e quella dell'interno della hall, infine si entra attraversando una 'apertura' scarsamente configurata, non a caso sarà, ironicamente, definita da Johnson, *mause hole*. La sua debole configurazione formale ha una sua precisa ragione che è quella di non distrarre il visitatore dalla sorpresa dell'ingresso nella *Sculpture Court*. Quello secondario, è situato in un'area retrostante la fronte principale – dove si trova anche il parcheggio – per cui, senza effetti scenografici, si entra nella hall attraverso una scala di servizio.

L'Amon Carter Museum of American Art, Fort Worth, Texas (1957-1960) nasce da un progetto dell'editore, filantropo, nonché collezionista d'arte americana, Amon G. Carter; il quale donerà alla propria città un museo, per far conoscere ed apprezzare le opere d'arte del proprio paese. Soprattutto, quelle di due artisti per lui rappresentativi dello spirito dell'Old American West: Frederic Remington e Charles M. Russell. A seguito della sua

Amon Carter Museum of American Art, Fort Worth, Texas (1957-1960).
Foto di Ezra Stoller. Courtesy Esto.

improvvisa morte, la figlia Ruth Carter Stevenson si assumerà l'impegno di realizzare le volontà paterne[35]. Per la ricerca del progettista del museo, i coniugi de Menil le faciliteranno il compito presentandole Johnson, in quel periodo occupato in diversi lavori e particolarmente concentrato a ricercare e sperimentare un nuovo linguaggio progettuale.

La volontà della committente era quella di dare all'opera il carattere di un *memorial.* Il sito scelto sarà un ampio lotto di forma triangolare servito da due importanti arterie urbane: la Lancaster Avenue e il Camp Bowie Boulevard. Il terreno in leggera pendenza sarà modellato con la realizzazione di alcuni piani terrazzati, con alberi, prato e aiuole fiorite, collegati tra loro da brevi tratti di scale. L'insieme andrà a costituire l'Amon Carter Square Park. Sul livello più elevato, rivolto verso la *downtown*, sarà situato l'edificio museale: un volume a due piani, di dimensioni piuttosto contenute, a base rettangolare e con la fronte d'ingresso provvista di una stoà, come un edificio classico. "Ho puntato a una classicità senza tempo", affermerà Johnson nel discorso di inaugurazione del museo che avverrà nel 1961.

Amon Carter Museum of American Art, Fort Worth, Texas (1957-1960).
Foto di Ezra Stoller. Courtesy Esto. A destra: planimetria.

La fronte d'ingresso del museo è composta da un lungo architrave, con sotto cinque arcate ribassate, collegate a delle colonne cruciformi che si rastremano in basso, e poste in sequenza. Il risultato figurativo, frutto dell'incontro marcatamente modellato di architrave e pilastri, è quello di un complesso dalla forte valenza plastica.

Il gioco delle morbide concavità delle arcate e il netto avanzamento dei pilastri cruciformi generano un apparato di superfici, rientranti e sporgenti, su cui la luce si frange; creando un forte contrasto chiaroscurale che rende plastica, più marcatamente incisiva, l'immagine del prospetto principale rispetto a quel particolare settore del tessuto urbano ancora privo di significative presenze (il Kimbel Art Museum di Louis Kahn verrà realizzato nel 1972); e conferendo, in questo modo, al piccolo e isolato padiglione, la 'risonanza storica' necessaria per essere percepito come monumento civile.

Questa volontà di esaltare sempre più la tridimensionalità dell'immagine architettonica è il segno di una profonda convinzione della necessità di superare la *politesse* del piano miesiano per conferire all'immagine della

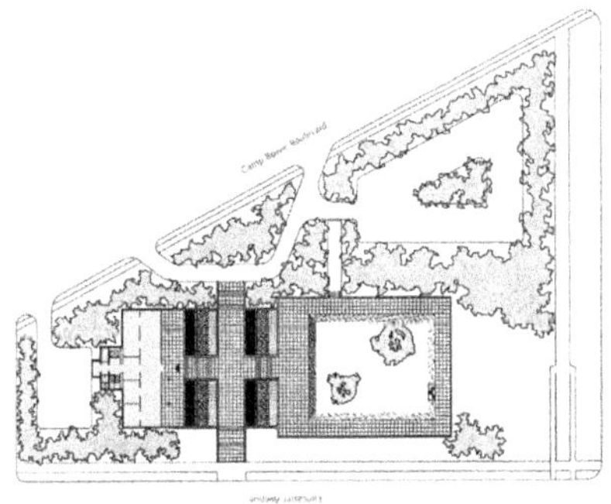

stoà del museo di Forth Worth, una sua specifica identità formale. «Una serie di archi sostengono l'architrave senza tagliarlo. Si ottiene un arco privo di tensione e una continuità che non si ha con il colonnato di un tempio greco. Il modo in cui l'arco collega una serie di colonne [nella tradizione classica] non sarebbe stato consentito»[36].

In seguito, l'architetto eserciterà una particolare attenzione al problema dell'angolo.

Eisenman ricorda come egli amasse ripetere ai suoi allievi di Yale che ci sono tre tipi di angolo: l'angolo contro l'angolo, l'angolo contro il cielo e l'angolo contro il terreno.

In un'intervista di Heinrich Klotz ritornerà sull'argomento facendo una precisazione:

P. J.: *Ho in mente un vecchio detto che ogni edificio ha tre tipi di angoli. Uno di questi è contro il terreno. Ma quello non è un angolo.*
H. K.: *Il terreno in sé non produce un angolo.*
P. J.: *No, bisogna* fare *qualcosa*»[37].

Ancora, Eisenman aggiungerà: «L'angolo implica un distacco della forma dalla sua funzione strutturale, è un isolamento della forma dal volume, sia interno, che esterno di cui tradizionalmente è una parte integrante»[38].

E, infine Johnson, con la sua inclinazione per il paradosso, concluderà: «[...] la storia dell'architettura si è sempre preoccupata più degli angoli che delle facciate»[39].

La struttura portante dell'edificio è metallica, ma è rivestita con una pietra calcarea di colore chiaro, il *Texas shellstone* (proveniente da una cava vicino Austin), che si contraddistingue per la forte presenza di conchiglie fossili. Dietro i pilastri del portico c'è una grande vetrata sostenuta da un infisso in bronzo. Johnson scriverà che questa fragile cortina separa "l'arte dalla città, il freddo dal caldo, la calma dall'attività frenetica, il silenzio dal vento". Ma la sua trasparenza – che ha una motivazione più concettuale che pratica -, in tempi successivi, sarà fortemente ridotta con l'introduzione di vetri bronzati per evitare fastidiosi riflessi e migliorare la protezione delle opere dalla luce solare.

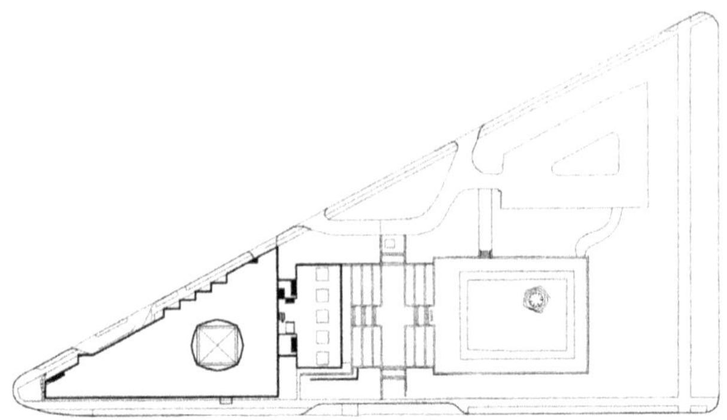

La pianta rettangolare internamente è divisa in due zone. Nella prima, subito dopo l'ingresso, c'è la hall, che ha uno sviluppo a tutta altezza, le pareti sono rivestite di teak della Birmania. In tale spazio, sono esposte le sculture. Nella seconda, che è su due livelli: nel primo, si trovano cinque sale espositive e nel secondo, la biblioteca e gli uffici.

In seguito, questi ambienti saranno modificati per essere utilizzati per mostre temporanee; ognuno di essi è provvisto di un balcone che si affaccia sulla hall. Il livello superiore è raggiungibile tramite una scale e degli ascensori racchiusi in un volume aggiuntivo sistemato nel retro dell'edificio. Per i pavimenti è stato adottato un granito grigio e rosa del Colorado.

L'Amon Carter Museum of American Art, in origine denominato Amon Carter Museum of Western Art, è concepito come fondale di una piazza. Un'idea che Johnson prenderà, oltre che dall'Altes Museum, dalla Loggia dell'Orcagna a Firenze e dai Propilei di Mnesicle ad Atene. Il tema progettuale è quello di una loggia-museo: uno spazio che tende a incamerare al suo interno, come in un capace ventre, le opere d'arte e, nello stesso tempo, conferendo ad esse una accentuata visibilità.

Un secondo aspetto riguardante quest'opera, è che la sperimentazione sul linguaggio – il *Functional Eclecticism* – gli permetterà «[...] di abbandonare l'ideologia implicita nel modernismo per passare ad una forma di eclettismo iconoclasta»[40]. La messa in relazione di due termini lontani tra loro, quali Funzionalismo ed Eclettismo, osserva Eisenman: «[...] significa la deprivazione del loro valore ideologico. Il termine funzionale, inoltre, è utile a Johnson in quanto egli lo identifica con la principale corrente del modernismo. Ma accoppiandolo al termine eclettico egli può spaziare in un'area più ampia. Il fatto che l'architettura eclettica sia un campo di

Amon Carter Museum of American Art, Fort Worth, Texas (1998-2001). Planimetria e plastico dell'ampliamento.

conoscitori e non di puristi serve a proteggerla dalle accuse di plagio. Si possono, così, vedere gli effetti dell'inversione multipla di Johnson»[41].

Alla collezione di dipinti e sculture il museo affiancherà, in seguito, la fotografia. Aumenteranno anche le attività e i servizi rivolti al pubblico: la scuola di pittura, l'editoria, le mostre, le conferenze, i cicli di lezioni di storia dell'arte. Anche la collezione di opere d'arte comincerà ad espandersi: dai pittori di paesaggio del primo Ottocento, agli artisti del Novecento; e questo, con l'intento d'illustrare l'arte americana come una storia d'artisti impegnati, seppure in tempi diversi, su varie frontiere.

L'edificio – inizialmente concepito come una piccola struttura che rispecchia la concezione johnsoniana di moderno spazio espositivo pieno di stimoli, ma non così complesso o vasto da disorientare o stancare il visitatore – con il passare del tempo, a seguito del continuo aggiornamento dell'offerta culturale, modificherà la sua natura. I materiali artistici da esporre cresceranno di numero, per cui sarà necessario costruire, a più riprese, dei volumi aggiuntivi.

Nel 1964, sarà realizzato un ampliamento di circa 4000 metri quadrati: per gli ambienti espositivi, i magazzini e gli spazi di servizio. Il progetto sarà redatto da Joseph R. Pelich, ma con la consulenza di Johnson per assicurare la coerenza con la visione architettonica originale.

Nel 1977, sarà costruita una seconda aggiunta, di 36.600 metri quadrati, che raddoppierà le dimensioni originali del museo. Questa volta il progetto

sarà di Johnson & Burgee e consiste nella realizzazione di una biblioteca, un piccolo auditorium (da 105 posti), nuovi uffici, un deposito a doppio livello.

Nel 1998, infine, verrà presa la decisione di un intervento radicale che aumenterà di tre volte lo spazio espositivo. Il nuovo progetto sarà realizzato da Johnson & Ritchie (associato al posto di Burgee, dal 1991). Il museo nel 1999 sarà chiuso al pubblico e sarà riaperto il 21 ottobre del 2001.

In questa nuova, radicale operazione di ampliamento/rinnovamento verrà adottata una strada totalmente diversa rispetto agli interventi precedenti, che avevano sempre cercato di restare in secondo piano rispetto all'edificio 'storico' degli anni Sessanta. Tutte le aggiunte saranno rimosse e verrà costruita una nuova imponente struttura di 50.000 metri quadrati che triplica lo spazio espositivo. Si tratterà di un nuovo edificio con una sua autonomia formale-organizzativa-spaziale basata su un cortile, che sarà il cuore dell'organismo, rafforzato nella sua centralità dalla copertura con una volta a vela. Anche il rivestimento esterno con lastre di granito grigio sarà un modo di marcare la differenza tra la nuova costruzione e l'esistente.

Nel corso degli anni l'area urbana attorno all'Amon Carter Museum, si trasformerà in un importante polo culturale e oltre al museo di Louis Kahn verrà realizzato il Modern Art Museum of Fort Worth di Tadao Ando (2002).

Lo Sheldon Museum of Art, Lincoln, Nebraska (1961-1963) nasce da una generosa donazione da parte di Mary Frances Sheldon e di suo fratello Adam Bromley Sheldon[42] alla University of Nebraska-Lincoln. Il museo prende l'avvio negli anni Cinquanta[43], dopo la morte dei due Sheldon che avviene a distanza di pochi anni l'uno dall'atro. L'università nomina Norman Geske come direttore del futuro museo per elaborare un programma operativo e una commissione per provvedere alla scelta del progettista dell'edificio, in base ad una selezionata rosa di nomi[44].

L'incarico è affidato a Johnson che, tra il 1961 e il 1963, elabora e porta a conclusione il progetto della Sheldon Memorial Art Gallery. Nel 2008 il nome sarà modificato in Sheldon Museum of Art.

Per far posto alla nuova galleria verrà raso al suolo un vecchio Laboratorio di Chimica situato nell'angolo sud-ovest del campus, tra la 12th Street e la R Street.

Il progetto di Johnson, pur di modeste dimensioni, ha un suo aspetto 'monumentale'. Come ricorda Hilary Lewis, a Johnson «[...] piacevano piccoli padiglioni, che dovevano però avere una forte presenza»[45].

Per accentuare tale sensazione l'architetto sceglierà per la costruzione materiali costosi: travertino importato dall'Italia, ottone per i corrimano

Sheldon Museum of Art, University of Nebraska, a Lincoln (1961-1963).
Foto di Ezra Stoller. Courtesy Esto.

delle scale, della passerella, per i telai delle grandi vetrate e, inoltre, teak per gli stipiti delle porte delle sale espositive. «Oggi l'edificio museale si erge a simbolo della comunità», scrive Johnson nel catalogo del museo, «come la chiesa o il palazzo di giustizia del secolo scorso. L'architetto deve quindi creare, dentro e fuori, una struttura simbolica a cui la comunità può fare riferimento con un certo orgoglio»[46].

L'edificio sorge su un piano posto su una quota rialzata rispetto a quella del campus: un'ampia terrazza verde, alberata circondata da un muro di contenimento rivestito in travertino e attraversata da un percorso rettilineo, intervallato da brevi scale, che conduce all'ingresso del museo.

Lo Sheldon Museum of Art, a un primo sguardo, è assimilabile a un prisma a base rettangolare. È impostato sulla simmetria secondo la, così detta, linea *New Formalist* assunta da Johnson nella sua fase di distacco dal linguaggio miesiano.

Il disegno del volume, chiuso e compatto, intenzionalmente non mette in evidenza il fatto che si compone di due piani. «Dall'Altes Museum proviene [tra i diversi *imput*] la felice idea di mantenere per l'esterno dello Sheldon l'immagine monumentale di un solo piano come già a Utica», nota Hitchcock,

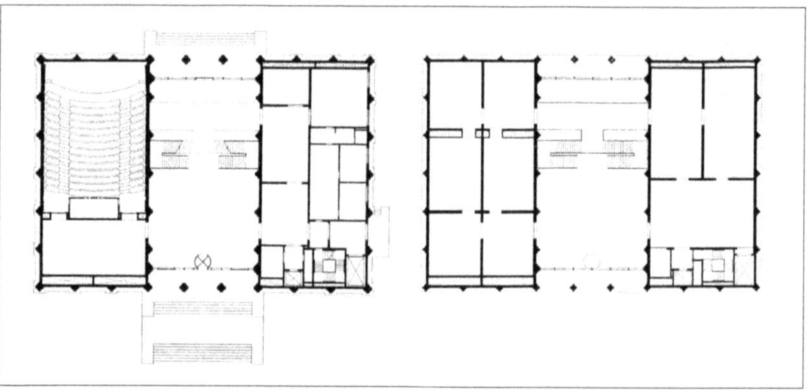

Sheldon Museum of Art, University of Nebraska, a Lincoln (1961-1963).
Piante e sezione.

«ma permettendo allo Sheldon una chiara visione della scala e del ponte al secondo livello della galleria, attraverso i pilastri di facciata»[47].

Sulle superfici delle fronti in travertino si staglia la sequenza ritmica dei pilastri scultorei e degli archi ribassati, sempre dello stesso materiale. «L'essenza dell'esterno», osserva Johnson, «è la colonna strombata. Non so quale sia il referente. Mi affascina l'idea di queste colonne ricurve che si fondono nell'arco, disegnando il prospetto. Le colonne si distaccano dall'edificio e creano quella terza dimensione che manca all'architettura moderna più recente»[48].

I due lati corti della costruzione hanno sei arcate, quelli lunghi nove. Tre arcate di questi ultimi, quelle centrali, racchiudono delle vetrate. Esse danno luce alla *Grand Hall*, un vasto spazio centrale a doppia altezza (di 9,14 metri). «Sembra che qui l'eco provenga dal Bindesbøll Museum», prosegue Hitchcock, «che ho visto la prima volta insieme a Johnson nel 1930; però, lì le alte aperture lungo tutta la parte anteriore sono i portali, realizzati con cornici rettangolari e non c'è un portico con colonne. Forse qui il Thorwaldsens Museum è ricordato più nello spirito dell'insieme che nelle sue specifiche caratteristiche»[49].

Alle due finestre a portale e tripartite corrispondono i due ingressi. A est, quello principale, a ovest, quello che conduce al giardino delle sculture: progettato nel 1970 da Caudill Rowlett Scott[50]. L'organismo si compone di tre piani: uno interrato, destinato ai magazzini e agli ambienti di servizio e due piani fuori terra. Questi ultimi sono suddivisi in tre parti: al centro, un

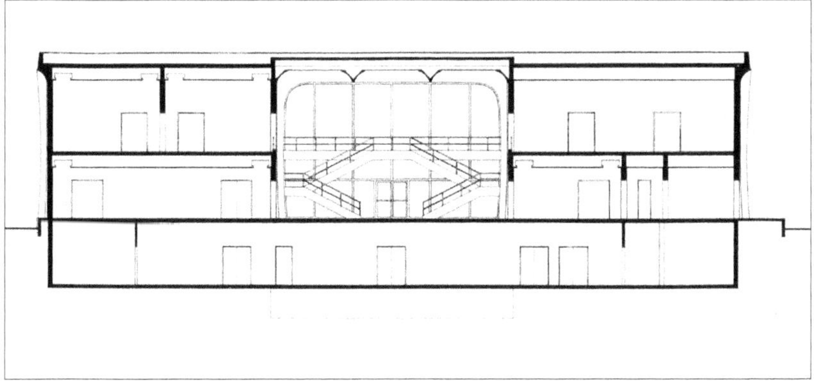

vasto spazio d'ingresso, utilizzato anche come sala delle sculture; ai suoi due lati: a piano terra un auditorium (per 300 posti), gli uffici e i locali per le attività museali e al primo piano le sale espositive, di varia grandezza. «Sei gallerie, quattro di dimensioni identiche e due leggermente più piccole, sono organizzate e collegate tramite delle porte, in modo da offrire al visitatore un unico percorso»[51].

Johnson, in questo progetto opterà, come nei precedenti, per una partitura tradizionale degli spazi, basata su una sala centrale fiancheggiata da gallerie che non presentano ambienti, per così dire, fluidi: loft, soggetti a libere riconfigurazioni in dimensione e forma. Anche se Hitchcock, a proposito di tale rigidità, osserva: «Le gallerie più grandi, a ben considerare, offrono diverse possibilità di sistemazione secondo un criterio elastico, aldilà dell'uso dei divisori provvisori per gli spazi loft, molto apprezzati dai direttori di museo americani»[52].

L'aspetto della sala centrale è uno dei temi architettonici di rilievo del progetto. Come l'esterno, è rivestita in travertino. Qui, il motivo dei pilastri strombati, oltre ad introdurre una scansione ritmica che si dispiega lungo le pareti, crea anche, negli incroci lungo il soffitto, un motivo a cassettoni i cui spazi interni sono occupati da dischi metallici rivestiti con lamine d'oro.

Ad animare lo spazio con un elemento inaspettato che rompe la staticità ambientale della hall c'è la passerella, posta in posizione decentrata verso la parete vetrata ad ovest. Dotata di una doppia scala a rampe contrapposte che la collega al livello dell'ingresso, essa attraversa

Sheldon Museum of Art, University of Nebraska, a Lincoln (1961-1963).
Foto di Ezra Stoller. Courtesy Esto.

lo spazio della sala collegando le due antitetiche zone del primo piano dedicato alle esposizioni.

«La funzione simbolica della Sheldon Gallery», scrive Johnson, «è soddisfatta non solo per l'esterno 'classico' in travertino, ma soprattutto per la grande sala centrale che orienta il visitatore e ne eleva anche lo spirito»[53].

Le gallerie pur non essendo illuminate dalla luce naturale godono di una luce indiretta proveniente dalla *Grand Hall* attraverso i portali delle sale, allineate in modo da creare delle lunghe infilate.

La raccolta di opere, iniziata nel 1929, è specializzata nell'arte americana dal XIX secolo in poi[54], e comprende oltre 12.000 pezzi. Il rapporto 'squilibrato', in un certo senso, tra il numero di pezzi di cui dispone e il ridotto spazio espositivo, pone in evidenza, più che in altre situazioni progettuali, uno dei fondamentali principi che Johnson tenderà sempre ad affermare: la necessità per il museo di mantenere, comunque, una dimensione *conforme*. Come scrive Paul Valery, lo spazio espositivo non dovrebbe essere dominato esclusivamente dalle opere, in quanto il pubblico potrebbe avvertire nei loro confronti e in quelli del museo, un profondo senso di disagio, piuttosto che di piacere: «Ma ecco che qui l'occhio [...] nell'istante in cui percepisce, si trova obbligato ad ammettere un *ritratto* e una *marina*, una *cucina* e un *trionfo*, dei personaggi negli stati e posizioni più diverse, e non solo, ma deve accogliere nello stesso sguardo armonie e modi di dipingere incomparabili tra loro, [...] delle produzioni che si divorano tra loro [...]. Ma la nostra eredità ci schiaccia. L'uomo moderno, estenuato dall'enormità dei suoi mezzi tecnici, è impoverito dallo stesso eccesso delle sue ricchezze [...]. Un capitale eccessivo e, dunque, inutilizzabile»[55].

È, allora, nella linea di questo rapporto equilibrato, armonico dello spazio espositivo ciò che affermerà Geske: «La Sheldon Art Gallery è un museo dove ci saranno sempre poche cose da vedere, ma tale minimo implica, prima di tutto, che il museo selezioni le opere che compongono le sue collezioni. Questo comporta che, in secondo luogo, l'installazione debba essere fatta con la massima cura. In questa galleria sarebbe possibile ed anche adatto che i quadri da appendere siano in numero non superiore a quattro in una sala, come pure in quelle dedicate alla collezione permanente, per un totale di non più di una trentina di dipinti»[56].

Pertanto, in base a questa concezione, il museo organizza annualmente numerose esposizioni: un programma di rotazione che mette in mostra, ad un ritmo mensile, sempre nuove opere, offrendo così una visione non-statica della collezione del museo. In concomitanza con ogni mostra sono, inoltre, organizzati programmi educativi: convegni, conferenze, workshop e visite guidate per grandi e per bambini.

Pur nelle diversità tra i tre progetti museali esistono, come si è in precedenza accennato, alcuni punti di contatto. Il più profondo di questi legami, senza dubbio, è il riferimento a Schinkel e, com'è stato sottolineato più volte, all'Altes Museum. Ma bisogna, altresì, chiarire che i tre musei, pur riferendosi a un medesimo modello costruttivo, di esso assimilano e rielaborano aspetti diversi, sulla base di programmi differenziati e specifiche esigenze progettuali. Tali punti sono: l'isolamento della costruzione, il giardino che lo circonda, la hall centrale a doppia altezza, la luce naturale che proviene dall'alto, una balconata che corre attorno al vuoto centrale all'altezza del primo piano, la fronte d'ingresso con un portico colonnato, il *parterre* sollevato rispetto alla quota del giardino, l'ingresso dotato di una scala con una sua autonoma configurazione, i prospetti privi di finestre, ma con 'aperture' (più o meno importanti) e l'involucro esterno che tende a non offrire definite indicazioni circa l'interno.

Una seconda caratteristica da considerare è che i progetti si concatenano: l'uno è lo sviluppo dell'altro.

Il modo di progettare di Johnson – almeno smontandone il processo dal punto di vista analitico – potrebbe essere definito per "sovrapposizioni d'immagini". Come se i diversi riferimenti fossero fissati su acetati, per cui essendo trasparenti, l'uno non nasconde l'altro: una metodologia a volte impiegata dagli artisti surrealisti.

L'immagine di partenza del MWPAI – il primo dei tre musei – è quella dell'Altes Museum. Per sovrapporre a tale volume un profilo essenziale e rigidamente geometrico, Johnson passa alla ricerca di un secondo riferimento che conduce a una caratteristica opera miesiana, la Crown Hall presso l'IIT a Chicago (1950-56): un edificio costruito in acciaio e vetro, dove la struttura portante è posta, in maniera dichiarata, all'esterno per consentire allo spazio interno di non avere interruzioni. I possenti telai d'acciaio in primo piano che scandiscono l'unità volumetrica della costruzione, sono dunque l'immagine più diretta e immediata del progetto. Questa libertà dai pilastri interni per Mies ha come fine quello dell'ottenimento di uno spazio libero totalizzante, un vuoto architettonico in grado di produrre una sorta di parigina *derive*.

Anche se, dal punto di vista strutturale, il progetto è simile a quello miesiano, Johnson ne rovescia il significato modificando i materiali e l'immagine: la trasparenza contro l'opacità, la leggerezza contro la pesantezza: che stanno a indicare la crescente esigenza dell'autore di distaccarsi dalla rigidità, dall'asciuttezza del modernismo per seguire una tendenza opposta più sensibile alla definizione dell'oggetto architettonico in senso figurativo e materico che sarà denominata, *New Formalism*[57].

Johnson non cerca di definire un tipo di spazio in sé, ma legato, piuttosto, alla percezione delle opere che saranno ospitate al suo interno e, quindi, provvisto di una sua interiore dinamicità: i ballatoi ai due lati dell'asse d'ingresso si allargano, recuperando lo spazio delle sale espositive superiori, offendo un contemporaneo punto di visione dei due piani e delle opere in mostra.

Non è difficile supporre, anche se non ci sono esplicite testimonianze da parte dell'autore, una terza sovrapposizione d'immagine che è quella dell'interno del Guggenheim di Wright (1943-1959), la cui concezione spaziale è basata su un percorso circolare che dà forma a un vuoto centrale. Una proposta espositiva in sé innovativa, ancorché criticata dai puristi, che offre la possibilità di moltiplicare, arricchire la visione delle opere attraverso differenti angolazioni.

Si tratta di una vera e propria "macchina della visione" che moltiplica i punti di osservazione per recepire maggiori informazioni sulle opere e stabilire un più intenso dialogo con esse.

Johnson, bisogna dire, non accetterà mai completamente questo modo d'intendere il rapporto percettivo con i materiali artistici, ma tenderà, piuttosto, a stabilire una distinzione tra le opere bidimensionali, quali dipinti, disegni, foto e tridimensionali, quali sculture, installazioni o pannelli in rilievo – come quelli del suo amico Frank Stella. Non a caso, a New Canaan, nella Picture Gallery i quadri – montati su una serie di grandi pannelli che girano attorno a dei perni verticali – vengono osservati frontalmente; mentre, nella Sculpture Gallery, il percorso di discesa (l'ingresso è in alto) si sviluppa attorno ad un vuoto centrale, intermezzato da slarghi in cui trovano posto le opere. In questo modo, i visitatori possono osservare gli oggetti esposti da diverse angolazioni, mettendo in atto un gioco dinamico di visioni.

Ritornando al MWPAI, Johnson fa riferimento all'opera wrightiana partendo da un'intuizione critica: che essa abbia un qualche legame concettuale con la rotonda schinkeliana. Con questo, cercando di attuare un cortocircuito, nel rapporto tra uno spazio neoclassico statico-contemplativo ed uno fortemente dinamico. Questo tema, alcuni decenni più tardi, sarà sviluppato da Helen Searing, che scriverà: «[...] benché sotto molti punti di vista si tratti di opera architettonica di risonanza iconoclasta, lo stesso Guggenheim Museum progettato da Frank Lloyd Wright nel lungo periodo compreso tra il 1943 e il 1959, suggerisce anche da parte di quest'ultimo la volontà di rifarsi alla tradizione della rotonda al momento di concepire il grande spazio centrale illuminato dall'alto. Inoltre, il profilo degli spazi che contemporaneamente consentono il movimento dei visitatori e la visione delle opere esposte, richiama quello delle gallerie durandiane, salvo per il fatto che nel caso del Guggenheim, il dispiegarsi delle gallerie si sviluppa con continuità e non presenta una distribuzione parallela o perpendicolare l'una all'altra»[58].

Nell'Amon Carter, al contrario, la hall d'ingresso è uno spazio allungato – sempre su due piani – la luce naturale non proviene dall'alto – come nell'Altes Museum e nel Guggenheim – ma da una grande vetrata nascosta da un portico con colonne strombate che allude alla stoà del museo schinkeliano. Nella hall, inoltre, sono esposte le sculture, che possono essere osservate dai visitatori dall'alto, tramite l'affaccio dal piano superiore, predisposto per stabilire una relazione visiva con il piano sottostante.

Nello Scheldon, la hall – che è uno spazio espositivo a doppia altezza – questa volta è al centro di un volume tripartito; la luce non proviene dal soffitto, ma da tre aperture disposte al centro, sia del prospetto principale, che di quello retrostante.

In questo caso, l'autore utilizza per la prima volta una passerella inserita al primo piano per ridare continuità agli spazi espositivi separati dal vuoto della hall. Ma è anche un interessante espediente per dinamizzare lo spazio museale, offrendo al fruitore una diversità di visioni. La possibilità d'intravedere la passerella, nonché il doppio tratto di scala che conduce, dall'esterno, alla vasta sala d'ingresso: un modo per segnalare la situazione spaziale interna aprendo, per così dire, un dialogo con la città.

Questo tema della passerella sarà sviluppato da Johnson in maniera creativa e, soprattutto, vicina alla sensibilità della ricerca artistica della New York School, nel progetto dell'Art Museum of South Texas a Corpus Christi (1969-1972) in cui, come si osserverà in seguito, lo spazio espositivo, pur essendo costruito su due livelli, diventa un fatto unitario.

Tale concetto di visione dinamica dell'opera d'arte, dagli anni Settanta in poi avrà un suo importante sviluppo, oltre che nelle opere di Johnson, anche in alcuni allestimenti museali e in alcuni musei progettati da Richard Meier.

Anche per Meier, infatti, l'incontro con il Guggenheim Museum[59] sarà l'occasione per individuare un diverso modo di leggere un'opera:«[...] la si guarda, poi si fa un giro intorno alla rampa e quando la si considera nuovamente la si vede in maniera diversa»[60].

Ma l'origine di quella diretta dipendenza tra 'visione multipla' e oggetto, così strettamente legata all'esposizione dell'opera d'arte, Meier la riconduce soprattutto al lavoro di Stella, in particolare alle sue esperienze degli anni Settanta. «Mentre il lavoro di Stella è sempre stato di natura chiaramente architettonica, è solo nelle opere dopo il 1970 che si occuperà dello spazio dal punto di vista tridimensionale. Nel suo avvicinamento verso la concezione tridimensionale dell'opera, Stella inizierà ad intervenire e ad operare in quello che in precedenza era stato un territorio neutrale: lo spazio tra l'osservatore e il dipinto. Analizzando la natura della percezione attraverso la multiforme complessità di questi lavori di grandi dimensioni è possibile rendersi conto, infatti, che non esisteva più un solo, ideale punto di osservazione, ma una sua infinita serie»[61].

Per meglio definire la concatenazione delle tematiche a cui questi lavori rinviano, l'allestimento per la mostra *New York School Exhibition*, presso il New York State Museum di Albany, New York (1977), è un esempio che offre una significativa concretizzazione della ricerca di questi anni e nello stesso tempo è l'espressione ideale di ciò che egli considera l'essenza del museo contemporaneo, punto di riferimento per i progetti museali successivi.

Un aspetto singolare di questo progetto è il suo impianto che rinvia all'immagine di una struttura urbana, in particolare al quartiere newyorchese di SoHo abitato da artisti e gallerie d'arte e dove, negli anni Settanta compirà il suo estremo passo verso il monopolio dell'arte contemporanea, trasformandosi in luogo privilegiato «[...] dove si determineranno tutte le correnti e gli scambi nel mondo dell'arte»[62].

«Ero molto legato ai lavori esposti lì. C'erano le persone, gli eroi della mia formazione: Rothko, de Kooning e Pollock e molti altri. E anche degli enormi dipinti. Tutte persone realmente di strada, gente che ha lavorato a New York che realmente ha amato la città e che negli anni Cinquanta ha fatto di New York quel centro dell'arte che è oggi. Quindi, in un certo senso, l'allestimento è una metafora della città. Ci sono al suo interno strade, edifici, stanze, finestre [...]. Avremmo potuto realizzare un'installazione che non mostrava solo le opere d'arte in un modo incredibile, ma fare una ulteriore affermazione sulla struttura della città all'interno dell'edificio. L'introduzione delle finestre ha consentito di osservare un'opera d'arte in un ambiente intimo e poi guardare attraverso di esse un'altra opera più distante»[63].

La forte caratterizzazione della trama geometrica che costituisce la base dell'apparato di questa complessa "struttura percettiva", posta da Meier dentro gli anonimi ambienti del New York State Museum, frammentando e ricomponendo lo spazio, indirizzando le percorrenze, moltiplicando le prospettive, proponendo sempre nuovi punti di osservazione delle opere, sembra agire come quella complessa procedura di messa a fuoco dell'immagine attraverso l'occhio meccanico di una macchina fotografica.

I due organismi espositivi, il Pre-Columbian Art Museum e la Bielefelder Kunsthalle, diversamente dalla terna museale precedente, sembrano non avere punti di contatto. Una reciproca distanza dovuta ad un insieme di fattori legati: al contesto, al programma, alla specificità delle collezioni, alle richieste del committenti e, non ultimo, ai riferimenti storici di cui Johnson ha tenuto conto nel corso della progettazione. Tuttavia, tra il padiglione Dumbarton Oaks e la Kunsthalle a Bielefeld si deve riscontrare almeno un elemento in comune, un segno di continuità valido anche per le tre precedenti esperienze progettuali: l'adozione dell'impianto centrale – concepito sempre come un vuoto – inteso come nucleo della composizione attorno al quale tutto ruota. La cui funzione primaria è quella di legare tra loro, attraverso l'intreccio delle percorrenze, i diversi ambienti espositivi.

Nel primo dei due progetti, come si vedrà, questo avviene in maniera più concettuale che reale, mentre nel secondo – che per Johnson costituisce anche un sotterraneo allaccio con la "rotonda" schinkeliana e un certo avvicinamento all'architettura neo-classica – tale presenza del vuoto ha una forma di espressione e un ruolo chiaro ed esplicito.

Il Pre-Columbian Art Museum, Washington D.C. (1958-1963) è un padiglione progettato da Johnson per esporre la collezione d'arte pre-colombiana (circa 600 pezzi) raccolta da Robert Woods Bliss e Mildred Barnes Bliss[64], ricchi collezionisti e filantropi, tra il 1947 e il 1962.

La costruzione è inserita nell'ampio giardino di una villa in stile georgiano del XIX secolo[65], acquistata dai coniugi Bliss nel 1920. La residenza si trova a Georgetown, un quartiere di Washington D.C. situato lungo il Potomac River.

La villa sarà ristrutturata e ampliata dallo studio McKim, Mead & White e ribattezzata dai proprietari, Dumbarton Oaks. Il giardino, ricco d'importanti essenze (soprattutto querce dall'ampio tronco), sarà riprogettato da Beatrix Ferrand (1872-1959).

I Bliss, non avendo avuto eredi, nel 1940 doneranno la residenza alla Harvard University con l'intento di trasformata in una struttura culturale. Essa diventerà, così, la Dumbarton Oaks Research Library and Collection, un centro di studi bizantini, delle civiltà precolombiane e di storia dell'architettura e del paesaggio, con una intensa attività di conferenze e concerti. I suoi giardini e le collezioni museali saranno aperti al pubblico.

Pre-Columbian Art Museum, Washington D.C. (1958-1963). Pianta copertura.
A sinistra: vista dall'esterno.
Foto di Ezra Stoller. Courtesy Esto.

Nel 1958, i Bliss stanzieranno anche un'importante somma per la realizzazione e la manutenzione della collezione che raccoglie testimonianze di culture che precedono la colonizzazione europea delle Americhe, consistente in una cospicua e diversificata serie di manufatti: ceramiche, tessuti, gioielli, mosaici, sculture in pietra, legno, avorio, metallo.

L'opera sarà commissionata a Johnson, nel 1958 – per intercessione dell'amico Lincoln Kirstein – e verrà aperta al pubblico nel 1963.

La fronte d'ingresso, rivolta verso sud, è sulla 32nd Street, ed è in posizione leggermente arretrata rispetto alla strada. Il prospetto nord, invece, è dotato di un passaggio coperto con pareti vetrate, che lo collega direttamente alla villa.

Mildred Biss, seguirà i lavori con impegno e diretto coinvolgimento. «Ho avuto come partner, Mrs. Bliss», ricorda Johnson in un'intervista. «Ho sempre pensato che avrebbe dovuto firmare anche lei il progetto. Ha svolto una buona parte del lavoro»[66].

Lo spunto formale dell'opera si basa su nove cilindri cavi raggruppati in tre file in modo da essere contenuti all'interno di un quadrato di base: otto di essi, sono destinati alle sale espositive ed uno, quello centrale, è lasciato scoperto, è utilizzato come spazio per fontana ed, anche, per illuminare l'interno.

I cilindri sono *oversize*, una scelta, quella dell'esagerazione dimensionale – di un solo elemento della composizione – frequente nei progetti johnsoniani:

una forzatura, che qui tende a conferire importanza a un'immagine architettonica di modeste dimensioni, ma di notevole significato per il suo contenuto. La frammentazione dell'unità dell'organismo che questa scelta produce troverà una sua ricomposizione attraverso l'invenzione della copertura metallica: una sequenza di cupole ribassate – collegate tra loro dal disegno e dallo stesso colore del materiale – che s'ispira a Mimar Sinan, autore di una madrasa a Istambul[67] che Johnson ricorda di aver visitato nel 1939. «Mi ha sempre molto interessato l'opera di Mimar Sinan», afferma l'architetto, «e l'idea di usare quelle piccole cupole com'è tipico nell'architettura arabo-islamica»[68].

Il riferimento a Sinan è puramente strumentale all'individuazione di un elemento in grado di fornire un'unità formale a delle presenze disgregate (i mega-cilindri). In un'intervista, chiarirà che ha piena coscienza del fatto che: «No, non esiste nessun rapporto [tra l'arte bizantina] e la collezione. La collezione esposta nel padiglione non è bizantina. È sudamericana. Anzi, è pre-colombiana»[69].

E più avanti, per meglio chiarire che il riferimento storico è del tutto arbitrario e che per lui funziona, soprattutto, come mezzo per stimolare l'impulso creativo, aggiungerà: «È difficile, per me, ricordare come si sia sviluppata la sequenza nel processo ideativo». Ma, «[...] ho pensato che avrebbe potuto essere comunque interessante l'accenno [all'architettura] bizantina»[70].

L'elaborazione del progetto, incontrerà alcune difficoltà per via della presenza degli alberi e della volontà di non abbatterli da parte di Mrs. Biss.

In un'intervista, Hilary Lewis chiederà a Johnson:

H. L.: *Ho sentito dire che il progetto originale per l'ingresso al museo era diverso, ma c'era una quercia.*

P. J.: *Era un meraviglioso albero che si trovava nel perimetro della costruzione, e così l'abbiamo distanziato leggermente l'edificio. Mi ricordo di aver detto: "Beh, non dobbiamo toccare quell'albero". Eravamo tutti d'accordo*[71].

L'attenzione alle piante comporterà la riduzione del diametro dei cilindri[72] da 9,14 metri, a 7,62 metri e un leggero abbassamento della loro altezza. Per sperimentare nel concreto tale questione verrà costruito all'interno della villa, nella sala della musica, un modello in legno di uno dei cilindri, a scala 1:1.

Procedendo in questo senso, sempre più il padiglione tenderà ad integrarsi con la natura circostante. «Volevo che il giardino andasse avanti insieme con lo spazio espositivo del museo», ricorda Johnson, «e diventasse parte di loro [...]. Questo edificio è da godere dall'interno. I cespugli strusciano contro le pareti di vetro e l'architettura. Il loro suono è sintonia con quello della fontana zampillante nel centro»[73].

L'intento del progetto sarà quello di rendere il padiglione parte del *Copse* [del boschetto], realizzando una 'chiusura' dell'interno rispetto all'esterno come nel MWPAI, ma in maniera totalmente diversa. Il padiglione, infatti, non ha un prospetto, «It's only an interior»[74]; e questo, per via delle piante addossate alle pareti, che fanno sì che l'involucro esterno non venga percepito.

In questo caso, bisogna aggiungere c'è una forma di totale 'integrazione' tra architettura e natura o, addirittura, un suo 'nascondimento': come indicherà l'azione di ri-piantumazione di nuovi alberi nelle zone più vuote, per rinforzare la 'barriera' che circonda il padiglione, e ottenere l'effetto di 'immersione' nel *Copse*.

H. L.: *Così le piante diventano quasi strutturali?*

P. J.: *Funzionano come un muro, per spingere a cercare sempre una via, per dare la sensazione che si potrebbe ottenere qualcosa andando verso di là. Ho avuto lo stesso problema col mio piccolo padiglione sul lago. Un percorso era proibito, anche se era abbastanza facile fare un passo e scavalcare. Beh, non vorrei che gli ospiti lo facessero. Nel caso delle piante direi, mi dispiace, dovete procedere in* questo *modo*[75].

Quello che Johnson cerca di ottenere è la chiusura del padiglione da parte del bosco. «La cosa peggiore in un museo è il vetro; l'ultima cosa che si vuole è che gli occhi del visitatore si allontanino dalla visione dalle opere esposte. Ecco perché mi piace che cresca il verde vicino alla costruzione e, per quanto possibile, vorrei favorirne lo sviluppo»[76].

Ma le pareti della galleria, oltre a stabilire un suggestivo rapporto con la natura circostante, permettono una comoda circolazione dei visitatori e uno spazio adeguato per apprezzare con la giusta attenzione le opere. «Da un punto di vista meramente estetico il museo è uno dei sogni dell'architetto. Egli deve rendere felice il visitatore [...], metterlo in una condizione mentale ricettiva, mentre subisce un'esperienza emotiva»[77].

I materiali che rendono prezioso il padiglione, oltre all'attenta esecuzione, sono: il marmo, dell'Illinois per le colonne; il bronzo, per l'anello che sottolinea l'innesto tra la colonna e la struttura di copertura e per i telai delle vetrate sagomate; il teak, per il pavimento montato a raggiera e affiancato al marmo verde del Vermont; il metallo, per il rivestimento delle cupole.

Le vetrine espositive disegnate da Astor Moore, sono realizzate con lastre del metacrilato denominato Lucite.

La Kunsthalle Bielefeld, a Bielefeld, Germania (1966-1968) è il punto d'arrivo di un'iniziativa portata avanti, con molte difficoltà, da un gruppo di appassionati cultori d'arte a partire dagli anni Venti[78]. Il generoso contributo di Rudolf August Oetker, industriale e collezionista, darà la possibilità d'incaricare l'architetto americano per realizzazione del progetto.

L'opera sorge in una posizione di cerniera tra l'area della città storica e la nuova espansione urbana, ai margini di un parco e lungo un importante asse di scorrimento, la Artur-Ladebeck-Straße.

Tale strategica collocazione ribadisce una concezione piuttosto diffusa della politica culturale tedesca dagli anni Sessanta e portata avanti nei decenni seguenti, che è quella di dare un ruolo 'centrale' ai musei, situandoli in una zona viva e dinamica del tessuto urbano. Questa Kunsthalle, per la comunità di Bielefeld, oltre che espressione di un raggiunto benessere economico, è anche manifestazione del bisogno di affermazione della propria identità dopo le distruzioni dell'ultimo conflitto.

Kunsthalle Bielefel, a Bielefeld, Germania (1966-1968).
Vedute della facciata di ingresso e veduta dell'interno.
Foto di Michele Costanzo.

La sua edificazione fa parte di un programma di riorganizzazione e di riqualificazione di un vasto settore della città ricostruito troppo rapidamente e senza una sufficiente attenzione agli edifici pubblici dal punto di vista della loro qualità in senso estetico/rappresentativo.

Pur nelle sue contenute dimensioni, l'edificio può considerarsi una significativa espressione della tendenza *New-Monumental* a lungo sperimentata da Johnson negli Stati Uniti. Per Johnson, infatti, al termine 'monumentale' – si è visto con il progetto precedente – non corrisponde una nozione dimensionale. «Come la musica è volta a stimolare le nostre emozioni», egli afferma, «così l'architettura, non importa quanto piccola, può essere monumentale [...], tutto è fatto per trasmettere una sensazione di monumentalità»[79].

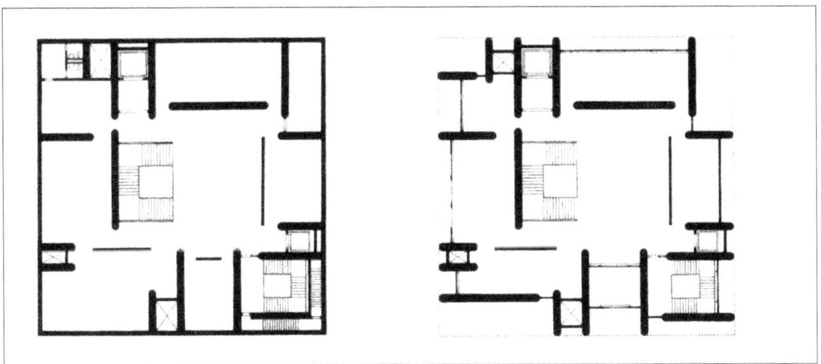

Kunsthalle Bielefel, a Bielefeld, Germania (1966-1968). Piante.
A sinistra: veduta dal giardino. Foto di Michele Costanzo.

Chiusa nel suo disegno geometrico dalle asciutte linee, lo sviluppo del progetto parte dal quadrato della sua pianta (di 24,38 metri di lato). Quello che arricchisce la linearità della figura architettonica è l'inserto dei pilastri-setto che si sviluppano per due piani, e poi diventare il sostegno del volume chiuso dell'ultimo livello, il cui compito è di rafforzare il principio geometrico/formale su cui si basa l'impalcatura progettuale. I pilastri-setto sembrano voler tagliare come delle lame le ideali superfici che alludono alla scatola geometrica del progetto, rovesciandone la natura, aprendosi verso l'esterno. In questo modo, semplice e diretto, la struttura riesce a generare un rapporto tra il *dentro* e il *fuori*. Assimilabili ai *pilotis* del corbuseriano Couvent de laTourette, i pilastri-setto sono l'elemento di novità del progetto.

Le strutture in cemento armato, rivestite con lastre d'arenaria rossa della Westfalia, danno forza e carattere all'organismo architettonico; pur con profondità diverse hanno tutte il terminale esterno arrotondato e occupano l'intero perimetro della costruzione, secondo un elaborato criterio di scansione e di orientamento.

«L'edificio di Bielefeld risponde alle esigenze funzionali», nota Hitchcock, «ma il giudizio deve esulare da questo aspetto. Per la sua organizzazione spaziale, l'edificio sarebbe potuto essere realizzato all'interno di un cubo materico o di vetro come la galleria di Mies a Berlino o su un piano, in un gioco di contrapposizioni angolari come Johnson ha fatto, successivamente, a New Canaan. Ma il gusto di Johnson, anche se lontano dai suoi esordi miesiani, rimane fondamentalmente classico»[80].

La scelta tecnologica diventa, in questo caso, l'elemento formale e di configurazione spaziale dell'organismo che dà carattere all'insieme.

«L'interpretazione estetica del monumentale qui non segue né la semplicità geometrica della forma di cubo totale del museo di Utica, né il colonnato della tradizione di Schinkel presente tanto a Fort Worth che nella Scheldon Gallery a Lincoln. [...] c'è, piuttosto, un'identità di forma e materia fra interno ed esterno grazie alle battute d'arresto profonde degli spazi-parete e vetro un genere d'interpretazione della dialettica interno-esterno che ricorda Wright»[81].

All'interno, il volume riprende lo schema spaziale del MWPAI, dominato da un vuoto centrale dinamicamente percorso da una scala che lega i vari livelli. Il vasto e articolato organismo è studiato in modo da fornire delle sorprese prospettiche. I pilastri-setto creano, infatti, una sequenza di spazi perimetrali diversificati, illuminati dalla luce naturale proveniente dalle vetrate, dov'è situata la collezione permanente. Gli ampi ambienti espositivi che si trovano nella zona centrale di ogni piano sono messi in comunicazione tra loro da un grande vuoto al cui interno è situata una scala a tre rampe.

L'ultimo piano, dedicato alle esposizioni temporanee, ripropone lo schema distributivo dei livelli sottostanti, ma con un sistema d'illuminazione naturale proveniente dal soffitto a cassettoni che dirige la propria luce nel vasto spazio centrale. L'edificio prosegue per due piani sotto il livello stradale, dove sono gli uffici, l'auditorium, la biblioteca, una scuola di pittura, i servizi e il magazzino raggiungibile attraverso una strada che passa per il giardino. Questo, è reso possibile dall'orografia del terreno che consente a due lati della costruzione di non essere totalmente interrati, ma di essere areati e illuminati naturalmente.

Infine, c'è da segnalare la caffetteria, luogo di socializzazione, che si apre verso il giardino; essa si trova ad un livello più basso, rispetto al piano stradale, di circa tre gradini. Questo spazio è schermato rispetto alla strada da un alto muro è arricchito dalla presenza di una vasca d'acqua di forma allungata e di numerose sculture. È chiaro, in questo, un riferimento allo Sculpture Garden del MoMA, anche se, bisogna osservare, in Johnson la ricerca del *rapporto* tra arte e natura è sempre stato un tema fortemente sentito fin dal suo esordio come progettista.

1. John W. Cook, Heinrich Klotz (a cura di), *Conversations with architects*, op. cit., p. 21.
2. Calvin Tomkins, *Forms Under Light*, «The New Yorker», May 23, 1977; trad. it, Philip Johnson, *in: Vite d'avanguardia, Costa & Nolan, Genova 1983, p. 211.*
3. Ibidem, p. 226.
4. John M. Jacobus, *Philip Johnson*, op. cit., p. 36.
5. Ivi.
6. Philip Johnson, *Mies van der Rohe*, op. cit., p. 137
7. John M. Jacobus, *Philip Johnson*, op. cit., p. 36.
8. Nel corso della progettazione la localizzazione della cappella sarà spostata dal lato sud a quello nord. L'edificio, modificato nella sua concezione spaziale, sarà realizzato nel 1997.
9. Calvin Tomkins, *Philip Johnson*, in: *Vite d'avanguardia*, op. cit., p. 218.
10. Franz Schulze, *Philip Johnson. Life and Work*, op. cit., p. 177.
11. Philip Johnson, *Discussion*, in: Suzanne Stephens (a cura di), *Building the New Museum*, Architectural League of NY, New York 1986, p. 28. Le affermazioni di Johnson estratte da questo dibattito pur appartenendo ad un periodo successivo rispetto all'arco temporale preso in esame, sono in linea con le manifestazioni del suo pensiero sull'argomento di questa fase.
12. Ivi
13. Sigfried Giedion, *The Need for a New Monumentality*, in: Paul Zucker, a cura di, *New Architecture and City Planning: A Symposium*, Philosophical Library, New York 1944, p. 552.
14. Helen Searing, *New American Art Museum*, Whitney Museum of American Art, New York 1982, p. 51.
15. Mies van der Rohe, *A Museum for a Small City*, in: Philip Johnson, *Mies van der Rohe*, op. cit., p. 197.
16. Ibidem p. 164.
17. Elen Searing, a proposito del Guggenheim di Wright, osserva che esso suggerisce «[...] la volontà di rifarsi alla tradizione della rotonda al momento di concepire il grande spazio centrale illuminato dall'alto» «Lotus International» n. 55, 1987/3.
18. Henry-Russell Hitchcock, *An Essay*, catalogo della Sheldon Memorial Art Gallery, University of Nebraska-Lincoln. http://digitalcommons.unl.edu/cgi/viewcontent.cgi?article=1070&context=sheldonpubs
19. Philip Johnson, *Letter to the Museum Director*, «Museum News» n. 38, gennaio 1960.
20. Pubblicato in lingua inglese dalla Columbia University nella primavera del 1962. Vedi Philip Johnson Papers in MoMA Archives, 13 marzo 1961. http://www.moma.org/learn/resources/archives/EAD/PJohnsonPapersf.
21. John W. Cook, Heinrich Klotz (a cura di), *Conversation with architects*, op. cit, p. 34.
22. Philip Johnson, *Whither Away – Non Miesian Directions*, in: *Writings* op. cit., p. 230.
23. Si tratta del Manufactures Trust Company, di Skidmore, Owings & Merrill (1954) al 510 Fifth Avenue, New York.
24. Robert A. M. Stern, *The Philip Johnson Tape*, op. cit., p. 158-159.
25. Ibidem, p. 168.
26. Henry-Russell Hitchcock Papers AAA-SI. [Smithsonian Institute] Series 2, Correspondence J. 28 ottobre 1955.
27. Philip Johnson, *Johnson*, in: *Writings*, op. cit., p. 243.
28. Mary E. Murray, *Look for Beauty: Philip Johnson and Art Museum Design*, Munson-Williams-Proctor Arts Institute, Utica 2010, p. 25.
29. Ivi.
30. A chiarimento della successione dei cognomi da cui nasce la denominazione del museo: Mary Proctor è nipote di Alfred Munson ed è figlia di James Watson Williams.
31. Henry-Russell Hitchcock sarà interpellato per la sua esperienza nel campo museale. Esiste con il MWPAI

un carteggio presso il cit. Henry-Russell Hitchcock Papers [Smithsonian Institute].

32. Gli architetti proposti da Hitchcock, sono: Pietro Belluschi, Eero Saarinen, Edward Durrel Stone, Paul Rudolph, John Yeon Paul Schweikher e Philip Johnson.

33. John M. Jacobus, *Philip Johnson*, op. cit., pp. 36-37.

34. Mary E. Murray, *Look for Beauty: Philip Johnson and Art Museum Design*, op. cit., p. 16.

35. Nel lascito testamentario di Amon G. Carter, oltre alla realizzazione di un museo pubblico dedicato all'arte americana, richiederà ai suoi eredi: "[...] che questo museo sia gestito come un'impresa artistica senza scopo di lucro per promuovere la cultura nella città di Fort Worth e dintorni, e per stimolare l'immaginazione artistica tra i giovani che vi risiedono".

36. John W. Cook, Heinrich Klotz (a cura di), *Conversations with architects,* op. cit., p. 30.

37. Ibidem, p. 15

38. Peter Eisenman, *Foreword*, in: *Writings*, op. cit., p. 19.

39. John W. Cook, Heinrich Klotz (a cura di), *Conversations with architects*, op. cit., p. 15

40. Peter Eisenman, *Foreword*, in: *Writings*, op. cit., p. 16-17

41. Ibidem, p. 14.

42. Prima della realizzazione dell'edificio progettato da Johnson, per alcuni decenni il museo era stato ospitato nella Morris Hall, del Museo di Storia Naturale dell'University of Nebraska.

43. I due Sheldon moriranno a poca distanza di anni l'una dall'altro: Mary Frances nel 1950, mentre Adam Bromley nel 1957.

44. Fanno parte del gruppo di architetti invitati: Frank Lloid Wright, Le Corbusier, Richard Neutra, Pietro Belluschi, Marcel Breuer e Philip Johnson. Alcuni risulteranno indisponibili. La scelta, alla fine, si concentrerà sulle proposte di: Neutra, Breuer e Johnson.

45. Hilary Lewis, in: Kent Wolgamot, *Sheldon becomes 'The Naked Museum'*, «Ground Zero» May 04, 2013. http://journalstar.com/entertainment/visual-art/sheldon-becomes-the-naked-museum/article_9a7edc2e-3bb9-5d55-be46-5dbe87a4e838.html

46. Philip Johnson, *Architect's Statement*, catalogo della Sheldon Memorial Art Gallery, op. cit., p. 8.

47. Henry Russell Hitchcock, *An essay*, catalogo della Sheldon Memorial Art Gallery, op. cit., p.12.

48. Philip Johnson, *An Art Gallery for a University Campus*, «Architectural Record» n. 132, agosto 1963, pp. 129-131.

49. Henry Russell Hitchcock, *An essay*, op. cit., p. 12.

50. Nel giardino sono esposte sculture di: Gaston Lachaise, Jacques Lipchitz, Claes Oldenburg e Coosje van Bruggen, David Smith, William G. Tucker, Bryan Hunt, Mark di Suvero, Michael Heizer, e Richard Serra

51. Henry Russell Hitchcock, *An essay*, op. cit., p. 15.

52. Ivi.

53. Philip Johnson, *Architect's Statement*, catalogo della Sheldon Memorial Art Gallery, op. cit., p. 8.

54. La collezione comprende, oltre ad una sezione dedicata alle nature morte, diverse correnti pittoriche: l'Impressionismo americano, il primo modernismo, l'Astrazione geometrica, l'Espressionismo astratto, la Pop-Art, l'Astrazione lirica, il Minimalismo, il Color field ed altre ancora.

55. Paul Valery, *Les problème des musées*, in Œvres, Pleiade II, Gallimard, Paris 1958, pp. 1290 sgg.

56. Norman A. Geske, *Introdution*, catalogo della Sheldon Memorial Art Gallery, op. cit., p. 6.

57. Il *nuovo formalismo* o *neo-formalismo* emerge nel 1960 come un rifiuto della rigidità del *modernismo* e rimane popolare all'incirca all'inizio della seconda metà del XX secolo. Si tratta

di una commistione tra nuovi edifici formalisti combinati ad astratti caratteri del classicismo, come la simmetria bilaterale, colonne, portici, materiali pregiati (quali, marmo e granito) e il tetto piano.

58. Helen Searing, *Ipotesi sullo sviluppo della tipologia del museo*, «Lotus International», op. cit..

59. Si tratta del progetto dell'Aye Simon Reading Room (19077-1978) situato all'interno del Guggenheim Museum a New York. Tale esperienza, per Meier, sarà l'occasione per sviluppare una importante riflessione riguardo al tema della percezione dinamica: qui, il rifermento è il percorso a spirale che contraddistingue la spazialità dinamica del museo.

60. Barbaralee Diamonstein, *American Architecture Now*, Rizzoli, New York 1980, p. 120.

61. Richard Meier, *Thoughts on Frank Stella*, in: Frank Stella, Shards, London-New York 1983, pp. 2-3.

62. Germano Celant, *Artmakers*, Feltrinelli, Milano 1984, p. 9.

63. Barbaralee Diamonstein, *American Architecture Now*, op. cit., p. 119.

64. Mildred Barnes, ricco industriale, lascerà alla figlia una cospicua fortuna. Sposatasi con un diplomatico, Robert Bliss, vivrà per molti anni a Parigi, dove inizierà a coltivare l'amore per il collezionismo.

65. Il giardino ha un'estensione di 6 ettari e mezzo.

66. Hilary Lewis, John O'Connor (a cura di), *Philip Johnson. The Architect in His Own Words*, op. cit., p. 54.

67. Si tratta della Sultan Süleyman Madrasa, 1550–1557, Istanbul, Turchia.

68. Hilary Lewis, John O'Connor (a cura di), *Philip Johnson.* op. cit., p. 54.

69. Ivi

70. Ibidem, pp. 54-56.

71. Ibidem, p. 56

72. Per meglio valutare la dimensione del cilindro (ovvero della sala circolare tipo) Mildred Bliss, farà realizzare un suo modello in scala uno a uno, che verrà montato nella Music Room della villa. A tale proposito Johnson ricorderà: "Ricordo il bronzo. Ho cambiato l'altezza e la profondità di quelle piccole creste su quel modello, e Mrs. Bliss era, naturalmente, affascinata perché in quel modo riusciva a immaginare il suo effetto nella realtà".

73. Wolfj Von Eckardt, *Dumbarton Pavilion's Scheme is Inside Out*, «Washington Post», 8 dicembre 1963.

74. Hilary Lewis, John O'Connor (a cura di), *Philip Johnson. The Architect in His Own Words*, op. cit., p.52

75. Ibidem, p. 60

76. Ibidem, p. 52

77. Philip Johnson, *Letter to the Museum Director*, «Museum News» n. 38, gennaio 1960, p. 22.

78. Nel 1928 la collezione viene sistemata in un edificio lungo la Hindenburgstraße, dove in precedenza si trovava una galleria d'arte privata. Durante il primo periodo in cui il museo è sotto la guida J. Becker, vengono acquisite numerose di opere del periodo espressionista che determineranno un carattere alla collezione, tuttora prevalente. Nel corso dell'ultimo conflitto mondiale la sede del museo, come gran parte degli edifici cittadini, verrà rasa al suolo dalle bombe. Il nuovo direttore G. Viersen, pur in assenza di un luogo idoneo ad accogliere una collezione d'arte, seguiterà a incrementare il patrimonio delle opere con nuovi apporti del periodo cubista, del Bauhaus e di artisti americani (in prevalenza espressionisti astratti), arricchendo di nuovi contenuti il disegno ideale della collezione che, durante gli anni, si era andato sempre più precisando.

79. John W. Cook, Heinrich Klotz (a cura di), *Conversations with architects*, op. cit., p. 43.

80. Henry-Russell Hitchcock, *Essay*, catalogo del museo, Der Bielefelder Kunsthalle, Bielefeld 1974, p. 23.

81. Ivi.

Art Museum of South Texas, Corpus Christi, Texas (1969-1972). Foto di Stoller © Esto.

# 18. I musei degli anni Settanta e Ottanta

Nel corso della sua attività di progettista Johnson lavorerà con diversi partners: Landes Gore dal 1946 al 1951, Richard Foster dal 1963 al 1967, John Burgee dal 1967 al 1989 e, infine, Alan Richie dal 1991 al 2005. La collaborazione con Burgee può considersarsi particolarmente significativa in quanto contribuirà al passaggio di Johnson da una condizione di architetto/intellettuale, progettista di edifici di piccole e medie dimensioni per una clientela *well-to-do*, ad architetto-star, privilegiato interlocutore di un pubblico appartenente al circuito internazionale.

Il salto di scala dei progetti e la quantità delle realizzazioni, oltre alla capacità manageriale di Burgee, in parte va ricondotta ad una coincidenza con la forte ripresa edilizia avvenuta in quegli anni negli Stati Uniti.

Il successo di Johnson in ambito professionale avrà una corrispondenza con una, altrettanto importante, sua affermazione in campo culturale. Egli godrà, infatti, dell'appoggio di almeno due autorevoli storici dell'architettura, quali, Vincent Scully, e Kennet Frempton. Peter Eisenman e Robert A.M. Stern cureranno la raccolta dei suoi scritti, *Writings*. Stern pubblicherà un libro d'interviste *The Philip Johnson Tapes*. Eisenman, direttore di «Oppositions» gli dedicherà, nell'ottobre del 1977, un intero numero della rivista. E, infine, Cynthia Davidson, nel 1996, in coincidenza con suoi 90 anni, gli dedicherà un numero di «ANY», intitolandolo *Philip Johnson Festschrift*[1], in cui chiama a raccolta un vasto numero di amici da tutto il mondo (architetti, artisti, critici) invitandoli ad esprimere su Johnson una riflessione, un pensiero; in molti casi, sarà anche un'espressione di gratitudine.

Da parte sua, Johnson appoggerà la mostra organizzata da Arthur Drexler, *Five Architects* (1967), nelle sale del MoMA, scrivendo una postfazione per il catalogo (che sarà pubblicato nel 1972). Ma bisogna osservare che Johnson sarà sempre molto disponibile nel venire incontro alle esigenze degli amici della sua cerchia. Una sollecitudine che egli esprimerà in diverse forme; com'è il caso, particolarmente interessante, della presentazione dei lavori di Peter Eisenman e di Frank Gehry presso il padiglione americano alla Biennale di Architettura, Venezia del 1992. Nell'introduzione, scriverà una frase che mette a nudo il suo modo di concepire l'espressione artistica/progettuale, basato sulla sfida al sentire comune, alle certezze acquisite, alle convenzioni e a quant'altro: «They challenge every dogma: they offend every etiquette. Yet they build spectacular, troubling buildings»[2].

Johnson diventerà, a sua volta, il sostenitore di una generazione di architetti d'avanguardia – i suoi 'ragazzi' (come amerà chiamarli) – un gruppo che comprende: Peter Eisenman, Frank Gehry, Robert A.M. Stern, Richard Meier, Michael Graves, Rem Koolhaas. Quello che ha soprattutto in comune con 'i ragazzi', è la concezione dell'architettura come forma.

Quella che porterà Johnson a diventare un architetto-superstar, sarà un'ascesa lenta per poi mantenersi stabile nel tempo. A sostegno di questo successo, insieme a manifestazioni di consenso, miste a feroci critiche, Johnson avrà due importanti riconoscimenti: nel 1978, riceverà dall'American Institute of Architects la *Gold Medal* alla carriera e nel 1979, dalla Fondazione Hyatt, il *Pritzker Architecture Prize*, dedicato al lavoro di un architetto che è riuscito a combinare insieme qualità, quali: talento, visione e impegno.

Johnson e Burgee saranno una coppia bene equilibrata, almeno in una prima fase: da una parte Johnson, la cui attenzione sarà sempre rivolta verso le problematiche estetiche della progettazione, dall'altra Burgee che si occuperà prevalentemente dello sviluppo dei progetti fino alla loro realizzazione. Porteranno a termine impegnative opere, quali: la Boston Public Library a Boston (1966-1973), l'IDS Center a Minneapolis (1968-1973), il Pennzoil Place a Houston (1972-1976), la Chrystal Cathedral a Garden Grove (1977-1980), l'AT&T Corporate Headquarters a New York (1978-1984), il 53rd at Third, conosciuto come Lipstick Building a New York (1984); ed altri edifici ancora in importanti città degli Stati Uniti.

Nel 1986 lo studio Johnson/Burgee si sposterà nel Lipstick Building. Nello stesso anno, Burgee negozierà con Johnson un ruolo di minore importanza nello studio: di consulente della progettazione. Così, nel 1987, la società sarà modificata. Dal 1989, Johnson, semi-ritiratosi dall'attività collaborativa, si occuperà principalmente dei suoi progetti, rimanendo comunque un consulente di John Burgee Architects. Nel 1991, interromperà del tutto la collaborazione, continuando a portare avanti la sua professione in maniera autonoma, affittando uno spazio più piccolo sempre nella stessa *tower*.

Nell'affollato panorama delle opere realizzate dallo studio Johnson & Burgee, l'AT&T (ora Sony Building), che sorge nel centro di Manhattan, è l'edificio più famoso e il più discusso. Soprannominato "*Chippendale Skyscraper*", è una delle presenze più sorprendenti dello *skyline* di NewYork. La sua singolarità spingerà molti protagonisti della cultura architettonica a partecipare ad un acceso dibattito attraverso i canali della stampa specializzata, sul senso di quell'opera e su quello della tendenza – il *Post-modern* – di cui è l'espressione più caratteristica. Anche se, bisogna aggiungere, Johnson sarà architetto postmoderno in maniera discontinua, con lavori ormai tardi (realizzati tra gli anni Ottanta-Novanta) rispetto allo sviluppo del movimento. Il postmoderno, al contrario, si diffonderà negli anni 1960/70, principalmente in ambiente nord-americano dove, in aperta polemica con il linguaggio promosso dall'*International Style*, accoglierà significative influenze dal genere artistico Pop. E qui, Robert Venturi, in aperta disputa con le regole dell'*International Style*, conierà il motto, "Less is a bore": contrapponendo, al celebre adagio di Mies van der Rohe, "Less is more", come manifestazione del proprio senso di 'noia' per quello che concettualmente esso rappresenta.

L'AT&T, oltre alle sue istanze ideali riferite al posmodernismo, per usare ancora un'espressione di RobertVenturi, è un *mass-medium*. La cui finalità preminente è quella esprimere la potenza economica della grande azienda, la sua solidità, la sua capacità di azzardo. In questo senso è uno strumento pubblicitario, per cui il contenitore edilizio è studiato in modo da attirare l'attenzione del pubblico. Sarà il modello in scala di questo grattacielo, tra le mani di Johnson sulla copertina del «Time Magazine» dell'8 gennaio 1979, a rappresentare il particolare clima spazio-temporale che si stava vivendo negli States, ma soprattutto a NewYork, allora sede dell'economia mondiale.

A seguito di questo serrato intreccio tra ragioni concettuali e questioni economico-produttive in cui, sempre più, l'architettura verrà ad essere imprigionata, l'opera manifesta il cambiamento del modo di esprimersi dell'architettura contemporanea: un po' com'era avvenuto 50 anni prima con l'*International Style*. In questo caso, l'inserimento di elementi iconici va contro i suoi principi, per le sue qualità meramente estetiche: per cui, l'AT&T sarà considerata l'immagine del rovesciamento di valori rispetto a quelli del modernismo.

La *tower* andrà a rappresentare, dunque, uno spartiacque critico: la prima grande opera costruita che tende a rivivere e a riattualizzare gli stili storici abbandonati dall'*International Style*.

C'è da osservare che, nella fase postmoderna di Johnson, la struttura della sua ricerca architettonica tende ad assorbire le modalità plastiche della scultura e un nuovo orientamento concettuale, per cui è la funzione a seguire la forma. Questo tema della "libertà della forma" – peraltro, sempre più depurata da riferimenti storici – prenderà corpo in maniera diretta ed esplicita, come si vedrà più avanti, nei lavori dell'architetto a partire dalla metà degli anni Novanta.

Rispetto alle ragioni teoriche di questo indirizzo progettuale, Johnson assumerà una posizione piuttosto distaccata. Peter Blake, in un'intervista all'architetto americano, metterà in luce la sua posizione rispetto al concetto di postmoderno:

P. B.: [...] *stai costruendo il municipio di Mickey Mouse [a Celebration 1996]. Che cosa è successo?*

P. J.: *Noia. Mi annoiavo del mondo di Mies – la rigidità di tutto, la mancanza di modulazione...*

P. B: *E così sei diventato un "postmoderno"?*

P. J.: *È stata la cosa più ovvia da fare, aderire al movimento postmoderno. Postmoderno è un nome ridicolo – ma tutti quei nomi sono ridicoli, come quello che abbiamo inventato nel 1932, "International Style". O l'ultimo, "decostruttivismo". Qualcuno sa che cosa significano almeno uno di loro?*

P. B.: *Non ho la più pallida idea.*

P. J.: *Beh, nessuno di questi termini significa niente. Ora è stata la volta del postmodernismo! Che non è stato avviato da me. È stato avviato dai 'ragazzi', da gente come Bob Stern. Volevano solo cambiare, e volevano una nuova etichetta.*

P. B.: *E tu?*

P. J.: *La ragione fondamentale che volevo cambiare era che mi annoiavo. E non c'era altro che la mia conoscenza della storia. Volevo maggiori collegamenti.*

P. B.: *Con che cosa?*

P. J.: *Con New York. New York per me era McKim, Mead & White. Volevo creare un collegamento con la storia di New York, e questo per me era Stanford White. E così ho pensato – cosa avrebbe fatto Stanford White oggi?*

P. B.: *Non pensi che sia strano, quando guardi indietro ai giorni con Mies? Qui siamo nel Lipstick Building, e fuori dalla finestra c'è il tuo AT&T Building, sul quale hai lavorato con assoluta devozione...*

P. J.: *Sì, tutto vero.*

P. B.: *Eppure, eccoci qui, in un edificio di Johnson che si presenta come un edificio di Mendelsohn del 1925, e circondato da edifici*

*di Johnson che avrebbero potuto essere costruiti da una mezza dozzina di persone diverse in una mezza dozzina di momenti diversi.*
P. J.: *Questo perché la gente pensa che gli architetti dovrebbero sempre fare la stessa cosa. Seguire il loro marchio di fabbrica, o qualcosa del genere.*
P. B.: *Non è ragionevole?*
P. J.: *Beh, buona parte dei miei contemporanei sono rimasti bloccati, per così dire, nel linguaggio. Non voglio fare nomi...*[3]

Tornando ai progetti museali di Johnson, il primo di questa nuova serie riguarda la Rothko Chapel, un'opera che l'architetto non vorrà includere nella sua *Building Chronology*, per via delle numerose e profonde modifiche richieste da Rothko: al punto da ritenere che l'idea su cui si fondava il suo progetto fosse stata sostanzialmente compromessa.

Nonostante il disconoscimento dell'opera, Johnson s'impegnerà nella sua realizzazione: discutendo con Rothko e i committenti, senza sottrarsi dall'offrire il proprio contributo d'idee e di esperienza (e questo, anche dopo la sua rinuncia formale a proseguire il lavoro).

Pur non avendo portato a conclusione la sua proposta, l'esperienza non sarà del tutto negativa per l'architetto; essa gli consentirà, infatti, di prendere in considerazione una tipologia museale interamente dedicata ad un unico artista e alle sue opere: un serrato incrocio tra pittura e architettura (un tema classico della storia dell'arte).

La Rothko Chapel, Houston, Texas (1964-1971) è un edificio espositivo progettato da Johnson e Rothko. Prima di affrontare questo lavoro è necessario, però, fare un passo in dietro e partire dal *masterplan* di Johnson per l'University of St. Thomas a Houston, a cui si già fatto cenno. Nel momento in cui Johnson inizia a progettare la cappella, gli edifici del campus sono ormai tutti costruiti.

L'idea di Johnson (risalente all'ottobre del 1964) è quella di realizzare un semplice volume a pianta quadrata, preceduto da una doppia rampa di scale che introduce ad un vestibolo. La copertura consiste in un corpo piramidale con la punta terminale tagliata, per creare un oculo da cui far penetrare la luce. Nel vestibolo sono previsti tre gradini per discendere al piano della cappella. L'edificio è immaginato in calcestruzzo bianco per creare una contrapposizione con il rosso mattone delle architetture del campus.

John e Dominique de Menil s'inseriranno nello sviluppo di questo progetto, sottoponendo ai responsabili dell'università l'idea di sistemare all'interno della cappella una serie di dipinti di Mark Rothko[4]: dei murales che l'artista, su invito di Johnson, aveva realizzato per il ristorante newyorkese Four Season e che poi si era rifiutato di consegnare per delle ragioni che non saranno mai completamente chiarite, ma che potrebbero essere sintetizzate con una frase di Nathaniel Hawthorne con la quale, nel racconto, *Il velo nero del pastore*, mettere in rilievo il senso della significativa scelta del protagonista: "una rinuncia a dire".

Il 17 aprile del 1964 i de Menil si recheranno nello studio di Mark Rothko, al 222 Bowery Street a New York, per trattare la vendita dei murales, ma l'artista, sollecitato dall'idea della sistemazione delle sue opere all'interno di uno spazio conchiuso, proporrà, a sua volta, di realizzare per la cappella una serie di dipinti *site specific*[5].

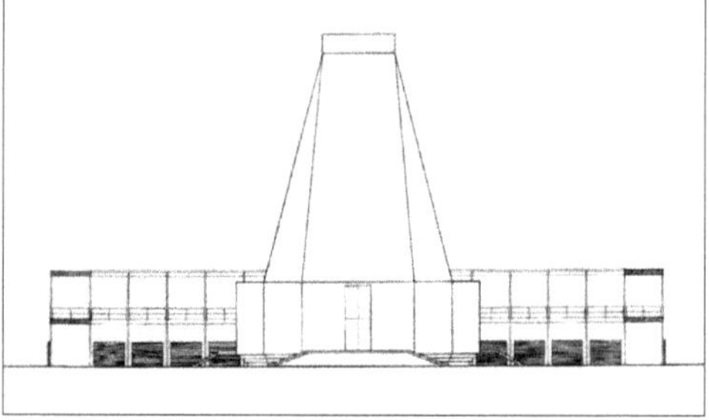

University of St.Thomas, Houston, Texas. Cappella (1964). Prospetto.

Bisogna considerare che l'idea di elaborare un ciclo di opere per una cappella rappresentava per Rothko un vecchio sogno. Egli, infatti, da tempo meditava di uscire dal circuito commerciale dell'arte per produrre opere rivolte a una fruizione sociale. Con Jackson Pollock e Barnett Newman aveva elaborato una forma espressiva strettamente correlata alla fruizione e finalizzata al coinvolgimento dello spettatore. Il suo intento era di superare l'approccio tradizionale all'arte; lo spazio intorno alle opere doveva divenire parte integrante del progetto pittorico. Egli aveva maturato, negli anni, sul tema della cappella, la convinzione che le opere di un artista non potessero essere godute interamente nei grandi e pomposi musei di città, ma in piccole e modeste strutture realizzate con materiali semplici, sistemate nel territorio, lontane dai centri urbani, e dedicate ai lavori di un singolo artista.

Il progetto della cappella per l'University of St. Thomas, per questo contrasto d'idee, avrà uno sviluppo diverso da quello programmato. I de Menil[6] sceglieranno un lotto a Neartown, un quartiere degli anni Venti ad ovest del campus, al 3900 Yupon Street, composto da villette unifamiliari. Nello stesso quartiere, bisogna ricordare, i de Menil faranno costruire a Renzo Piano la Menil Collection (1981-1987), al 1533 Sul Ross Street.

La cappella, inoltre, non sarà più gestita da cattolici, ma diverrà un luogo interconfessionale, per la contemplazione spirituale di tutti.

Il percorso progettuale della nuova cappella sarebbe dovuto essere impostato sul reciproco scambio d'idee tra Johnson e Rothko, ma i loro punti di vista del tutto divergenti non lo renderà possibile.

Alla fine di settembre del 1964 iniziano i loro incontri. A metà dicembre dello stesso anno, Rothko comincia ad elaborare alcune delle opere nel suo nuovo studio alla 69th Street a New York. L'artista realizza un parziale modello al vero dell'interno della cappella – composto da tre pareti contigue che formano degli angoli ottusi – per poter lavorare contemporaneamente con più opere e stabilire tra di esse delle dirette correlazioni. Una scelta proveniente dalla ricerca spaziale di Frederick John Kiesler, in cui l'artista, attraverso i suoi *art-environmet*, ed *happenings* tenta di dissolvere i convenzionali rapporti tra opera e spazio espositivo. Il 5 maggio del 1964 si era inaugurata una mostra di Kiesler al Guggenheim, "Last Judgement", e l'esperienza di questa visione lo aveva convinto a proseguire nella sperimentazione in cui più opere interagiscono tra loro.

L'esposizione di Kiesler consisteva in tre pannelli disposti ad angolo ottuso, sormontati da una copertura curva in cui è stato teorizzato un particolare effetto visivo generato dal susseguirsi di visioni assiali e fuori-asse, e dalla sistematica interazione tra frontale ed obliquo (come sarà il modello per la cappella).

Ma nelle riflessioni di Rothko saranno presenti anche le ricerche di Malevich per la *Black Square* del 1915, opera disposta tra due pareti ad angolo per creare una desituante distorsione del quadrato, la *Stil Life with Guitar* di Pablo Picasso del 1913 e il *Complex Corner Relief* di Vladimir Tatlin del 1915, ma soprattutto il trittico delle ninfee di Claude Monet *Reflections of Clouds on the Water-Lily Pond,* del 1920 (eposto al MoMA).

Nel marzo del 1965, Johnson giunge a una prima soluzione basata su alcune modifiche della spazialità interna della cappella, per cercare di seguire i suggerimenti dall'artista lettone, ma facendo sempre riferimento all'iniziale progetto per la University of St. Thomas.

Nella primavera del 1967, dopo un intenso lavoro triennale, i 14 pannelli previsti da Rothko sono ultimati.

Rothko Chapel, Huston, Texas (1964-1971). Vista esterna con la scultura di Barnett Newman, Broken Obelisk, in acciaio Cor-Ten (1970). Foto di Paul Hester.

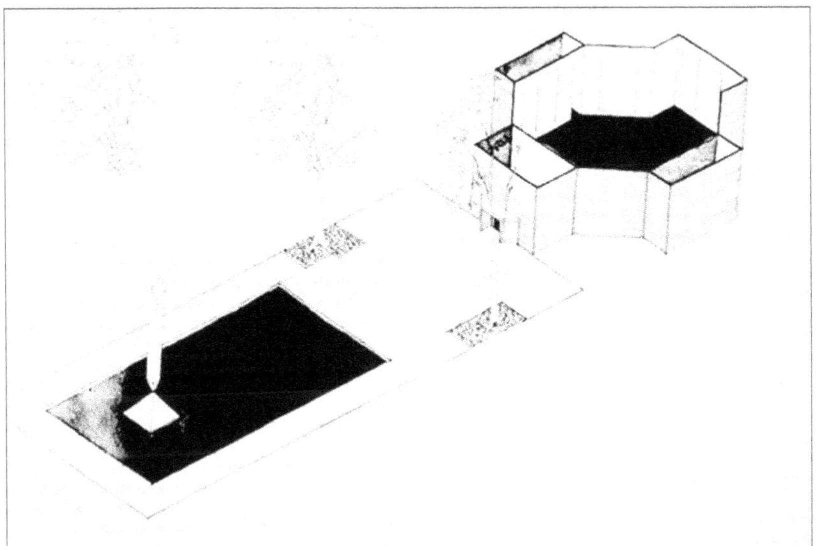

Rothko Chapel, Huston, Texas (1964-1971). Spaccato assonometrico.

Johnson lavora alla configurazione esterna dell'edificio e s'impegna sulle questioni riguardanti l'illuminazione naturale dell'interno. È conciliante con Rothko riguardo alle questioni concernenti la definizione dello spazio interno, ma non per quanto concerne l'immagine architettonica dell'edificio, i cui punti fermi sono: un prisma di base in cemento armato lasciato a vista, sormontato da un corpo piramidale.

Com'è documentato dai disegni custoditi nell'archivio de Menil, Rothko è contrario al progetto johnsoniano per diverse ragioni, la più importante è il suo aspetto monumentale. La pianta da quadrata, sarà più volte corretta da Rothko – come si evince da alcuni schizzi realizzati con uno spesso tratto di matita – per farla evolvere verso la forma di un ottagono, a partire da una pianta a croce greca.

Le loro posizioni diventeranno, poi, esplicitamente antinomiche per ciò che concerne il rivestimento esterno, la copertura, l'illuminazione e quant'altro. Poiché Dominique de Menil appoggia Rothko, Johnson si farà da parte. Verrà chiamato, allora, Howard Barnstone che aveva lavorato con Johnson per alcuni progetti in Texas, il quale assumerà la posizione di architetto capo e chiamerà come aiuto Eugene Aubry. Quando nel 1970 Barnstone si ammalerà Haubry terminerà il progetto coinvolgendo nuovamente Johnson.

Rothko Chapel, Huston, Texas (1964-1971). Vista interna.

In linea con i desideri di Rothko, la cappella sarà rivestita esternamente di mattoni, il tetto sarà fortemente ribassato, con un lucernario sistemato lungo il perimetro della sua figura ottagonale.

L'artista non vivrà abbastanza per vedere il suo completamento, nel 1971. Dopo una lunga lotta contro la depressione, il 25 febbraio 1970, si suiciderà nel suo studio di New York.

La Rothko Chapel all'esterno è circondata da numerose querce che conferiscono all'insieme il necessario senso d'isolamento.

Dinanzi all'ingresso, si trova una vasca, stretta e lunga, sul cui specchio d'acqua 'galleggia' una voluminosa scultura di Barnett Newman, *Broken Obelisk*, in acciaio Cor-Ten.

All'inizio del capitolo si è affrontata la questione che è alla base della trasformazione del linguaggio progettuale di Johnson: da una parte, un cambio di categoria dei committenti e, dall'altra, un cambio di genere delle costruzioni. Lo studio Johnson & Burgee si occuperà della realizzazione di numerose *towers* in molte città degli Stati Uniti: una presenza architettonica che incide negli skyline delle città e li trasforma, nel bene o nel male, in "immagini identitarie forti".

Johnson si renderà conto della necessità di adeguare quel suo linguaggio colto, in cui ogni progetto era frutto di un insieme di attraversamenti della storia dell'architettura e a volte anche frutto di un più personale percorso fatto di ricordi letterari, di viaggi, di incontri.

Nel diverso contesto di uno studio professionale che si aspira ad un vasto consenso e ad un aperto e diversificato dialogo con il pubblico, il linguaggio progettuale si trasformerà da elitario in popolare, trovando in questo travaso delle strette assonanze con il Post-modern e con una certa interpretazione che ne darà Robert Venturi e Denise Scott Brown con le loro opere e i loro scritti.

Dopo il controverso e sfortunato progetto per la Rothko Chapel, seguono in questo capitolo sei musei d'arte che sembrano non risentire del travaglio espressivo di Johnson nella ricerca di una radicale trasformazione progettuale. Si tratta, infatti, di sei proposte progettuali sufficientemente misurate e finalizzate a svolgere un ruolo prezioso, quello di valorizzare e facilitare il rapporto tra l'arte e il suo fruitore. Non a caso buona parte di questi musei si trovano all'interno di università o sono gestite da università, altri invece s'integrano con le molteplici funzioni dei *civic centre*.

L'Albert and Vera List Art Building, Brown University, Providence, Rhode Island (1963-1971) si trova all'interno del campus dell'università. L'edificio è di cinque piani e al suo interno si trovano: la David Winton Bell Gallery, il Department of Visual Art, il Department of History of Art and Architecture.

I coniugi Vera Glaser List e Albert A. List, collezionisti e mecenati, con la loro donazione contribuiranno in maniera determinante alla realizzazione dell'edificio progettato da Johnson. Altri importanti contributi economici verranno da John D. Rockefeller e dalla Ford Foundation. Il terreno del campus proviene da un lascito di Edith Knight.

La costruzione sorge sul colmo della College Hill, un sito in forte pendenza e guarda il prospetto retrostante della John Hay Library.

Il corpo edilizio, ai vari livelli, ospita: gli uffici, le aule, gli studi, gli ateliers, un auditorium e la galleria espositiva. La sua pur composita *silhouette* è assimilabile a un prisma, la cui pianta è un rettangolo molto allungato. La costruzione, che occupa una posizione dominante, si contraddistingue per il suo peculiare carattere formale, basato su proporzioni non armoniche: una disparità tra le misure dei lati del rettangolo di base, un eccesso nell'altezza della costruzione; infine, per ottenere un portico – il cui referente, in questo caso, la Lovell Beach House di Rudolph Schindler a Newport Beach,

Albert and Vera List Art Building, Brown University, Providence, Rhode Island (1963-1971). Vedute esterne. Foto di Richard Payne. A destra: piante, piano terra con auditorium e spazi espositivi.

California (1922-1926) – il solaio dell'ultimo piano è a sbalzo, sostenuto da una serie di sottili pilastri di cemento armato a vista. Tale serrata sequenza di strutture verticali e orizzontali andrà a definire la spazialità dell'ingresso, come accade con il Couvent de La Tourette di Le Corbuser. Le facciate sono in cemento gettato in opera, con impressa sulla superficie la trama di una griglia geometrica.

In questo progetto, l'uniformità delle superfici esterne è posta in contrapposizione con il trattamento delle aperture che riflettono le diverse funzioni degli spazi interni. In questo senso, risulta determinante la soluzione dei *brise-soleil* in cemento armato al quinto piano e i lucernari in copertura, esposti a nord, che segnalano gli studi di pittura. Il nucleo dei servizi e gli spazi di circolazione sono nella parte posteriore dell'edificio. L'auditorium (per 225 persone) a piano terra, infine, è un volume autonomo a base rettangolare con il lato più corto aderente all'edificio e gli alti due lati che attraversano i pilastri del portico.

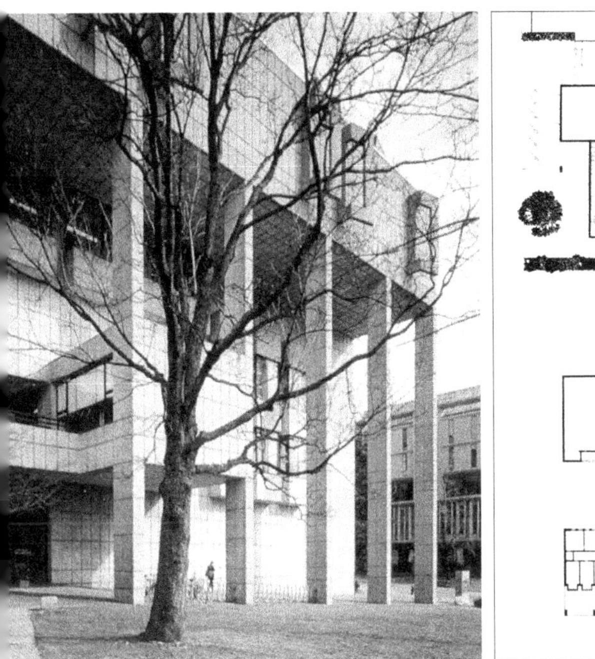

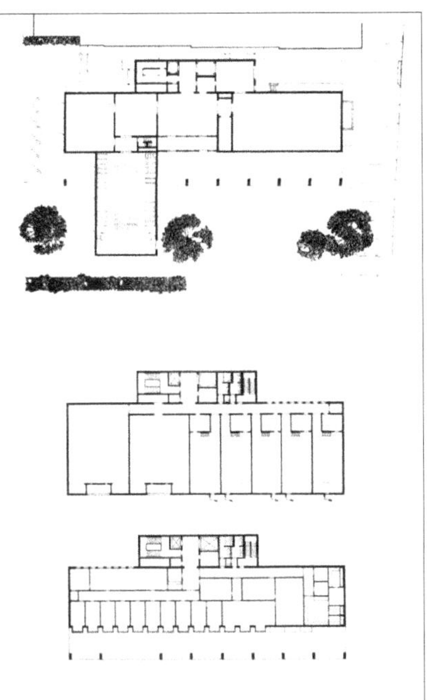

Per le superfici esterne in cemento grezzo, la costruzione è stata avvicinata – nonostante il diverso parere dell'autore – all'indirizzo brutalista. Tale linea di tendenza, che avrà un primo inizio in Inghilterra, in seguito troverà una più diretta corrispondenza nei lavori in cemento armato a vista di Le Corbusier. Sarà una corrente progettuale piuttosto popolare tra gli anni Cinquanta e gli anni Settanta, rivolta al superamento del Movimento Moderno.

Rispetto al linguaggio di Johnson, l'opera è insolita e, per certi versi, audace. William McKenzie Woodward – membro della commissione del Rhode Island Historical Preservation e autore della *Guide to Providence Architecture* – considera questo lavoro "un oggetto estetico particolarmente accattivante; in quanto, fa un uso drammatico e appropriato del sito, la ripida collina".

La David Winton Bell Gallery è una galleria d'arte e ospita una parte importante della collezione dell'università che possiede più di 5.000 opere, che vanno dal XVI secolo ad oggi, con una presenza particolarmente ricca di pezzi d'arte contemporanea e di opere su carta[7]. È situata nel piano terra dell'edificio ed ha a disposizione una superficie di 230 metri quadrati.

Nel corso dell'anno realizza 4 o 5 grandi mostre, altre ancora riguardanti l'attività degli studenti, e una triennale che prende in considerazione i lavori dei docenti della Brown University. Generalmente, le mostre riguardano opere di artisti contemporanei. Le esposizioni d'arte prescindono da contenuti o argomenti, ma puntano a sostenere gli artisti emergenti o professionisti poco conosciuti a livello locale (ma a volte anche nazionale e internazionale). Accanto alle arti contemporanee, la galleria espone anche pezzi della sua collezione storica, realizzando mostre d'arte che interessano la cultura degli ultimi cinque secoli.

L'Art Museum of South Texas, Corpus Christi, Texas (1969-1972) nasce dalla volontà e dall'impegno di Edwin Singer e Patsy Dunn Singer, collezionisti d'arte e filantropi.

Edwin Singer è un brillante uomo d'affari impegnato in vari settori: da quello dell'estrazione/raffinazione del petrolio, e del gas, a quello bancario, immobiliare e delle comunicazioni. Nel 1937, si trasferirà da New York alla città texana per installare la raffineria Pontia (ora CITGO), sul Nueces Bay Boulevard.

Alla fine degli anni Sessanta, Patsy Singer, amica di Dominique de Menil, si lascerà consigliare sull'architetto a cui rivolgersi per il progetto di un nuovo museo a Corpus Christi. Il nome che le verrà indicato sarà Johnson. Si recherà, allora, a New York per conoscerlo e incaricarlo del progetto. Ma non sarà un incontro soddisfacente per Parsy Singer, poiché Johnson si manifesterà vago e distante. Alla domanda circa il possibile costo della costruzione – così narra la leggenda – risponderà alla signora, in maniera molto asciutta: "Torni con 1 milione di dollari, allora potremo riparlare del progetto".

Patsy Singer si adopererà con estrema determinazione per la realizzazione della sua idea promuovendo la raccolta di fondi e contribuendo personalmente con una cospicua donazione di denaro e di opere d'arte d'importanti artisti americani ed europei, tra cui: Lousie Nevelson, Donald Judd, William Bailey, Henri Matisse, Paul Klee, Raoul Dufy, Joan Miro, Jean Dubuffet. Sei mesi dopo tornerà a New York per comunicare a Johnson di avere la somma da lui indicata e che poteva iniziare il progetto, la cui area era stata individuata lungo la costa della Corpus Christi Bay, al 1902 Nord Shoreline Boulevard.

Questo progetto, bisogna aggiungere, come curiosità non marginale, è il primo realizzato dallo studio Johnson & Burgee. Ed è considerato come uno dei progettati di edificio pubblico più convincenti di Johnson.

L'edificio appare molto diverso dalle precedenti opere johnsoniane che sono rigorosamente simmetriche: per cui, le piante risultano piuttosto ovvie, prevedibili.

Questo edificio rappresenta, invece, un'eccezione e una sorpresa: per l'impianto asimmetrico, la configurazione spaziale interna, la vista della baia, anche per il modo in cui l'oggetto riesce a catturare la luce. L'opera sembra anticipare il periodo plastico degli ultimi anni, in cui tende a identificare la ricerca architettonica con quella scultorea.

Le superfici di cemento bianco, che riflettono la violenta luce del sud del Texas, contribuiscono a dare forza all'immagine architettonica, rendendo l'oggetto una forte presenza iconica. Del resto, come ha più volte affermato lo stesso Johnson: "La luce è l'essenza dell'architettura".

Le finestre sul lato verso il mare offrono una vista molto suggestiva della costa. È stato osservato che gli infissi di bronzo che bordano il vuoto delle finestre, appaiono come cornici d'incantevoli quadri il cui soggetto è la stessa natura circostante. Sfruttando la sua posizione, ai margini della Corpus Christi Bay, il museo si pone come un punto di mediazione tra il paesaggio, aspro del territorio dell'interno e quello convulso dell'oceano. La sua figura architettonica – che si staglia sulla linea dell'orizzonte d'erba, d'acqua e di cielo ai margini della città – è stata definita "an architect's dream".

L'opera può essere percepita come un oggetto estetico puramente astratto: il risultato di una sommatoria di volumi dalla geometria semplice – ma di diversa dimensione e forma – assemblati in maniera apparentemente casuale e scomposta. I volumi, s'intersecano, si sovrappongono, s'incontrano, si separano pur rimanendo uniti dalla materia costruttiva con cui sono composti: il calcestruzzo. A proposito di questo progetto, Johnson afferma: «[...] tutti gli elementi sono stati considerati parti separate»[8], e questo per consentire all'edificio di rafforzare la propria immagine, date le sue ridotte dimensioni.

I lavori di Johnson, a differenza di quelli di altri architetti, sono stilisticamente molto diversificati. Sembra che ogni opera a cui dà inizio, sulla spinta di un bisogno non esplicitamente manifesto, tenda ad orientarsi verso un indirizzo imprevedibile e controcorrente. Questa sfida alla logica a molti è sembrerà essere il segno dell'abbandono dei principi filosofici a cui si era sentito

Art Museum of South Texas, Corpus Christi, Texas (1969-1972). Vista fronte ingresso. Foto di Ezra Stoller. Courtesy Esto. A destra: pianta piano ingresso.

legato in gioventù e, anche, un bisogno di inseguire l'esagerazione, l'eccesso. Lo storicismo certamente svolge un ruolo centrale nel suo lavoro anche in questa fase, ma si manifesta in forma più sommessa.

La disordinata sommatoria di solidi, dell'Art Museum of South Texas, dunque, se osservata nel suo insieme e nello specifico contesto, è in grado di far riemergere anche altre immagini che certamente hanno attraversato la fantasia rapace dell'architetto americano: la prima è quella della corbusieriana Ronchamp e poi anche altre forme plastiche che hanno caratterizzato la ricerca purista dell'architetto svizzero. Peter Blake, nelle pagine del suo libro su Johnson, aggiunge l'ipotesi che l'amico abbia tenuto presente anche le esperienze in India del maestro svizzero.

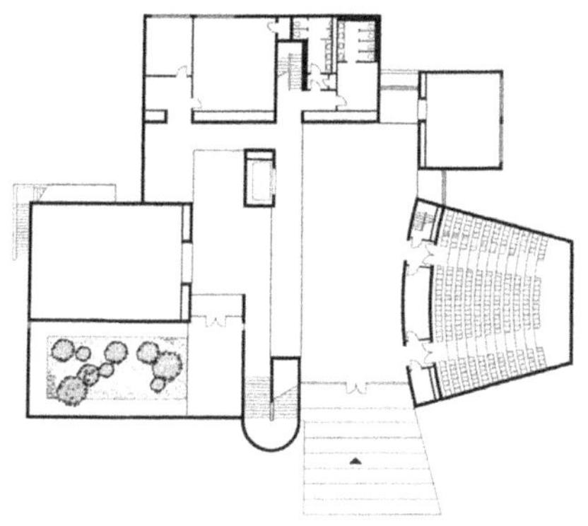

La costruzione si sviluppa su due piani, più uno seminterrato, con una superficie complessiva di 2800 metri quadrati. La porta è un buco nero spalancato che, per la sua mancanza di definizione, ricorda l'ingresso del MWPAI a Utica. Essa conduce direttamente in una grande hall attorno alla quale i diversi ambienti sono disposti in maniera eccentrica. L'idea base di questo spazio è quella di una piazza coperta dai confini molto articolati per la presenza di ambienti di diversa dimensione e forma distribuiti attorno allo spazio centrale a doppia altezza. Uno spazio versatile, in grado di rispondere ad esigenze tra loro diverse: da incontri sociali, allo spettacolo, alle esposizioni.

Il piano d'ingresso comprende: una grande hall parzialmente a doppio livello, una galleria espositiva, un bookshop, un auditorium e una sala per ragazzi attrezzata con apparecchiature interattive. Il piano superiore è anch'esso dedicato all'esposizione delle opere. Una passerella lunga 21,42 metri, attraverso la hall, collega le sale espositive di questo livello, illuminate da un ampio lucernario; essa offre una possibilità di visione dello spazio più dinamica rispetto a ciò che in essa si svolge, come avviene nello Sheldon Museum of Art a Lincoln, per via dei molteplici punti di vista che offre.

All'interno, sui davanzali di ogni finestra e sugli architravi delle porte, è posto del verde, per creare una sorta di "giardino incantato". Questi balconi interni poco profondi, sospesi sul fragile vetro, con il sole brillano e forniscono all'ambiente il colore. Qui un interessante aspetto è l'inversione delle convenzionali intese di dentro e fuori.

Il piano più basso è a livello del mare, in esso si trovano: sale espositive, uffici amministrativi, una biblioteca, aree di stoccaggio e un laboratorio.

L'Art Museum sarà inaugurato nell'ottobre del 1972; in tale occasione la direttrice Cathleen S. Gallander realizzerà una mostra intitolata "Johns, Stella, Warhol: Works in Series", con le opere provenienti dalla collezione di Johnson e Whitney, i quali doneranno al museo, in seguito, nove opere. L'edificio con le sue 1.500 opere di vario orientamento artistico, negli anni seguenti verrà donato alla città (che assumerà l'onere dei costi di manutenzione e di sicurezza).

Art Museum of South Texas, Corpus Christi, Texas (1969-1972).
Foto di Ezra Stoller. Courtesy Esto.

Il museo funge anche da centro culturale per gli abitanti di Corpus Christi. E quindi, oltre alle esposizioni, offre una varietà di programmi, quali: incontri d'arte per bambini, stage per studenti universitari e corsi di educazione artistica per adulti. La struttura predispone periodicamente, inoltre, cicli di conferenze, film, musica, spettacoli di danza. Nel periodo estivo vengono predisposte classi per l'insegnamento della pittura, incisione, disegno. E questo con l'intento di configurarsi come un'istituzione fortemente integrata con il corpo sociale, pur mantenendo un alto profilo scientifico-culturale attraverso le esposizioni che si succedono nel corso di ogni anno.

Nel 1995, il Museo d'Arte di South Texas, il Centro Arti Creative e Centro per le Arti Ispaniche saranno unite insieme per formare lo STIA [Sud Texas Institute for the Arts]. Il museo, inoltre, sarà dato in gestione alla Texas A&M University di Corpus Christi.

Nell'ottobre 2006 sarà portato a termine un ampliamento del museo, su progetto di Victor e Ricardo Legorreta di Città del Messico che ne raddoppierà le dimensioni. L'aggiunta arricchirà il vecchio edificio con: nuovi spazi espositivi, un bookshop più grande, e una nuova caffetteria che si affaccia sulla baia di Corpus Christi e sul canale delle navi.

Roy Neuberger, Nelson Rocke¬feller, Philip Johnson guardano il modello del Neuberger Museum, Purchase, New York (1971-1974).

Il Neuberger Museum, Purchase, New York (1971-1974) è un edificio che fa parte del Purchase College, fondato dal governatore Nelson Aldrich Rockefeller nel 1967. Appartiene al sistema dell'istruzione pubblica degli Stati Uniti – formato da sessantaquattro college e università, in cui è prevista una partecipazione di capitali esterni.

L'idea del museo prende forma nel 1969, con la donazione da parte di Roy Rothschild Neuberger, collezionista e filantropo, di 108 opere d'arte che, in seguito, raggiungeranno il numero di 950. C'è da osservare che Neuberger farà importanti donazioni anche ad altri autorevoli musei tra cui tre musei newyorkesi: il Whitney Museum, il Metropolitan Museum, il Museum of Modern Art.

La collezione d'arte di Neuberger è una tra le più significative degli Stati Uniti. La sua storia e, in parte, la vita del suo autore è narrata nel libro *The Passionate Collector. Eight Years in the World of Art*.

Tale collezione raccoglie centinaia di capolavori d'arte europea e americana del XIX e XX secolo: da Milton Avery, a Jackson Pollock, da Ben Shahn, a Max Weber, da Hans Hofmann, Alexander Calder, Henry Moore, John Marin, a Edward Hopper, Willem de Kooning, Georgia O'Keeffe, ed altri ancora.

Neuberger inizia la sua attività di collezionista d'arte alla fine del 1930 a seguito di un suo lungo e stimolante soggiorno di studio a Parigi nel decennio precedente. Nel 1939 fonda con Robert B. Berman una società d'investimenti che avrà grande fortuna. Con un certo orgoglio, nel suo libro, ricorda di essere stato una delle poche persone ad essere uscito indenne da tre grandi crisi del mercato di Wall Street: del 1929, del 1987 e del 2008.

Neuberger Museum, Purchase, New York (1971-1974).
A destra: veduta dell'interno. Foto di Richard Payne. Pianta.

La costruzione del Purchase College sarà completata nel 1971. «Il Museo d'Arte Neuberger, è stato il primo edificio ad essere costruito nel nuovo campus del Purchase College. Mentre gli altri edifici», ricorda Neuberger, «erano in costruzione, abbiamo fornito gli spazi per una biblioteca e per le aule, i laboratori d'arte e i laboratori di danza. Abbiamo festeggiato la nostra apertura ufficiale nel maggio del 1974»[9].

Il museo, progettato dallo studio Johnson & Burgee, è strettamente dipendente dalla logica del *masterplan* realizzato da Edward Larrabee Barnes nel 1967. In esso sono fissate delle precise regole di progettazione che interesseranno tutte le costruzioni del campus.

Il piano di Barnes si basa, per prima cosa, sullo schema spaziale che riprende dall'University of Virginia di Thomas Jefferson: un riferimento che in precedenza aveva adottato anche Johnson per la University of St. Thoms. Per cui il Purchase College si compone di un insieme di edifici raggruppati a spina di pesce attorno a una piazza stretta e lunga (275 x 92 metri): uno spazio adatto alla socializzazione e allo svago, in cui si trova anche un centro commerciale.

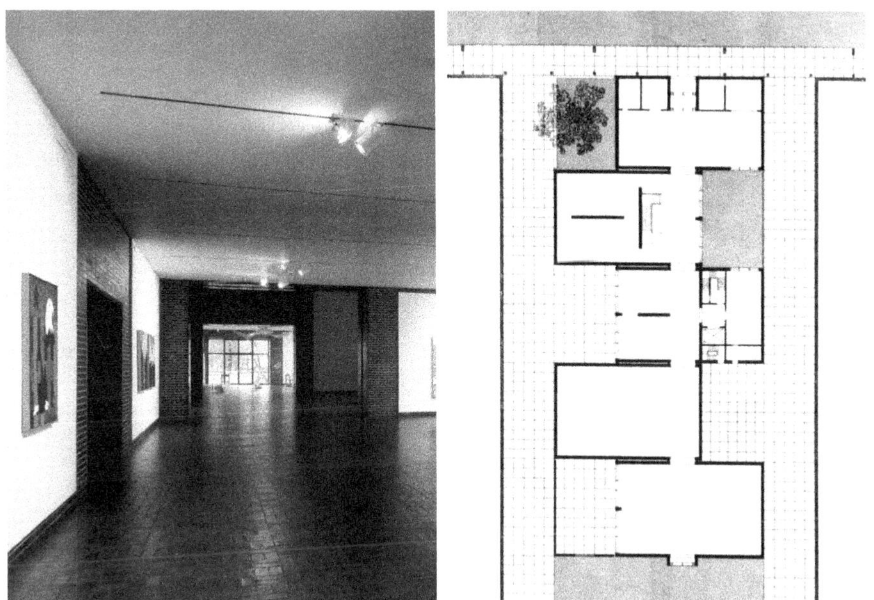

Lungo i lati nord e sud della piazza sono sistemati dei portici coperti, fiancheggiati da filari di alberi di acero nonché gli accessi pedonali agli edifici accademici.

Per la progettazione di tali edifici saranno incaricati, sette grandi studi di architettura: Venturi & Rauch, Gwathmey, Henderson & Sigel, Paul Rudolph, Gunnar Birkerts & Associates, TAC e Johnson & Burgee.

Le costruzioni sono poco distanziate tra loro, "separating one fingerlike building from another", osserva Johnson con ironia: uno spazio, dunque, molto stretto dove avrebbe potuto infilarsi appena un dito. Per cui i prospetti non possono essere chiaramente letti: come il lato rivolto verso la piazza, parzialmente nascosto dalla struttura del percorso pedonale.

I requisiti del piano di Barnes, e che Johnson accetterà, porteranno alla costruzione di un museo diverso dagli altri, fino ad allora, realizzati. La costruzione, con un forte sviluppo in lunghezza, come vuole il *masterplan*, avrà le pareti esterne rivestite in mattoni con aperture vetrate di colore grigio ghiaccio.

«Ho un giudizio duplice su alcuni aspetti del campus», osserva Neuberger, «Gli edifici sono stati progettati da architetti eccellenti. Come il Museo Neuberger, sono fantastici dentro, ma fuori, sono ammassati insieme come un mucchio di mattoni. L'effetto è un po› triste e inutilmente straripante – soprattutto, per un collegio che ha 202,34 ettari di bellissimo terreno»[10].

Johnson baserà il progetto sull'assemblaggio di cinque volumi scatolari d'identica pianta (27,43 per 18,28 metri), ma di diversa altezza. Sono accostati secondo il lato più lungo, ma non sono allineati: in modo da creare all'esterno degli spazi protetti al fine di favorire incontri o esporre opere d'arte. La serie di volumi è attraversata internamente da un asse: un ampio corridoio rettilineo (di 91,44 metri) adatto anche per le esposizioni d'arte. Tale tipologia sarà adottata dall'autore anche per altri progetti museali.

Per definire con un'immagine questo impianto spaziale, Johnson usa il termine *crankshaft*, facendo riferimento a un "albero a gomiti" di un motore d'automobile. Ma spostandosi nell'interno della galleria gli spazi cambiano radicalmente il loro carattere.

L'organismo concepito da Johnson, osserva Neuberger: «Ha anche un'ampiezza più che sufficiente per realizzare molte mostre simultaneamente [...]. L'interno è brillante, semplice ed efficiente. Consente alle opere di respirare. Il primo piano è un enorme *open space* diviso in gallerie distinte [...]. È possibile gestire diverse mostre e, contemporaneamente, predisporre cene e ricevimenti. [...] Il secondo piano ospita dipinti e sculture provenienti dalla mia collezione, tra cui opere di Jackson Pollock, Georgia O'Keeffe, Edward Hopper e, naturalmente, molti Averys Milton. I lucernari sui secondi e terzi piani portano molta luce. L'intero museo dà la sensazione – ma è una realtà – di uno spazio inondato dalla luce. Sono particolarmente amante delle zone in cui ci sono le sculture, che includono un formidabile Alexander Lieberman, un George Richey – una vera gioia che ho comprato subito dopo l'apertura del museo – e il *mobile* di Calder (*The Red Ear*) piuttosto stravagante in rosso, giallo e nero, appeso nel vuoto centrale della scala all'altezza del secondo piano»[11].

Le pareti delle gallerie, come i pavimenti, sono rivestite in mattoni. Ma su ogni parete ci sono superfici di grandi dimensioni lasciate intonacate, per ridurre le possibili interferenze visive nella percezione delle opere d'arte.

La particolarità di un museo didattico, nota Johnson, «[...] è quella di offrire agli studenti la possibilità di un reale rapporto con le opere d'arte per un loro significativo approfondimento. Invece di cercare di creare un punto di riferimento della comunità che rappresenta nella sua forma architettonica l'idea di un luogo sacro alle arti, abbiamo realizzato un impianto valido per

Dorothy and Dexter Baker Center for the Arts at Muhlenberg College, Allentown, Pensylvania (1971-1977). Foto di Richard Payne.

l'uso e il godimento dell'arte da parte degli studenti e degli insegnanti che si occupano della tecnica espositiva delle opere d'arte»[12].

Questa osservazione mette in luce un nuovo aspetto del museo che, pur essendo aperto al pubblico è, tuttavia, una struttura appartenente all'università, con specifiche esigenze, la prima delle quali è quella didattica, legata alla formazione professionale. E dunque, il museo non è solo un luogo in cui si osservano le opere con maggiore o minore competenza o attenzione, ma dove, si riflette e si discute sulle medesime tra studenti e docenti, anche rispetto al modo in cui presentarle o farle interagire con il pubblico nel modo migliore.

Il Dorothy and Dexter Baker Center for the Arts at Muhlenberg College, Allentown, Pensylvania (1971-1977) è un museo che fa parte di un college gestito dalla Chiesa Evangelica Luterana e progettato, nel 1916, da Warren P. Laird, docente dell'Università di Architettura della Pennsylvania[13]. Situato in un'area lontana dal centro di Allentown, al 2400 Chew Street, il suo impianto spaziale si basa su un grande quadrilatero simmetrico con gli edifici disposti su tre lati.

Dorothy and Dexter Baker Cen¬ter for the Arts at Muhlenberg College, Allentown, Pensylvania (1971-1977). Vedute degli interni. Foto di Richard Payne. Pianta.

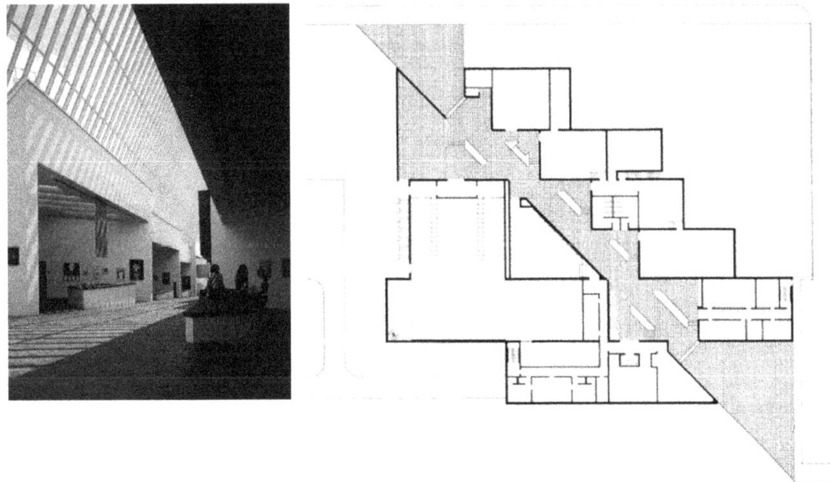

Tra la fine del 1960 e primi anni 1970 i dirigenti del College decideranno di ampliare l'offerta culturale includendo dei corsi appartenenti a settori educativi ritenuti importanti e che, fino ad allora, erano stati trascurati. Per cui pur con una tradizione di eccellenza in matematica e scienze, la scuola prenderà la decisione di inserire nell'organigramma degli studi anche le discipline umanistiche con l'intento di renderle parte integrante della vita del campus e offrire un *focus* sulla formazione multiculturale.

L'esperienza dell'insegnamento al Muhlenberg College è caratterizzata da un profondo senso della comunità. "The Theory of Connectivity" rappresenta il nocciolo della filosofia del suo insegnamento, dove docenti e studenti insieme cercano di collegare idee, interessi, attività, per trovare un modo più sensibile e completo di rapportarsi alla realtà.

Lo studio Johnson & Burgee sarà incaricato di realizzare il progetto all'interno del campus. L'edificio del Fine Arts Center, ora Dorothy and Dexter Baker Center for the Arts, andrà ad occupare il quarto lato dello 'storico' quadrilatero (del progetto di Laird) rimasto inedificato. Dal punto di vista formale, questo lato avrà uno sviluppo architettonico maggiormente rivolto verso l'individualismo contemporaneo, mentre per gli altri tre lati le scelte saranno mantenute in armonia con il contesto storico originale. Questo porterà ad un costruttivo 'dialogo' tra l'indirizzo, così detto, progressivo e quello tradizionale.

Nell'impostazione del progetto, Johnson terrà conto dello specifico ambito con cui la costruzione avrebbe interagito ed il particolare genere di

South Bend Museum of Art, South Bend, Indiana (1975-1977). Foto di Richard Payne.
A destra: pianta.

utenza verso cui si sarebbe rivolto. In sostanza, in quegli spazi, gli studenti sarebbero stati destinati a passare molto tempo, studiando, lavorando, riflettendo, discutendo.

In occasione della presentazione del progetto al Muhlenberg College Johnson esporrà una sua riflessione (valida anche ad altri musei consimili), che può essere così sintetizzata: "Invece di cercare di creare, con la forma architettonica, l'idea di un luogo sacro alle arti e un punto di riferimento della comunità [come era avvenuto con i precedenti progetti], con quest'opera mi sono impegnato a far emergere le qualità di un impianto destinato all'uso e al diletto degli studenti [e degli insegnanti] e, soprattutto, all'arricchimento della loro sensibilità artistica, e delle capacità legate alla pratica dell'esposizione dell'arte".

Il Baker Center for the Arts sarà completato nel 1977. L'opera di Johnson è una sorprendente affermazione 'modernista' che contribuirà – prima del suo totale abbraccio, negli anni Ottanta, al postmodernismo – a trasformare in maniera significativa l'architettura del Muhlenberg College e a dare una nuova identità alla comunità di studio.

Il punto focale dell'opera è il *passage*, un asse centrale coperto da una vetrata a doppio spiovente, composta da una fitta griglia di montanti, e con le sue pareti rivestite di mattoni bianchi che riflettono la luce proveniente dall'alto. Questa *interior street* ha la funzione di hall a sviluppo lineare (è lunga 60,96 metri), nonché di galleria d'arte, e di luogo di ritrovo. Il suo posizionamento diagonale, rispetto alla trama geometrica dell'organismo, determina spazi triangolari, più o meno regolari, che favoriscono la formazione di una serie di 'alcova', arricchite da panchine sulle cui le pareti vengono appese opere d'arte, lavori didattici o altro genere di materiale destinato alla comunicazione.

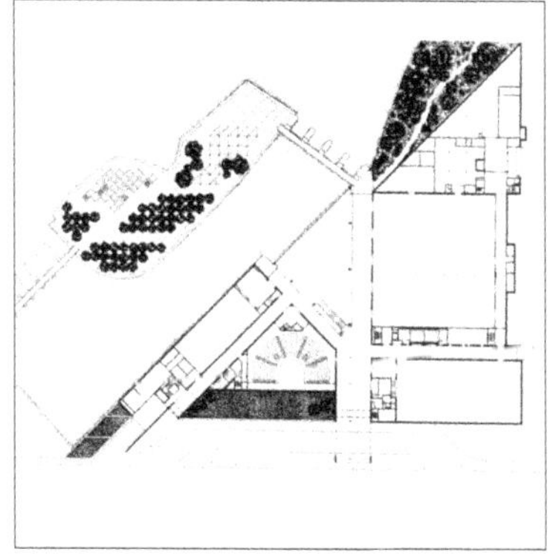

Costruita su due livelli, al piano terra, si trova una sala per seminari, gli ambienti espositivi, i laboratori d'arte, le aule e gli uffici del college, un teatro/auditorium; al piano superiore, la sala della musica, gli uffici della facoltà, gli studi di musica, le sale di prova e ascolto e le sale di pratica.

Il principio organizzativo di questo edificio sarà utilizzato da Johnson anche in altri progetti, uno di questi è la prossimo organismo espositivo: il South Bend Museum of Art.

Il South Bend Museum of Art, South Bend, Indiana (1975-1977), sorge nella downtown di South Bend, al 120 South St. Joseph Street. Fa parte di una struttura multifunzionale, il Century Center, situato in una vasta area verde che costeggia il St. Joseph River.

Tale complesso è composto da quattro unità immobiliari: la prima, ospita workshop, spazi per lo studio e una galleria; la seconda, ha all'interno un teatro per 600 posti; la terza è un museo; la quarta, accoglie un ampio spazio per congressi (di 2.322 metri quadrati), una sala indipendente, più altre sale per riunioni private e un ambiente per banchetti. Le quattro costruzioni sono rivestite in mattoni e raggruppate intorno a una grande hall che funge da atrio comune. Tale volume di forma triangolare, realizzato in metallo e vetro, è situato lungo il fiume ed è collegato, tramite un ponte, ad una piccola isola artificiale che funziona come un terrazzo fluviale.

L'organismo espositivo, l'SBMA [South Bend Museum of Art], si trova nell'ala nord del complesso e si sviluppa su tre piani. Ha una pensilina d'ingresso con una silhouette a forma di farfalla; è composta da due piani inclinati, sempre in metallo e vetro, convergenti al centro.

La sua collezione d'arte abbraccia passato e presente ed è distribuita in quattro gallerie, tutte collegate tra loro. La Carmichael Gallery espone una collezione comprendente un mix di stili e linguaggi di artisti americani dal XIX secolo a oggi: da dipinti storici degli Hoosier Impressionists [ovvero, impressionisti nati nello stato dell'Indiana], ad opere di artisti del Midwest; la Warner Gallery, si occupa si mostre nazionali itineranti e mostre tematiche; l'Art League Gallery ospita mostre personali e collettive di artisti professionisti che vivono e lavorano nel Midwest; il Jerome J. Crowley Community Gallery presenta lavori di gruppi di artisti locali o di studenti e di docenti. Il museo, come nella tradizione della museografia americana, offre altri servizi riguardanti l'approfondimento della conoscenza artistica da parte del pubblico, puntando a coinvolgerlo, anche, attraverso iniziative di tipo ludico/performativo.

All'inizio degli anni Novanta Johnson riceverà l'incaricato dal Comune di South Bend di ampliare il progetto del Century Center. La partnership con John Burgee era ormai conclusa, il nuovo partner di Johnson sarà Alan Richie (che, nello studio Johnson & Burgee, aveva seguito i lavori del Century Center). Le aggiunte includono: un nuovo ingresso, una caffetteria, sale riunioni e una galleria aggiuntiva per incrementare gli spazi della collezione d'arte permanente del SBMA.

Un tunnel sotterraneo collega il Century Center alla Collegiate Football Hall of Fame e un ponte pedonale conduce al Marriott Hotel. Infine, sono state aperte delle vetrate sulla facciata nord-est che si affaccia sul St. Joseph River. Il nuovo progetto sarà ultimato nel 1995.

Il Miami Art Museum, Miami, Florida (1977-1984) è un museo d'arte che fa parte del Dade County Cultural Center. Il complesso, progettato dallo studio Johnson & Burgee, è composto da tre edifici: il MAM [Miami Art Museum], la Miami-Dade Public Library che saltuariamente presenta anch'essa mostre d'arte e di cultura, e l'Historical Museum of Southern Florida che raccoglie e conserva i documenti storici dello stato.

Le costruzioni sono in stile 'mediterraneo'; Johnson giustificherà tale scelta come una forma di riconoscimento del patrimonio culturale spagnolo – che rappresenta una importante componente identitaria della Florida – e di omaggio a un brillante architetto eclettico del South Florida, Addison Mizner, particolarmente attivo negli anni Venti. A questi riferimenti locali l'architetto aggiungerà un collegamento ideale al noclassicismo prussiano di Ludwig Persius – un ricordo dei suoi studi giovanili – riscontrabile nella semplicità e compostezza degli edifici scarsamente finestrati, e nel rivestimento delle pareti esterne con un intonaco chiaro color crema (come ulteriore allusione al neoclassicismo). La base delle costruzioni è rifinita con una zoccolatura in pietra calcarea Texas Cordova, ricca di conchiglie fossili. I tetti sono sormontati da tegole rosse.

La scelta progettuale di base – quella di rifarsi al tradizionalismo locale, piuttosto che al modernismo internazionale – non sarà bene accolta dalla critica, ma accettata con entusiasmo dal pubblico. «Ironia della sorte», osserva Stephen Fox, «il progetto di Johnson/Burgee anticiperà la comparsa, negli anni Ottanta, a Miami di quella nuova centralità architettonica che sarà definita *progressive traditionalism*, incarnata soprattutto nella teoria e nella prassi dell'*urban planning* diffuso da Andrés Duany e Elizabeth Plater-Zyberk come *New Urbanism*»[14]. I tre grandi edifici si raccolgono attorno ad

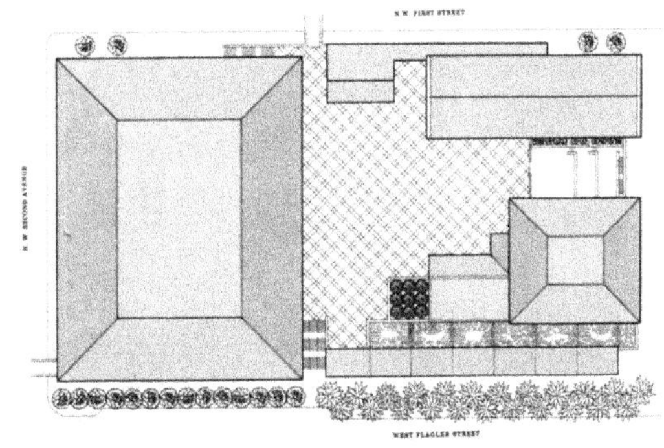


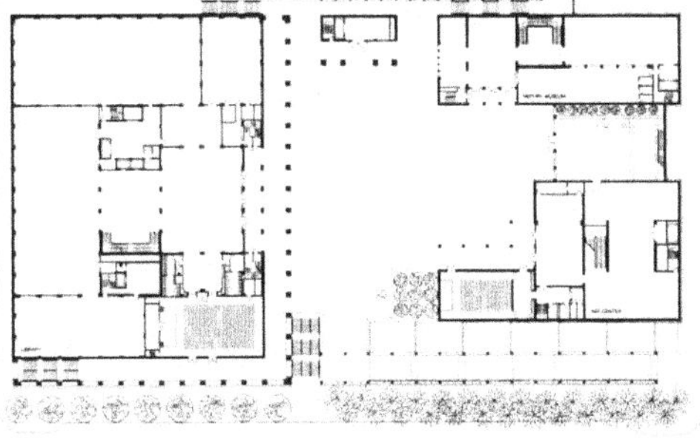

Miami Art Museum, Miami, Florida (1977-1984). Planimetria e pianta.

Miami Art Museum, Miami, Florida (1977-1984). Foto di Richard Payne.

una piazza dotata di una fontana e utilizzata particolarmente per feste e riunioni informali: con un chiosco per cibo e bevande e vari palcoscenici mobili, disponibili per le diverse occasioni.

L'opera è situata nella downtown della città, al 101 W. Flagler Street e occupa un'area di 13.355 metri quadrati. A causa dell'inconveniente dell'acqua alta, cui è soggetta la città, gli edifici e la piazza sorgono su un piano sopraelevato di 4,26 metri rispetto al livello stradale. Tutte le funzioni di servizio, tra cui il parcheggio, si trovano al livello sottostante. La piazza, inoltre, è collegata alla strada tramite una rampa porticata a cui, parallelamente, si affianca una cascata d'acqua che scende su dei piani disposti a scala.

Inaugurato nel 1984 come Center for the Fine Arts, dal 1996 sarà denominato MAM [Miami Art Museum]. La sua collezione si occupa d'arte dal 1930 al presente, con particolare risalto alla storia delle culture dell'America, dell'Europa occidentale e dell'Africa, ovvero l'*Atlantic Rim* [Reserch in Motion]. Per quanto riguarda questi ultimi anni la collezione ha cercato di rispecchiare la globalizzazione del mondo dell'arte, diventando sempre più di portata internazionale, pur concentrandosi su temi e idee di maggiore pertinenza per il pubblico di Miami. Da qui, una raccolta di opere di artisti che risiedono nel sud della Florida: molte delle quali sono paradigmi di questo dialogo interculturale. Il risultato è una collezione orientata verso una complessa interazione tra prospettive locali, regionali e globali. Il MAM, dunque, offre un mix eclettico di opere moderne e contemporanee di artisti come: Eric Fischl, Max Beckmann, Jim Dine, Robert Rauschenberg, Chuck Close, James Rosenquist, José Bedia, Marcel Duchamp, Stuart Davis, Purvis Young, José Bedia Valdés, Joseph Cornell, Kehinde Wiley, James Rosenquist, Frank Stella, e Kiki Smith. Le mostre spesso si concentrano su artisti latino-americani o dei Caraibi.

L'apprezzamento della scelta culturale da parte del pubblico consentirà alla struttura di ottenere un importante contributo da parte di Jorge M. Pérez: collezionista d'arte latino-americana e fiduciario del museo da lunga data. La donazione darà modo di realizzare un nuovo edificio di tre piani sulla Baia di Biscayne, su un terreno del Comune di Miami, corrispondente al Central Business District di Park West a Bicentennial Park, che è un'ampia area di circa 11 ettari comprendente giardini pubblici con sculture e installazioni. L'edificio, denominato PAMM [Pérez Art Museum of Miami] e progettato da Herzog & de Meuron, è stato inaugurato 2013.

Chiude questo capitolo il Museum of Television & Radio che non è un museo d'arte. Inoltre, la sua data di ultimazione è il 1991 e questo dovrebbe farlo appartenere al capitolo successivo. Il fatto è che si tratta dell'ultimo museo realizzato da Johnson (ne progetterà altri, ma non verranno costruiti) e chiude la sua esperienza con il *Post-modern*.

Bisogna aggiungere che Johnson sarà impegnato, in tempi successivi, nell'ampliamento di due suoi musei – il South Bend Museum of Art (1995) e dell'Amon Carter Museum (2001) – che sono già stati esaminati.

Museum of Television & Radio, N.Y. (1989-1992). Vedute dalla strada.
Foto di Michele Costanzo.

L'aspetto più intrigante del MTR [Museum of Television & Radio] – e che giustifica la sua inclusione in questo studio – sta nel linguaggio impiegato, il *Post-modern*: una scelta iconica apparentemente contraddittoria per Johnson, in quanto si tratta di un indirizzo da lui abbandonato, reso clamorosamente obsoleto con la mostra *Deconstructivist Architecture*, organizzata nel 1988 al MoMA di New York.

Ai dubbi espressi da Hilary Lewis in un'intervista circa la sua scelta progettuale, Johnson risponderà: «Non era un sito adatto per provare moderne forme post-decostruttiviste»[15].

Includendo l'opera nell'insieme dei suoi impegni progettuali di questo periodo, potrebbe essere presa come emblema di una fase di trapasso dal postmoderno alla decostruzione, vissuta da Johnson in maniera oscillante, con avanzamenti e improvvisi ritorni indietro.

Per altro verso, se si tiene conto dell'uso disincantato dei modelli espressivi (i più diversi), di cui Johnson fa uso, si potrebbe pensare a una sua vena metafisica e accostare la figura dell'architetto a quella di un pittore come Giorgio De Chirico che è noto per aver fatto della sua arte un corrispondente visivo del pensiero di Nietzsche, rivolgendo una particolare attenzione al significato del non-senso della vita e alla sua trasmutazione nell'arte. Non a caso Johnson, come De Chirico, non dà importanza alle date dei suoi quadri, non dà importanza ai riferimenti storici, alle scelte formali, se non per generare stupore o lanciare una sfida a tutto ciò che è dato per acquisito.

Il Museum of Television & Radio, New York, New York (1989-1991) fondato nel 1975 da William S. Paley, sarà aperto al pubblico il 9 novembre 1976 come Museum of Broadcasting. Ocupava due piani di un edificio per uffici a Manhattan, al 1 East 53rd Street, all'angolo con la Fifth Avenue. Le finalità di William S. Paley, il suo fondatore, erano quelle di conservare le programmazioni radio-televisive, intendendo questo un modo per preservare una parte della storia del Paese.

Alla fine degli anni Ottanta, lo studio Johnson & Burgee sarà incaricato della progettazione di un nuovo edificio situato al 23 West 52nd Street e inaugurato il 12 settembre 1991.

L'MTR si compone di due volumi: il primo, di 6 piani, è allineato sul fronte-strada e ospita al suo interno due teatri una sala di ascolto e tre gallerie antologiche; il secondo di 16 piani, è situato dietro il primo volume ed è occupato dagli uffici amministrativi.

La costruzione ha due ingressi frontali: quello a sinistra è per il personale d'ufficio, e quello principale sulla destra, per il grande pubblico.

La facciata dell'edificio neo-eclettica è permeata, osserva Peter Blake[16], di citazioni di edifici, più o meno, noti: dalla Cappella dei Pazzi di Brunelleschi a Firenze (nel corso del 1400), al Nebraska State Capitol, di Bertram Grosvenor Goodhue (1922-1932).

Nel 2007 l'immobile modificherà ancora il suo nome, in: William S. Paley Center for Media.

Gli interni di questo museo non sono attrezzati per esporre artefatti artistici, ma per accogliere, visualizzare espressioni testimonianze culturali, per trasmettere registrazioni di programmi radiofonici e televisivi. Nel museo non si trovano sale adatte per esporre opere d'arte, se si esclude il piano terra, in cui ci sono alcuni ambienti sufficientemente ampi per poter realizzare delle esposizioni, ma utilizzati, prevalentemente, per proiezioni o per funzioni sociali del museo.

Come si è già osservato, Johnson non registrerà questo progetto come una contraddizione rispetto alle sue precedenti scelte, ma piuttosto una manifestazione della sua inclinazione al cambiamento; cosa che – come affermerà in un'intervista – spesse volte lo indurrà ad assumere le sembianze di modernista, post-modernista o decostruttivista, sulla spinta di un suo interiore istinto all'autoconservazione. In un articolo sulla rivista «a+u» aggiungerà alcune considerazioni su tale aspetto: «[...] questo museo è l'ultimo dei miei progetti *Post-modern* e, anche, il più soddisfacente come alcuni progetti precedenti messi da parte dalle obiezioni dei proprietari. L'architettura è l'arte della negoziazione e del necessario adeguamento alla funzionalità e al gusto del cliente»[17].

1. Gli amici di Johnson invitati da Cynthia Davison, sono: Wolf Prix, Francesco Dal Co, James Rosenquist, Suzanne Stephens, Robert Rosenblum, David Salle, Hans Hollein, Kevin Roche, Frank Gehry, Richard Meier, Arata Isozaki, Michael Graves, Charles Gwathmey, Rem Koolhaas, Charles Jencks, Jeffrey Kipnis, Jaque Robertson, Phyllis Lambert, Fritz Neumeyer, Paul

Rudolph, Daniel Libeskind, Richard Serra, Stanley Tigerman, Herbert Muschamp, Zaha Hadid, Terence Riley, Paul Goldberger, Peter Eisenman, Vincent Scully, Harry Cobb, Robert A. M. Stern, David Childs.

2. Philip Johnson, *Introduction*, catalogo del Padiglione degli Stati Uniti. V Mostra Internazionale di Architettura della Biennale di Venezia del 1992, Rizzoli International, New York 1991.

3. Peter Blake, *Magic Johnson*, intervista a Philip Johnson per i suoi 90 anni, op. cit..

4. I coniugi de Menil erano già stati la prima volta nello studio di Rothko nel 1960, ed avevano veduto le opere realizzate per il ristorante Four Season. Erano disposte all'interno di una struttura che riproduceva l'ambiente in cui sarebbero state collocate, come era abitudine dell'artista.

5. Per quanto riguarda le opere realizzate da Rothko per il Four Season, 9 saranno donate alla Tate Modern a Londra nel 1970 e 7 al Memorial Kawamura DIC Museum of Art a Sakura, Japan nel 1990.

6. I de Menil erano rimasti influenzati dalle idee del frate domenicano Marie-Alain Couturier, direttore della rivista «L'Art Sacré», il quale intendeva reagire alla decadenza della qualità artistica all'interno delle chiese. Le sue idee erano state raccolte da diversi importanti artisti d'arte contemporanea. I suoi sforzi avevano dato luogo alle realizzazioni: delle vetrate di Fernand Leger per l'Église du Sacré-Cœur, ad Audincourt, a quelle di Henri Matisse per la Chapelle du Saint-Marie du Rosaire, a Vence, e alla Chapelle di Notre-Dame du Haut di Le Courbusier, a Ronchamp. Nel periodo della guerra, durante la permanenza negli Stati Uniti, il frate entrerà in rapporto con i de Menil; la Rothko Chapel sarà la realizzazione della sua idea unione tra architettura e arte sacra aldilà dell'Atlantico.

7. La collezione comprende dipinti e sculture di Frank Stella, Lee Bontecou, Diego Rivera, Alice Neel, Richard Serra, e di Joseph Cornell, stampe e disegni di Rembrandt, Goya, Matisse, e Motherwell. Particolarmente ricco di testimonianze artistiche è il periodo che va dalla metà del secolo passato al tempo presente. Il settore della fotografia comprende significativi scatti di Walker Evans, Aaron Siskind, Harry Callahan, Larry Clark, e Danny Lyon, ed altri.

8. Nory Miller, *Johnson/Burgee Architecture*, Random House, New York 1979, p. 11.

9. Roy R. Neuberger, *The Passionate Collector. Eight Years in the World of Art*, John Wiley & Sons, Hoboken 2002, p. 144.

10. Ibidem, p. 143.

11. Ibidem, p. 145.

12. Cfr. Philip Johnson's Neuberger Museum of Art, JD Welch. http://www.jdwelch.net/writing/neuberger.html.

13. Il Muhlenberg College nasce all'inizio del XX secolo, prima del progetto di Warren P. Laird, occupava un'area nella downtown, poi per godere di maggior spazio si sposterà in un ampio terreno ad ovest, rispetto al centro di Allentown.

14. Stephen Fox, *Dade County Cultural Center*, in: Hilary Lewis (a cura di), *The Architecture of Philip Johnson*, Anchorage Press, Houston 2002, p.236. Andrés Duany e Elizabeth Plater-Zyberk sono due degli associati dello studio Arquitectonica e i fondatori di Seaside un insediamento in Florida considerato un esempio di neourbanesimo.

15. Hilary Lewis, John O'Connor, *Philip Johnson. The Architect in His Own Words*, op. cit., p.160.

16. Peter Blake, *Philip Johnson*, Birkhäuser, Basel 1996, p. 224.

17. Philip Johnson, *The Architect's Apologia*, «a+u» n. 268, gennaio 1993.

Berlin Alternative, Berlino (1992). Plastico. Foto di Robert Walker.

# 19. Ultimi musei

In coincidenza con la crisi del rapporto professionale con Burgee, che nel 1988 porterà al suo distacco dallo studio, Johnson decide di operare un'ulteriore 'clamorosa' svolta nella sua carriera di progettista, questa volta incentrata nel lancio, attraverso la poderosa cassa di risonanza del MoMA, di una nuova tendenza architettonica. Si tratta della realizzazione della mostra *Deconstructivist Architecture*, assieme a Mark Wigley, negli spazi del celebre museo newyorkese.

«Sono passati circa 60 anni», scrive nell'*incipit* della prefazione al catalogo, «da quando Henry-Russell Hitchcock, Alfred Barr ed io abbiamo iniziato la ricerca di un nuovo stile architettonico che, come il Gotico o il Romanico, avrebbe potuto costituire un punto di riferimento nella disciplina della nostra arte»[1].

Queste parole, com'egli specifica, non devono essere interpretate come la proposizione di un "nuovo stile" nel mondo della progettazione. «Mi interessa solo stabilire un parallelo con il 1932, e anche se sarebbe stato assai più interessante poter indicare ancora una volta un nuovo stile, ma non è questo il caso»[2].

E più avanti, afferma: «Non dobbiamo attribuire al suo sviluppo il valore messianico del Movimento Moderno e nessuna di quelle esclusività derivanti dalla causa cattolica o calvinista. Il Decostruttivismo architettonico non rappresenta un movimento»[3].

In arte come in architettura, egli osserva, ci sono molte e tendenze contraddittorie. «In architettura, il puro-classicismo e il puro-modernismo, compresa ogni sorta di sfumatura tra di due, vanno ugualmente bene. Non si è ancora manifestato nessun "-ismo" sufficientemente persuasivo. Forse niente può nascere senza carattere universale, nuova religione o spazio per credenti senza creare una estetica». E, poi, aggiunge: «Nel frattempo regna il pluralismo, un terreno forse favorevole allo sviluppo di artisti originali e poetici»[4].

La mostra presenterà le opere di sette architetti – Peter Eisenman, Frank Gehry, Zaha Hadid, Coop Himmelb(l)au, Rem Koolhaas, Daniel Libeskind e Bernard Tschumi – alcuni dei quali, fino a quel momento, erano stati dei *cardboard-architects*, ossia avevano, per lo più, scritto e disegnato piuttosto che realizzato progetti. Questa mostra assegnerà loro una notevole notorietà.

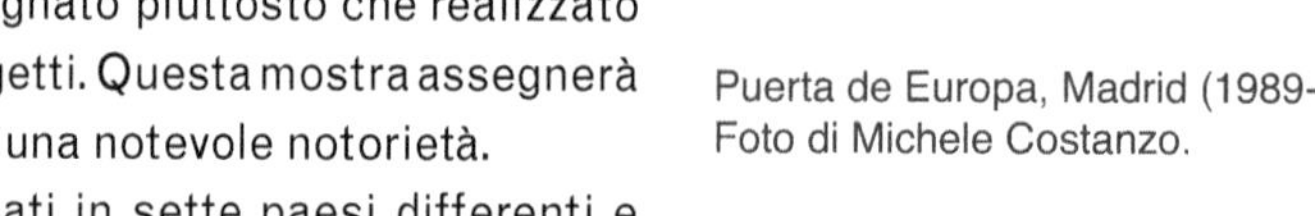


Puerta de Europa, Madrid (1989-1996).
Foto di Michele Costanzo.

Nati in sette paesi differenti e operanti in cinque nazioni diverse, continua Johnson, «[...] non sono stati scelti come i soli iniziatori o i soli esempi di Decostruttivismo architettonico [...] ci sembra che costituiscano un gruppo aperto selezionato in modo equilibrato. La loro convergenza probabilmente sarà temporanea, ma la sua [del Decostruttivismo] realtà, vitalità, originalità, potrà difficilmente essere negata»[5].

Il Decostruttivismo è influenzato dalle idee del filosofo francese Jacques Derrida. Il quale sostiene, in *De la grammatologie* (1967) che la decostruzione non è uno stile o un 'atteggiamento', ma piuttosto un modo di mettere in discussione le tecnologie, i dispositivi formali, le istituzioni sociali, fondando in questo modo nuove metafore della rappresentazione.

Ma le componenti culturali, che sostanziano la base ideologico-programmatica di tale tendenza, sono numerose e di diversa provenienza. Per cui, oltre alla marcata attenzione al post-strutturalismo derridiano, esse vanno dal recupero di alcune esperienze avanguardistiche (Dadaismo, Cubismo, Costruttivismo), all'impiego dell'High-Tech, a rivisitazioni post-avanguardistiche (Pop art), senza trascurare le più recenti esperienze nel campo delle arti figurative.

La mostra, come introduzione ai progetti architettonici in esposizione, presenta una selezione di opere d'arte d'avanguardia (1913-1933). Sono presentati dipinti, sculture, fotografie e libri di: El Lissitzky, Kasimir Malevič, Lyubov Popova, Aleksandr Rodčenko, Vladimir Tatlin e altri. Pur facendo derivare le sue forme dal Costruttivismo, il termine "Decostruttivismo", tuttavia, fa riferimento a un fenomeno artistico contemporaneo che si discosta da esso. L'architettura decostruttivista, si potrebbe affermare, esplora il rapporto tra l'instabilità dell'avanguardia russa e la stabilità del modernismo.

L'atteggiamento progettuale decostruttivista, in particolare, si contraddistingue per il tono provocatorio, rappresentativo di un processo di dislocazione, distorsione, decomposizione e di re-identificazione delle forme. È questo, soprattutto, come posizione critica nei confronti della realtà. In questo senso la metodologia del suo processo operativo si configura, per così, dire 'aperta', senza definiti confini – pur essendo, per altro verso, anche una ricerca sistematica di un proprio, più 'corretto', modo di ragionare.

Johnson si lancia nell'avventura decostruttivista cercando di offrire, di questa tendenza, una versione rispondente alla sua concezione estetica, strettamente collegata con i principi elaborati negli anni della sua formazione: la percezione, la forma, la processionalità; come sempre, trovando un fondamentale appoggio nella sua conoscenza della storia dell'architettura e dell'arte.

Il risultato sarà un sistematico cambio di direzioni, l'offerta di una rosa di differenti interpretazioni formali che vanno a sovrapporsi l'una sull'altra. Come nota Jeffrey Kipnis, l'atto progettuale per Johnson, «[...] è avvalorato solo dall'interesse visivo, e dal piacere esperienziale della costruzione. Così, l'architetto può servirsi dell'intero catalogo di possibilità formali, dalle citazione storiche, alla replica di invenzioni di nuove forme, al servizio dell'esperienza estetica»[6].

Un primo esempio del pluralismo linguistico messo in atto dall'architetto, che riflette un suo preciso modo di porsi nei confronti della modernità, appartiene a una fase in cui è ancora vincolato dal rapporto con Burgee: riguarda il progetto per le due torri inclinate della *Puerta d'Europa* a Madrid (1989-1996). In quest'opera, porta avanti l'idea di un intervento trasgressivo, originale, antidogmatico – finalizzato a fornire un segnale identitario a uno specifico settore urbano della capitale spagnola – frutto di una rilettura delle opere di diversi costruttivisti tra cui quelle di Aleksandr Rodčenko.

Un secondo e un terzo esempio, provengono da un gruppo di sei progetti presentati da Johnson agli studenti della Harvard's Graduate School of Design[7], e sono:

La *Chapel for St. Thomas University* (1992-1995), dove l'intervento, in questo caso, è più introverso. Parte da un semplice cubo e dalla sistemazione

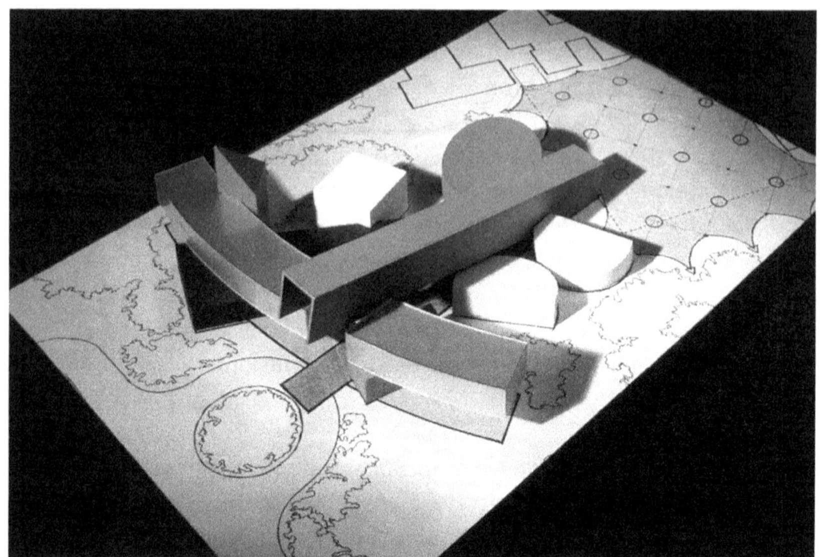

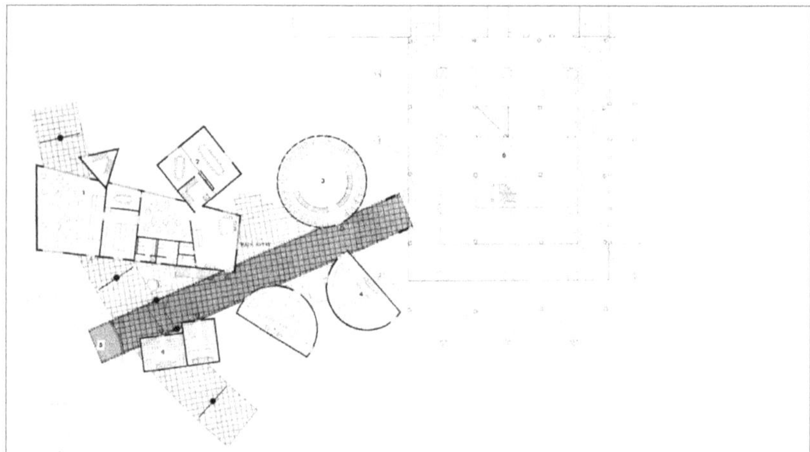

acentrica di una cupola semisferica che lo sovrasta, con questo decretando l'indipendenza delle due figure e insinuando una la tensione spaziale tra di esse: accentuata dall'effetto di un muro che, diagonalmente le attraversa facendo, attraverso tale atto, penetrare una suggestiva luce dall'alto.

La *Houston Law School Addition* a Houston (1992), in cui l'autore disaggrega l'unità volumetrica dell'organismo architettonico, 'organizzando' un insieme di volumi di varia forma, colore e dimensione, in maniera conflittuale sulla

Chapel for St. Thomas University, Houston, Texas (1992-1995).
A sinistra: Houston Law School Addition, Houston (1992). Plastico e pianta.
Foto di Richard Payne.

base di uno schizzo planimetrico di Malevič, per poi inserire, nello sviluppo spaziale, una figura dominante – un corpo rettilineo posto diagonalmente sopra l'aggregato dei vari corpi edilizi – che determina un ordine gerarchico nella composizione.

Un quarto esempio è la *Berlin Alternative* [altrimenti denominata *Berlin Fantasy*] a Berlino (1992); un progetto, considerato dall'autore come "un esercizio di rilassamento".

Nello scritto di presentazione del volume, *Philip Johnson: Recent Works*, a proposito della nascita di quest'opera, Kipnis osserva: «Johnson troverà un forte sostegno alla sua ricerca in una visita allo studio di Frank Stella dove alcuni bozzetti in cera, realizzati dall'artista per il progetto del Museo di Dresda (1993), attirarono la sua attenzione»[8]. Dietro sollecitazione di Stella, Johnson prenderà alcuni di quei modelli e, tornato nel suo studio, comincerà a esaminarli e a sviluppare, a sua volta, una serie di progetti di studio. Essi saranno il punto di partenza di un'idea progettuale che avrà successivi sviluppi che si concluderanno con la realizzazione del padiglione di *Da Monsta* a New Canaan (1995)[9].

Cathedral of Hope Dallas, Texas (1995). Plastico. Foto di Michael Rogol.
A destra: pianta e sezioni.

Più avanti, nello stesso scritto, Kipnis prosegue riferendosi, questa volta, all'elaborazione da parte di Johnson di due progetti diversi per lo stesso lotto, due differenti soluzioni progettuali (com'era già avvenuto per l'Asia House a New York): «Johnson offrirà al *Baudirektor* [Hans Stimmann], nel 1995, un confronto tra l'edificio in costruzione [l'American Business Center] e quello che avrebbe voluto realizzare: *la Berlin Alternative*»[10].

Su questa singolare scelta Johnson scriverà: «[...] ho abbozzato un piccolo edificio in modo diverso, utilizzando lo stesso sito e il programma del mio attuale lavoro sulla Friedrichstrasse. Espongo due bozzetti: uno che mostra il mio progetto per un edificio che soddisfa il codice di programmazione in corso e, l'altro, un edificio che ho sognato»[11].

Con *Berlin Alternative* Johnson elabora una figura architettonica dai forti connotati dinamici e plastici, libera dalle costrizioni delle normative edilizie tedesche, come afferma in un'intervista; con le quali, invece, si confronterà nella realizzazione del *American Business Center* (1992-1997). «Il movimento espressionista è stato molto criticato. Ma è stato un precursore del moderno. Mies, ad esempio, ha attraversato una fase espressionista [...]. L'edificio rappresentato in questa fantasia ha la stessa cubatura, superficie, planimetria di quello reale. Mi sono divertito molto e

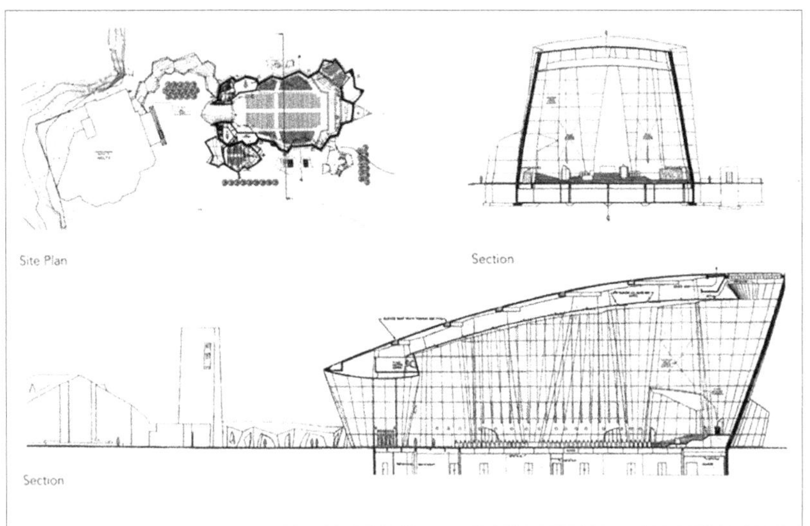


non credo siano necessari ulteriori commenti per capire quali dei due avrei voluto realizzare»[12].

Un quinto esempio per arricchire il quadro delle varianti interpretative del decostruttivismo johnsoniano è la *Cathedral of Hope* a Dallas, Texas (1995), dalla grandiosa volumetria. È stata definita una "scultura come architettura". In effetti, è un luogo di meditazione e di preghiera, uno spazio spirituale pensato per servire indistintamente tutte le religioni. La forma non è legata ad alcun particolare modello ecclesiale, l'intenzione è quella di essere una sorta di *tenda* bianca invitante e confortevole per tutti i gruppi religiosi. La *Chapel of Peace* con 175 posti a sedere è la prima parte costruita.

Questa chiesa, sarà considerata da Johnson "*my memorial*". L'edificio non ha angoli retti, ma piuttosto una serie di stravaganti forme scultoree. Non c'è una fronte principale, solo molte facciate di diversa forma. La costruzione evoca l'architettura biomorfa di Frank Gehry che sfida le qualità dell'ordine, l'equilibrio.

La *Cathedral of Hope* potrebbe essere la chiesa a cui Johnson fa riferimento nell'intervista di Peter Blake (1996):

P. B.: [...] *cosa vorresti per il tuo compleanno?*

P. J.: *Vorrei che qualcuno mi chiedesse di progettare una cattedrale.*

P. B.: *Questo è ciò che avrebbe voluto anche Mies! Dove la vorresti costruire?*
P. J.: *A New York, naturalmente. Forse nel Lower East Side, o un sito analogo, dove si può cancellare una baraccopoli e creare un grande paesaggio. Sarebbe una forma libera, in calcestruzzo, e di vari colori – un po' come la mia Gate House a New Canaan. Sarebbe, in un certo senso, come il Goetheanum di Rudolf Steiner, o simile a delle opere di Finsterlin o di Bruno Taut. Naturalmente, non ci sarebbero angoli retti. E potrebbe essere indifferentemente: una sinagoga o una moschea o una chiesa. Questo è quello che vorrei, comunque, per qualsiasi compleanno: una incarico per la progettazione di una cattedrale.*
P. B.: *Buon compleanno! Consideralo fatto*[13].

Emerge chiaramente, anche da questa conversazione, che la visione di Johnson ormai è quella di una totale integrazione dell'architettura con l'arte, anche se professionalmente non si esime dal realizzare edifici che rispondano alle esigenze commerciali.

L'ultimo esempio è quello dell'*Urban Glass House*, New York (2000), un condominio di lusso di 12 piani, progettato per un costruttore italo-americano Antonio "Nino" Vendome e situato a Soho al 330 di Spring Street. Herbert Muschamp, critico di architettura del «New York Times», l'ha definito: una "*habitable sculpture*" e una "*symbolic gateway to the downtown state of mind*". La torre prende l'ispirazione dalla configurazione volumetrica di alcune sculture di John Chamberlain.

Anche per questo progetto Johnson realizzerà due versioni: una, per così dire, ideale (una torre di 27 piani che rimarrà allo stato di proposta) e l'atra reale (che verrà costruita nel 2006). Quella ideale è un collage di lacerti volumetrici

Urban Glass House, New York (2000). Foto del plastico.

vivacizzati da finestre di varia forma e da una ricca tavolozza di mattoni colorati. Quella reale presenta anch'essa una volumetria composita, ma regolata dalla rigida geometria di un reticolo di acciaio e vetro che avvolge la costruzione e che rende l'interno particolarmente luminoso e panoramico.

Gli ultimi musei progettati da Johnson sono tre e rappresentano l'espressione del suo nuovo indirizzo progettuale: il Seton Hill Arts Center, il National Museum of Korea, il Children's Museum. Essi rappresentano la chiara espressione di questa sua fase di ricerca, in cui tende a elaborare delle volumetrie che, in vario modo, tendono a liberarsi dei condizionamenti della geometria euclidea per accedere al diverso ambito della geometria topologica: una sperimentazione che riguarderà progetti architettonici e oggetti formali – sculture, installazioni, come si vedrà più avanti – anche di grossa dimensione, direttamente legati all'espressione artistica.

Per quanto riguarda i tre progetti citati si tratta di esperienze tra loro distinte; l'unico elemento in comune è la destrutturazione dell'impianto architettonico tradizionale che si sviluppa con modalità diverse in relazione ai contesti e ai momenti creativi differenti.

Nel progetto per il Seton Hill Arts Center, Johnson segue la linea della scomposizione dell'unità dell'oggetto. La proposta parte da un insieme di volumi indipendenti (per forma, materiali costruttivi e colore) raggruppati in modo da esprimere una tensione dinamica regolata, tuttavia, da una presenza che li sovrasta. Oltre a ciò, l'impianto manifesta una chiara allusione alla tradizione pittorica e alle leggi compositive relative al tema della "natura morta". Come avviene con Gehry che, per la Guest House in Minnesota, tra gli elementi di riferimento per la composizione progettuale include il ricordo delle nature morte di Giorgio Morandi; come pure, la libera dislocazione delle 'stanze' della Glass House di Johnson nel parco di New Canaan[14]: considerate un'anticipazione in senso decostruttivo.

Nel National Museum of Korea, l'architetto propone un impianto che mette a confronto due impostazioni progettuali in sé contrastanti: la prima è quella della *separazione* (in unità distinte), la seconda è quella della *fusione* (delle medesime unità in un tutto). Ogni sala, ogni spazio assume una propria definizione volumetrica, senza una più definita distinzione formale; e lo schema compositivo che organizza la loro dislocazione segue un tracciato simmetrico, di tipo centrale, del tutto in linea con il suo tradizionale approccio al progetto.

Nel Children's Museum, l'impostazione del progetto è basata sulla scomposizione dell'unità volumetrica e sull'impiego di volumi platonici, in

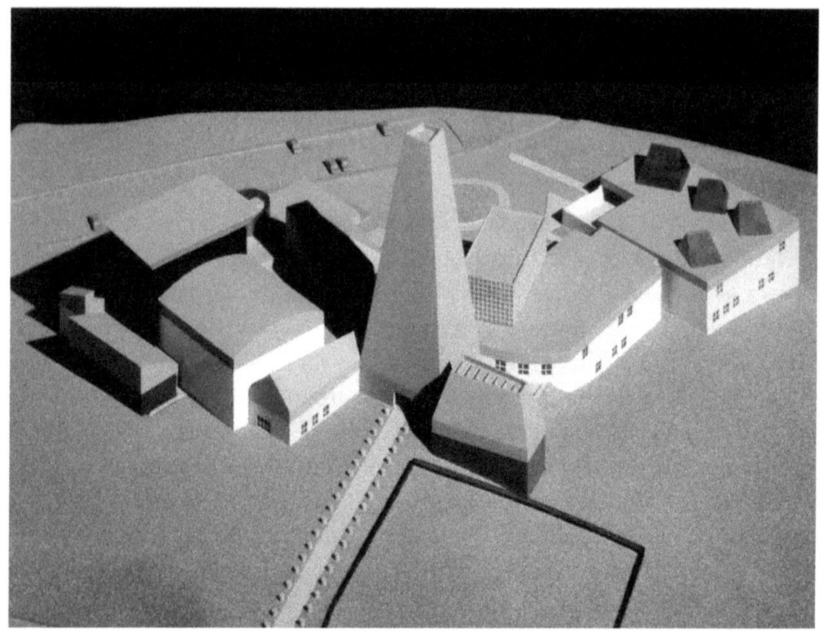

Seton Hill College, Ryan Fine Arts Center, Greensburg, Pennsylvania (1990). Plastico. Foto di Wolfgang Hoyt. A destra: planimetria.

seguito smontati, smembrati, manipolati, alterati, sformati, assoggettati a metamorfosi formali, sotto l'urgenza di una volontà espressiva filtrata attraverso l'impiego di una nuova geometria delle trasformazioni topologiche che l'uso del computer consente senza soverchie difficoltà.

Il Seton Hill College Ryan Fine Arts Center, Greensburg, Pennsylvania (1990) è una struttura progettata da Johnson alla fine degli anni Ottanta, per le attività artistiche di un museo d'arte. In precedenza (nel 1957) per lo stesso college l'architetto aveva realizzato l'Harvey Residence Hall, un edificio destinato ai dormitori. La nuova costruzione doveva essere intitolata a William Granger Ryan, un religioso, amico di lunga data di Johnson che aveva diretto il college per più di trent'anni, ma il progetto non potrà essere realizzato per l'alto costo della costruzione.

L'opera si segnala per la sua assoluta diversità rispetto ai precedenti progetti dell'architetto. Essa fa parte di un primo gruppo di opere in cui, in vario modo, ciascuna interpreta un aspetto del Decostruttivismo. Sei di

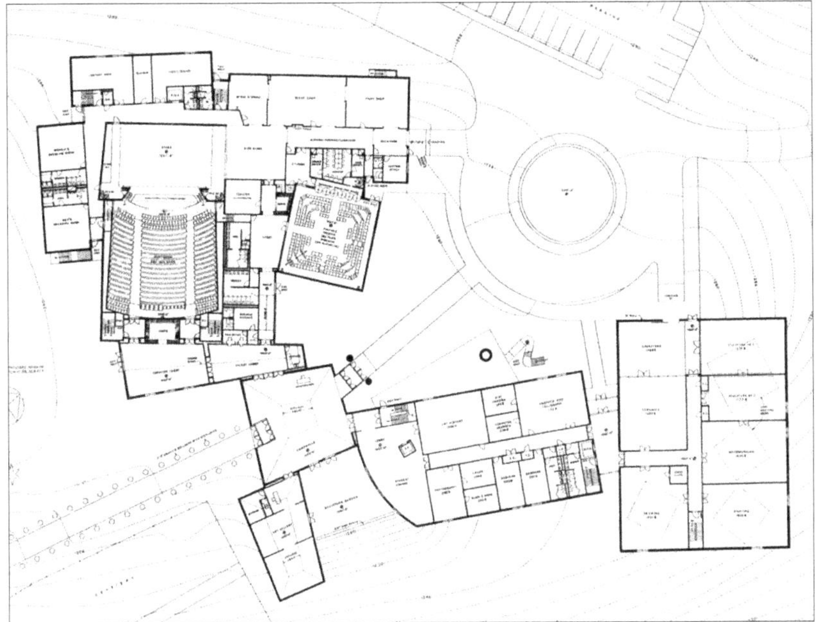

questi progetti, tra cui quello di Seton Hill, verranno presentati alla Harvard Graduate School of Design (1992). Sollecitato da Jeffrey Kipnis a esprimere un commento su tali lavori, Johnson risponderà: «In questi progetti esploro i temi che mi hanno interessato durante il mio lavoro sulla mostra del Decostruttivismo al MoMA. In alcuni dei progetti mi sono concentro sugli effetti della collisione di forme o sulla rottura di una forma in più parti. Sono interessato a giocare con nuove forme e strani angoli»[15].

Il Seton Hill Fine Arts Center è situato sulla cima di una collina. Da questa posizione dominante Johnson trarrà lo spunto per creare un accostamento con un villaggio medioevale toscano. Il centro artistico sarà impostato come un insieme di 13 edifici, distinti tra loro per forme e colori e raggruppati attorno ad una torre: un prisma a base quadrata sormontata da una piramide che termina con un lucernario (un'immagine che ricorda la sua iniziale proposta, rimasta allo stato di idea, per la Rothko Chapel). La torre è un'importante emergenza (è alta 45,72 metri) con una sua valenza simbolica. Essa s'ispira a un campanile italiano (naturalmente, privo di campana). «Non un vero campanile, è un ambiente di distribuzione dei percorsi disposto al centro delle varie costruzioni»[16], afferma Johnson. Gli studenti, per raggiungere altre zone, potranno attraversare il suo spazio. Tutti gli edifici che compongono il Fine Arts Center saranno rivestiti con mattoni smaltati con colori primari (verde, giallo, arancione, rosso, blu). I tetti saranno in piombo rivestiti di rame. Inoltre, gli edifici saranno situati su diversi livelli per via del pendio collinare.

Il progetto indica uno dei punti di riferimento della nuova direzione intrapresa da Johnson nella sua ricerca. La configurazione del progetto si rifà alla Winton Guest House di Frank Gehry in Minnesota[17]: concepita anch'essa come un insieme di volumi geometrici semplici, giustapposti uno all'altro e caratterizzati da colori vivaci. «Questo lavoro è molto Frank Gehry», ammette Johnson, «Sono un architetto camaleonte»[18].

Oltre al padiglione d'ingresso, gli altri edifici ospitano: un teatro di 600 posti, un teatro flessibile di 180 posti, aree di produzione artistica, spazi per performance, laboratori d'arte, aule, uffici e una galleria espositiva.

Quest'ultima fa parte di tale aggregato di distinte unità spaziali e funzionali. È un volume a base rettangolare su due piani. Rispetto all'asse

principale d'accesso si trova alla sinistra. Le sue pareti esterne sono di colore giallo arricchite da alcune finestre quadrate. Il tetto è piano, con sopra quattro lucernari disposti in maniera apparentemente disordinata. Una terrazza, ricavata nell'angolo nord-ovest dell'ultimo piano, conferisce la minima anomalia di un volume altrimenti troppo semplice. Internamente, la distribuzione degli ambienti è assolutamente tradizionale: un corridoio centrale e le sale espositive ai due lati, in fondo si trova la scala. Questo tipo di organizzazione dello spazio museale, a volte, è adottato per le università che non hanno ancora una collezione sufficientemente ampia. Altri ambienti vengono usati per piccole mostre che sono, anche, l'occasione per sviluppare riflessioni, discussioni tra studenti e docenti.

Il National Museum of Korea, Seoul, Korea (1994) è un progetto di concorso e riguarda un museo archeologico. La struttura culturale è situata in un'area verde, all'estremità meridionale di un sistema di parchi.

L'organismo è composto da una successione di tre grandi spazi di forma ovoidale, denominati: corte d'ingresso, lobby principale, sala espositiva centrale. Attorno ad essi si aggregano altre strutture, più o meno, della stessa forma, che sono gli altri ambienti espositivi le cui finestre si trovano solo nella parte superiore di ciascun ambiente. La volumetria nel suo insieme, come suggerisce Jeffrey Kipnis, ricorda il National Parliament House a Dacca, di Louis Kahn.

L'edificio è monumentale e anche l'approccio ad esso: prima una piazza lunga 150 metri, con al centro una fontana, poi un'ampia e imponente scala che porta ad un piazzale recintato con reperti archeologici in mostra. Per entrare si deve attraversare la corte d'ingresso, poi la lobby

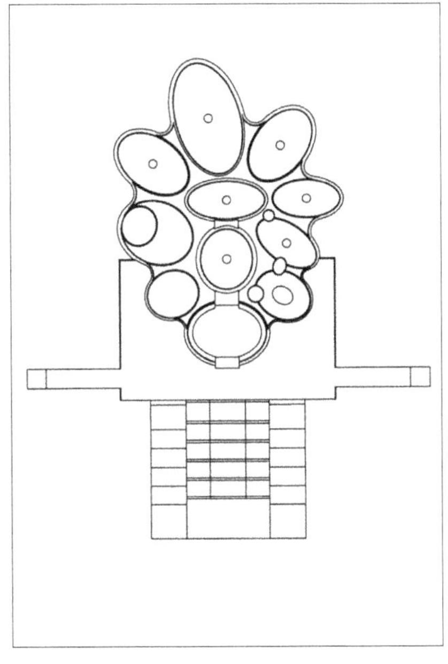

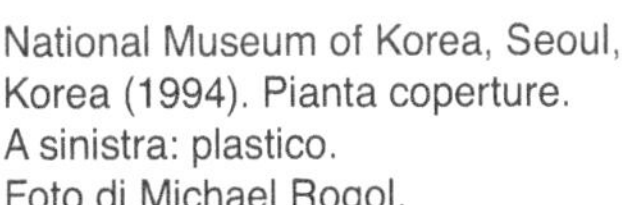

National Museum of Korea, Seoul, Korea (1994). Pianta coperture.
A sinistra: plastico.
Foto di Michael Rogol.

principale che è un vasto ambiente simile per dimensione al Pantheon, con un soffitto alto 37 metri. Questo vasto spazio si collega, tramite una scala, al livello inferiore, dove si trovano i servizi e il parcheggio. Infine, si passa nella sala espositiva centrale che consente l'accesso alle gallerie dalla configurazione ellissoidale che ospitano oggetti artistici e reperti archeologici. Ogni galleria è a due piani. La forma esterna del grande complesso e l'organizzazione spaziale interna – osserva Johnson nella relazione di progetto – permette una chiara circolazione: attraversando le gallerie si torna sempre alla sala espositiva centrale.

«Le parole chiave nel percorso progettuale sono state: chiarezza, accessibilità e monumentalità [...]. La chiarezza è ovviamente il punto di forza. Nessuno vuole perdersi in un edificio di queste dimensioni. L'obiettivo di accessibilità è stato raggiunto in tutto il museo. Parte degli spazi espositivi possono essere chiusi senza disturbare le altre mostre; tutti i 'baccelli' destinati alle esposizioni sono direttamente collegati al magazzino sottostante; e i teatri, i negozi, i ristoranti e le toilets sono facilmente raggiungibili vicino alle sale espositive. Il sentiero dalla porta anteriore è dritto o, quasi dritto, per facilitare l'orientamento e ogni 'baccello' è sistemato in un modo che le visite guidate possono procedere attraverso un'area espositiva senza dover tornare sui loro passi. Infine, tutte le mostre all'aperto sono accessibili dalla sala d'ingresso principale. La monumentalità è stata rimarcata dagli alti soffitti, dalle pareti di granito coreano e dalle dolci curve delle pareti esterne»[19].

Il Children's Museum, Guadalajara, Mexico (1999) è un museo per bambini con un progetto culturale e un programma ludico. Nasce da un'idea di Jorge Vergara, uomo d'affari messicano, direttore di Omnilife. La sua attività filantropica porterà alla creazione della *Fundación por los Niños del Planeta*. Il progetto di Johnson fa parte di tale iniziativa.

Il museo sorge su un'isola di un lago artificiale. È composto da quattro costruzioni distinte, ed è accessibile tramite un complesso ponte di corde (progettato da Cecil Balmond di Ove Arup and Partners). «Invece di costruire un solo edificio», osserva Johnson, «ho tratto lo spunto dalle caratteristiche del luogo: assolato, bello, vasto, non troppo caldo e ho progettato quattro edifici di piccola scala. Sono tutti di cemento e avranno colori brillanti: rosa, violetto, rosso, arancione, un po' di azzurro, soprattutto violetto. All'interno avranno i colori della terra e del vetro: in un paese molto soleggiato bisogna affrontare la luce. Ho scelto la scala della prima Disneyland in California [una scala ridotta, pari a 5/8 rispetto al reale] che

Children's Museum, Guadalajara, Mexico (1999). Plastico. Foto di Robert Walker.

è diventata un'architettura molto famosa negli Stati Uniti: i bambini hanno dimestichezza con essa [...]. Così, abbiamo quattro piccole costruzioni in cui possono entrare solo i piccoli. I grandi restano fuori...»[20].

E più avanti aggiunge un'interessante osservazione che mette in evidenza la continuità nel suo pensiero progettuale tra passato e presente, anche se nel corso del tempo essa assume forme e modalità diverse: «La "Casa dei Nani di Mantova" è stata parte dell'ispirazione. Ma soprattutto volevo fare qualcosa per cui un bambino potesse dire: "Guarda, mamma, io posso entrare e tu no"»[21]. Le quattro costruzioni nell'isola, dunque, sono concepite come dei solidi platonici, ma destinati a subire delle deformazioni

(messe in atto con l'ausilio del computer). I cubi saranno distorti, inclinati e schiacciati; i coni saranno sformati e rovesciati; il cilindro apparirà come una bobina; le piramidi saranno inclinate e si scontreranno tra di loro, come il resto.

«Quando nel 1934 Alfred Barr ed io abbiamo presentato *Machine Art* al Museum of Modern Art», ricorda Johnson, «nella prefazione al catalogo abbiamo inserito un passo del *Filebo* di Platone. La bellezza delle forme geometriche, come il cerchio e la retta, sostiene Platone, è assoluta. Anche noi, in quel momento, credevamo così. Ora la penso in modo diverso. Queste cose sono relative. Io sono un seguace di Eraclito. L'unico assoluto è il cambiamento in sé. Oggi c'è *molta più libertà in architettura rispetto al tempo di Le Corbusier, ne sono la prova i movimenti a zigzag del Jewish*

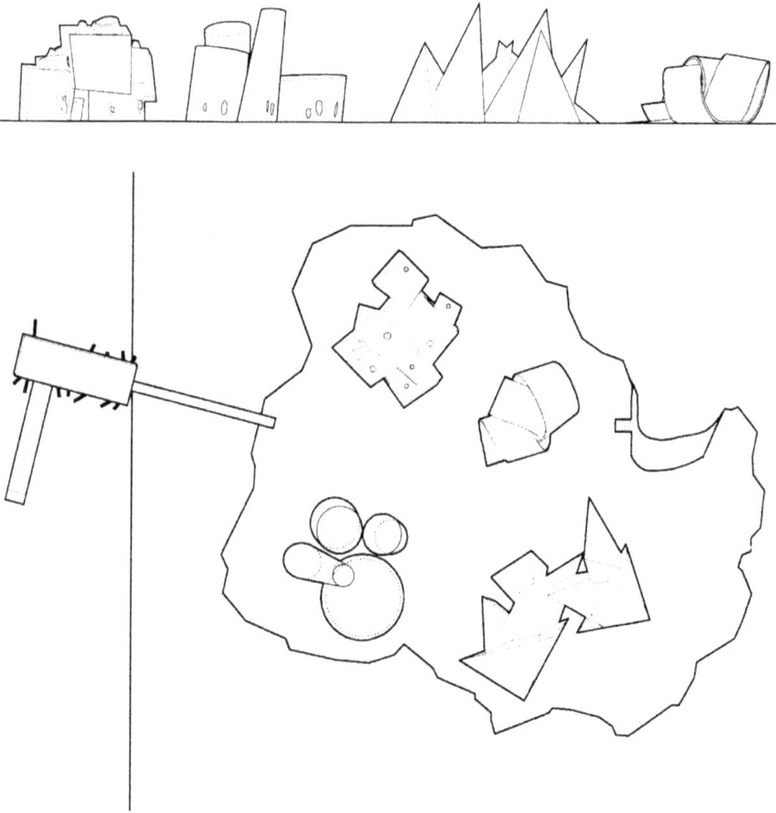

Children's Museum, Guadalajara, Mexico (1999). Prospetti e planimetria.

*Museum* di Berlino di Daniel Libeskind o le torsioni del progetto di Peter Eisenman per Staten Island»[22].

Alla fine, l'architetto conclude: «Non mi piacciono le linee rette. Mi piacciono le linee deformate. Amo le forme che sono alla base del mondo. Le forme regolari sono anche quelle che creano la base per l'architettura. È per questo, che vorrei parlare di classicismo. Dopo tutto, devo distorcere le forme per rendere la cosa più divertente. Ognuno dei quattro padiglioni avrà una diversa funzione: uno spazio per la pittura, uno per la scultura, uno per la musica: discipline diverse; e uno sarà dedicato solo al movimento dei bambini all'interno della costruzione, con una scala per salire in cima, e con delle bucature per guardare fuori»[23]. Il resto dell'isola sarà un parco aperto al pubblico.

1. Philip Johnson, *Preface*, in: catalogo della mostra, *Deconstructivist Architecture*, The Musaeum of Modern Art MoMA, York 1988, p. 7.
2. Ivi.
3. Ivi.
4. Ibidem, p.8
5. Ivi.
6. Jeffrey Kipnis, *Philip Johnson: Recent Works* (Architectural Monographs no. 44), Academy Editions, London 1996, p. 7
7. Presentati da Jeffrey Kipnis in: *Philip Johnson*, «a+u» n. 259, aprile 1992.
8. Jeffrey Kipnis, *Philip Johnson: Recent Works op.* cit., p. 11.
9. Un altro nome per il padiglione a cui Johnson penserà: "Dresden Zwei" o "Dresden Two", in onore della *Kunsthalle* di Stella a Dresda.
10. Jeffrey Kipnis, *Philip Johnson: Recent Works op.* cit., p. 11.
11. Philip Johnson, *Berlin's Last Chance – Schinkel, Messel, Mies van der Rohe – Now What?*, in: Jeffrey Kipnis, *Philip Johnson: Recent Works*, op. cit., p. 48.
12. Hilary Lewis, John O'Connor (a cura di), *Philip Johnson, the architect in his own words*, op. cit., pp. 180-182.
13. Peter Blake, *Magic Johnson*, intervista a Philip Johnson per i suoi 90 anni, op. cit..
14. Frank Gehry, *Chess Game with Philip*, in: Peter Noever (a cura di), *Philips Johnson Turning Point*, Springer, Wien 1996 p. 42.
15. Jeffrey Kipnis intervista Philip Johnson, in: «a+u» n. 259, op. cit..
16. Patricia Lowry, *New Seton Hill Center to have Italian flavor*, «The Pittsburg Press», giovedì 25 gennaio 1991.
17. La Winton Guest House di Gehry (1987) è sua volta, un ampliamento della Davis House progettata da Johnson (1954).
18. Patricia Lowry, *New Seton Holl Center to have Italian flavor*, op. cit..
19. Jeffrey Kipnis, *Philip Johnson: Recent Works* op. cit., p.73.
20. Intervista di Angela Vettese a Philip Johnson, in: Adelina von Fürstenberg (a cura di), *Philip Johnson: Children's Museum Guadalajara*, catalogo della mostra Palazzo Zenobio, Istituto Universitario di Architettura, Venezia 1999.
21. Ivi.
22. Ivi.
23. Ivi.

Chain Link Garden Pavilion, North Salem, New York (1999).

# 20. Arte e architettura

Nel periodo conclusivo della sua attività progettuale – che si sviluppa intorno all'ultimo decennio – Johnson cerca di distaccarsi dai confini dell'architettura legata, per così dire, alle attribuzioni funzionali, mettendo in atto in modo sempre più incisivo un processo ideativo teso a rendere la forma libera di manifestare una sua autonomia espressiva; e questo, con la stessa libertà con cui, in precedenza si era mosso nel campo della storia dell'architettura: prelevando da essa, mescolando, combinando tra loro suggestioni spaziali, spunti formali, stati d'animo, ricordi personali e quant'altro, come materiali di una duchampiana ricomposizione, rimanipolazione, ricostruzione di un 'nuovo passato', percorso da un diverso sentimento della realtà e dominato dall'*incertezza.* A tale principio 'sovrapporrà', senza rifiutare il precedente, un nuovo caposaldo, quello dell'espressione architettonica indipendente da qualsiasi condizionamento, avendo come riferimento l'arte moderna e contemporanea. Per cui, per un verso, si avvicinerà ad architetti-artisti come Hermann Finsterlin e Frederick Kiesler e, per l'altro, ad artisti-architetti come Frank Stella e John Chamberlain. «La forma scultorea o il modo in cui essa si traduce in presenza architettonica», scrive Paul Goldberger, «è quello che ha interessato Johnson per la maggior parte degli ultimi dieci anni e i lavori prodotti dallo studio Johnson/Ritchie hanno coinvolto sia nuovi tipi di forme che nuovi modi di utilizzare le forme architettoniche classiche per fare opere di architettura del tutto nuove»[1].

Nel 2008 il Kreeger Museum a Washington D. C., organizzerà su questo tema una mostra a cura di Hilary Lewis, intitolata *Philip Johnson: Art Architecture*, che focalizza l'attenzione sulla relazione tra arte e architettura attraverso la visione di Philip Johnson, esponendo una serie di opere da lui progettate negli ultimi anni.

I materiali presentati sono una rassegna di modelli, disegni, sculture e fotografie di proposte solo in parte realizzate. I lavori proposti all'attenzione del pubblico, sono: *Berlin Fantasy*, Berlino (1993), *Time Sculpture*, New York (1996), *Da Monsta*, New Canaan (1995), *The Cathedral of Hope*, Dallas (1995), *Wayfare's Chapel*, New Canaan (1998), *Pool House*, Darien (1999), *Turning Point*, Cleveland (1996), *Wiener Trio*, Vienna (1998), *Trylons at Chrysler Center*, New York (1998), *Chain Link Garden Pavilion*, North Salem (1999), *Children's Museum*, Guadalajara (1999), *Habitable Sculpture*, New York (2000), *Oasis House*, Israel (1999), *Al-Thani Sculpture*, Doha (2003).

Rispetto a questi progetti, di cui solo una parte è giunta alla realizzazione, sarà qui formulata una differente sequenza: in quanto non tutte le opere presentate al Kreeger Museum sono riconducibili, per le loro caratteristiche, a delle installazione o a delle sculture. Sulla base del diverso programma saranno operate, allora, delle esclusioni e delle nuove inclusioni (facenti parte dell'arco temporale considerato), esse sono: *Berlin Glockenturm*, Berlino (1994), *Turning Point Park* at Case Western Reserve University, Cleveland (1998), *J.J.P. Oud – Philips Johnson a Dialogue*, Rotterdam (2001), *Entry Plaza & Stella at University of St. Thomas*, Huston (2006).

Il nuovo raggruppamento di opere riassume in sé due categorie: la prima, è destinata a interagire con lo spazio urbano, com'è il caso di *Turning Point* o *Wiener Trio*; la seconda, è volta ad istituire un rapporto con il paesaggio, com'è il caso di *Chain Link Garden Pavilion* o *Al-Thani Sculpture*.

A proposito di questa seconda categoria di opere, c'è da osservare che nel rapporto arte-natura emerge con chiarezza un forte interesse di Johnson per la *folly* che, per un verso, interagisce con l'ambiente naturale e, per l'altro, è espressione della pura fantasia; il *Garden Pavilion* a New Canaan costituisce l'epitome di questa duplicità d'intenti. Questo collegamento con il paesaggio mette in evidenza un nodo tematico a cui l'architetto tiene particolarmente: quello per cui l'architettura non ha rapporti con lo *stare*, ma piuttosto con il *tempo*. Come sostiene in, *The Processional Element in Architecture* (1965): «L'architettura certamente *non* è la progettazione dello spazio, né certamente la volumetria o l'organizzazione dei volumi. Questi sono ausiliari rispetto al punto principale che è l'organizzazione del processo. L'architettura esiste solo nel *tempo*[2]. In questa riformulazione dell'essenza concettuale dell'architettura Johnson metterà, altresì, in rilievo il fatto che la memoria ha un importante ruolo nei confronti della 'fruizione' dell'opera e che la memoria visiva, in particolare, dà sostanza a gran parte di ciò che l'utente riesce a definire mentalmente e fisicamente nel suo rapporto con l'oggetto: dall'attenzione, ai modi in cui si muove al interno, attraverso e intorno ad esso.

A questo duplice modo di essere della *folly* o della *sculpture* bisogna aggiungere altre varianti; la più importante è quella che tende a recuperare una ragion d'essere di tipo funzionale, occupando uno spazio vivo della città, com'è il caso di: *Time Sculpture*, che è situata al Lincoln Square di New York e ospita un orologio funzionante; *Turning Point Park* che offre un insieme di attrezzature per l'incontro e la socializzazione degli studenti del *campus*; *Trylons at Chrysler Center* che si trova alla base della famosa *tower* ed accoglie al suo interno una rinomata *steack house*; l'*Entry Plaza & Stella at University of St. Thomas* che rappresenta un'immagine identificativa del campus, un segno iconico dell'università cattolica che interagisce nel territorio a vasto raggio: distinguibile anche da lontano provenendo in auto; e il *Berlin Glockenturm*, pensata come una torre-segnale a scala urbana, ma destinata a conservare la memoria storica dell'antica campana di una chiesa distrutta. In questo gruppo di lavori si può far rientrare anche un allestimento realizzato da Johnson per la mostra di J. J. P. Oud al NAi a Rotterdam. Anche in questo caso, una scultura che con la sua forma avvolgente crea attorno ad essa uno spazio dinamico. La forte valenza estetica della figura che si avviluppa su se stessa, crea altresì un'impronta emotiva nello spazio della sala.

«Fin dall'inizio, Johnson ha visto l'architettura attraverso la lente dell'arte»[3], scrive Hilary Lewis, nell'introduzione al catalogo della mostra: «[...] Johnson ha vissuto insieme con l'arte è stato amico di artisti e ha perseguito la forma architettonica come un artista indaga la composizione. Si è auto-proclamato 'formalista', un'affermazione piuttosto insolita per un architetto del tardo secolo XX, Johnson non ha mai evitato di citare le fonti delle sue ispirazioni architettoniche [...]. Nel suo discorso di accettazione del Pritzker Architecture Prize nel 1979, Johnson inquadra in maniera chiara la sua posizione: "Per prima cosa, vorrei precisare che il premio non è per me, ma è per l'arte dell'architettura, l'arte che abbiamo usato per chiamare la madre del arti. Di nostra competenza sono le grandi arti del disegno, della decorazione, dell'ornamento, nonché dell'edilizia sociale, dell'urbanistica e della progettazione strutturale. Forse, ancora una volta, potremmo unire, come in altri secoli, pittura e scultura per migliorare la nostra vita"»[4].

In quest'ultimo periodo di attività di Johnson, si può notare come la sua visione museale abbia preso, ancora una volta, una diversa direzione:

Berlin Glockenturm, Berlino, Germania (1994). Rendering.

all'impegno progettuale nei riguardi delle strutture espositive – finalizzate accogliere al proprio interno le testimonianze dell'arte per mostrarle al pubblico – egli ne affianca uno nuovo che sembra in opposizione alla precedente. Infatti, questa volta, è egli stesso a diventare produttore di opere destinate ad occupare punti strategici in ambito urbano ed extra-urbano, senza peraltro trascurare gli spazi del museo.

Da questo momento in poi Johnson inseguirà in maniera sempre più determinata un'idea – che, peraltro, aveva in mente fin dai primi anni della sua professione, anche se in forma non esplicita – che tra architettura ed arte esiste, per così dire, un rapporto di 'somiglianze' e, dunque, che l'architettura è in sé una forma autonoma d'arte.

Berlin Glockenturm, Berlino, Germania (1994) è una torre campanaria, un'importante presenza a carattere urbano che avrebbe dovuto completare l'intervento dell'American Business Center (in seguito, ribattezzato *Philip Johnson Haus*) al Checkpoint Charlie: un edificio per uffici che si affaccia sulla Friedrichstrasse. L'andamento obliquo della Mauerstrasse, su cui si affaccia il prospetto posteriore della costruzione, determina una curvatura e, quindi, un allargamento del marciapiede in modo da formare una piccola piazza dove sarebbe dovuto essere sistemato il Glockenturm (1994).

La così detta "Torre dell'orologio", in realtà avrebbe dovuto accogliere una campana del 1736, (recuperata dalla Evangelisch-Reformierte Betlemme-Gemeinde: una chiesa distrutta dai bombardamenti dell'ultima guerra mondiale che, in precedenza, sorgeva nel sito). La struttura a base circolare – larga due metri e alta dieci metri – consiste in una fascia in bronzo che si avvita su sé stessa terminando con una mensola; che sporge quanto basta per sostenere la campana dell'antica chiesa, permettendole di oscillare liberamente ed essere vista anche da lontano.

Turning Point, Case Western Reserve University, Cleveland, Ohio (1996) è una 'scultura architettonica' progettata da Johnson, con Elizabeth Murrell, per il Department of History of Art dell'Ohio State University. Nel 1995, Harvey Buchanan, curatore del John and Mildred Putnam Sculpture Collection, incaricherà l'architetto di realizzare una scultura per uno spazio libero all'esterno dell'università: nell'area del *north campus*, in un punto denominato *Turning Point* dove un percorso pedonale che attraversa il campus cambia direzione (da qui la scelta del nome).

Johnson accetterà con entusiasmo la proposta: «Trovo l'idea assai eccitante. Ho sempre desiderato realizzare una scultura»[5]. Riguardo alla

Turning Point, Case Western Reserve University, Cleveland, Ohio (1996).
Foto di Richard Payne.

scelta del nome *Turning Point*, aggiungerà: «Per me questo è un importante *Turning Point* – la mia prima scultura a un passo dal nuovo secolo» [6]. Subito dopo si recherà a Cleveland a visitare il sito, cominciando ad elaborare, nel contempo, alcune proposte.

L'installazione sarà realizzata con l'approvazione dei coniugi Putnam, che nel 1981 avevano dato inizio alla loro collezione di sculture situate all'interno e all'esterno degli spazi della Case Western Reserve University[7], con l'intento di fare partecipi dell'iniziativa gli studenti e i docenti, ma anche il pubblico interessato. L'obiettivo è quello di arricchire l'ambiente educativo/visivo del campus, sviluppando la consapevolezza e la comprensione della varietà e della vitalità del lavoro degli artisti nati in Ohio o strettamente legati a questo Stato.

Johnson realizzerà una composizione di cinque elementi formali in resina poliestere e fibra di vetro su schiuma di poliuretano rinforzato strutturalmente, impiegando per il progetto una tecnologia informatica innovativa. La loro dimensione varia in altezza dai 5 ai 7 metri e in larghezza dai 2,3 a 5,5 metri. Le loro sagome, deformate e contorte, convergono e divergono attorno a un nucleo focale centrale.

Gli oggetti pur singolarmente configurati, sono pensati per essere percepiti e vissuti nel loro insieme con la partecipazione fisica degli stessi visitatori. E qui, prendendo a prestito alcune considerazioni di Peter Eisenman riguardo alla sua installazione *Delirium* per la Triennale di Milano del 1996: «Le forme non sono immagini di alcunché, imprimono solo se stesse. In questo senso, le forme danno luogo a un ambiente affettivo, che può soltanto essere rappresentato per mezzo del corpo che si muove attraverso di loro nello spazio»[8]. In sostanza, le forme non sono più un oggetto inquadrato nello spazio, ma, piuttosto, riconfigurano lo spazio dell'esperienza.

L'illuminazione notturna è in fibra ottica che irradia partendo da una origine centrale e illuminando dall'interno solo le sfaccettature.

Questo progetto è formalmente legato a un contemporaneo lavoro, questa volta, composto di tre parti, *Wiener Trio*, che Johnson e Murrell produrranno per la mostra presso il MAK [Museum für Angewandte Kunst] a Vienna e poi sistemata all'esterno in un'area vicino al Ring.

Nel 1998, Johnson sarà incaricato di realizzare sempre nel *north campus*, il *Turning Point Garden.*

Wiener Trio, Vienna, Austria (1996) è una scultura composta da 3 elementi distinti. Come l'altra installazione a Cleveland sarà denominata *Turning Point*. Entrambe saranno realizzate, nel 1996, dalla stessa fabbrica Merrifield Roberts di Bristol, Rhode Island. Il gruppo di sculture americano, come si è detto, è composto da 5 pezzi.

L'installazione viennese verrà esposta al MAK [Museum für angewandte Kunst] nell'inverno del 1996-1997. Sarà una mostra di pura 'architettura', affermerà Johnson, senza disegni, modelli,

Wiener Trio, Wien, Austria (1996). Installazione al MAK Museum für Angewandte Kunst (1996-1997).

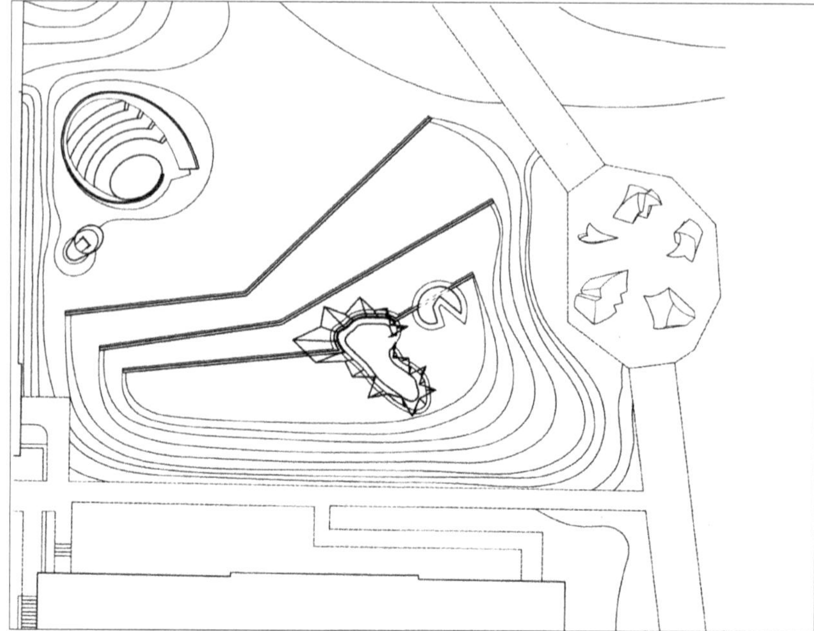

fotografie; che espone delle figure in cui il computer gioca un ruolo generativo. Come osserva Greg Lyn: «il paradigma topologico influenza profondamente il progetto»[9]

In seguito, nel 1998, sarà sistemata all'esterno, in uno spazio pubblico, all'incrocio tra Franz-Josefs-Kai e Schottenring.

Ogni elemento dell'oggetto tripartito ha una sua configurazione scultorea. L'insieme, rappresenta un tipo di scultura 'architettonica' che riflette l'esplorazione teorica-formale, lunga ed intensa, dell'architetto americano sulla monumentalità.

Turning Point Park, Case Western Reserve University, Cleveland, Ohio (1998) è un secondo gruppo di sculture posizionato non lontano dal *Turning Point.*

*Turning Point Park*, realizzato da Johnson con Elizabeth Murrell, diversamente dal precedente gruppo di figure, non corrisponde a un insieme di oggetti formali, a un tempo, separati e congiunti, ma a quattro

Turning Point Park at Case Western Reserve University, Cleveland, Ohio (1998). Foto di Mary Ann Sullivan. A sinistra: planimetria generale dell'area.

distinte presenze con una valenza estetica e funzionale. Esse animano uno spazio in cui gli studenti possono riunirsi o sedersi liberamente per conversare, leggere, studiare. Il gruppo di sculture è composto da quattro entità diversificate.

Il primo, è un anfiteatro ellittico con cinquanta posti a sedere, realizzato in alluminio di colore violaceo, con i sedili formati da doghe di legno curvato di colore grigio.

Il secondo, è un semplice solido geometrico per l'illuminazione dell'area, concepito come un cono rovesciato, di circa 5,5 metri, di colore verde chiaro, con un'apertura rotonda in alto.

Il terzo e una struttura tubolare di circa 6,5 metri di altezza su cui è tesa una maglia d'acciaio verniciata di blu che disegna uno spazio entro cui è sistemata una lunga panca a serpentina in legno e un tavolo tondo.

Il quarto è una seduta circolare di alluminio, alto circa 60 centimetri e verniciato giallo, a cui, per modificare la semplice geometria del disegno, è stata sottratta una porzione dalla sagoma irregolare.

Time Sculpture, New York, New York (1998) si può definire una "scultura utile". Il suo disegno mette in evidenza l'interesse, da parte di Johnson, in questa fase, ad operare delle deformazioni su figure che partono dalla geometria euclidea.

*Time Sculpture* è un poligono irregolare a quattro lati, diciotto metri di altezza, realizzato in bronzo. Ciascuna delle sue quattro facce contiene un orologio circolare luminoso. È stata originariamente progettata per la Lincoln Center Plaza, ma poi è stata eretta in Dante Square, adiacente alla piazza, per evitare delle critiche sui giornali riguardo ad una sua possibile collocazione non rispondente al carattere spaziale della piazza.

Time Sculpture, New York (1998).
Foto di Richard Payne.

Johnson lavorerà in collaborazione con il designer Michael Rock dello studio "2x4", e svilupperà degli orologi con distinte facce grafiche. La qualità ludica del posizionamento delle numerose facce è un contrappunto alla forma monumentale della scultura. La sua realizzazione è frutto di una donazione da parte dei coniugi Grinberg [10]. Su un lato del basamento della scultura si legge, infatti, la seguente scritta: "Timesculture at Lincoln Center / By Philip Jonson 1998 / Gift of Yaffe & Gedalio Grinberg".

Trylons at Chrysler Center, New York, New York (1998) è un intervento di ristrutturazione e di ampliamento del Kent Building, un edificio che sorge accanto al Chrysler Building, e del passaggio pedonale tra i due realizzato dallo studio Johnson/Ritchie. Le Trylon Towers, come sono state chiamate, si trovano al 155 East 42nd Street. L'opera corrisponde ad una struttura commerciale (dal 2004 c'è una steakhouse) che si sviluppa a livello del suolo e intende conferire una veste nuova alla 'storica' *tower.*

Il progetto comprende tre lucernari di forma piramidale, tutti di dimensioni diverse e dal particolare profilo. Le tre piramidi, infatti, di 16 metri, 21 metri e 23 metri di altezza, s'intersecano l'una nell'altra nei diversi lati ed angoli. Come affermerà Johnson: "È un monumento per la 42nd Street che offre la parte superiore del Chrysler Building a livello della strada". In effetti, l'idea delle piramidi è nata per rompere la regolarità dell'edificio.

In occasione della sua inaugurazione, David W. Dunlap scriverà: «L'ultima creazione di Johnson – tre piramidi taglienti come schegge di cristallo e alte come un edificio di sette piani – è così strutturalmente complessa che l'anno scorso ha richiesto un periodo di verifica in scala reale, a Rimouski, Quebec, a circa 590 miglia dalla 42nd Street. Dopo aver superato la prova, la struttura in acciaio è stata spedita a New York e rimontata tra il Chrysler Building e il 666 Third Avenue (ex edificio Kent) e rivestita in vetro semiriflettente blu-grigio»[11].

…ylons at Chrysler Center, New York
…to di Richard Payne.

Chain Link Garden Pavilion, North Salem, New York (1999) è una folly progettata da Johnson/Ritchie Architects per un giardino, il Chain Link Garden a North Salem, New York. È un esperimento artistico che nasce dalla geometria euclidea, e parte da una figura, in particolare, che è la piramide. Egli pone un confronto tra un gruppo di piramidi che nel loro incontro/scontro si trasformano andando a formare un insieme composto da incroci e intersezioni dinamiche. Il padiglione è realizzato con una maglia metallica (materiale semitrasparente) dipinta di color bianco, sostenuta da un telaio in acciaio verniciato anch'esso di bianco. Il padiglione appare come una struttura senza peso, e la sua immagine fluttuante si riflette in …e formano dei modelli affascinanti sopra …el padiglione. Un segmento dell'involucro …entire l'entrata.

J.J.P. Oud - Philips Johnson a Dialogue at NAi, Rotterdam, Olanda (2000-2001).
Rendering e vista dell'allestimento.
A destra: Al-Thani Sculpture, Doha, The State of Qatar (2003).

*JJP Oud - Philip Johnson: A Dialogue* al NAi di Rotterdam (2000-2001) è un'installazione progettata da Johnson per una mostra sull'architetto olandese. La ragione di questa richiesta da parte del NAi [Netherlands Architecture Institute] – che Johnson accetterà con gioia, nonostante le sue precarie condizioni di salute – risiede nel fatto che egli era uno dei pochi membri del vecchia avanguardia ancora in vita e, poi, nella amicizia e nella stima che ha sempre avuto nei confronti di Oud (1890-1963). Cosa che porterà Johnson a incaricare l'architetto olandese di progettare una villa (rimasta inedificata) per i suoi genitori a Pinehurst, North Carolina (1931) e, quindi, a includere l'architetto nel ristretto numero di progettisti presentati nella mostra *Modern Architecture: International Exhibition* (1932) al MoMA.

Per questa mostra, Johnson proporrà di realizzare un grande oggetto plastico, piuttosto che un allestimento in senso tradizionale, corrispondente al suo punto di vista sul design. Il progetto consiste in due lunghe fasce di legno compensato, verniciate in due tonalità di bianco che si avvitano su se stesse all'interno della sala principale del NAi, dal pavimento fino a raggiungere il soffitto. Le loro forme si estendono anche orizzontalmente, mentre le spirali verso l'alto passano sopra la cresta di queste ultime, a un'altezza di circa 4,5 metri, lasciando uno spazio di circa 20 centimetri tra le due. Entrambe le forme nel loro movimento esprimono una notevole fluidità. La gigantesca installazione, concepita come omaggio a Oud, e battezzata dall'autore *welcoming arms* [braccia accoglienti], intende evocare un ideale 'dialogo' tra i due architetti e sottolineare la comune spinta nel raggiungere i loro obiettivi.

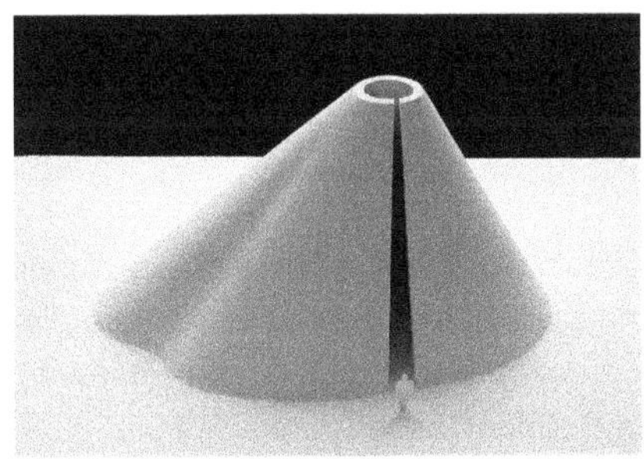

In una sala attigua Marijke van der Wijst, per controbilanciare lo spettacolare e verticale 'gesto' johnsoniano, organizzerà il layout espositivo dell'opera di Oud (composto da disegni, plastici e foto) utilizzando dei semplici piani orizzontali.

Al-Thani Sculpture, Doha, Qatar, (2003) è un volume conico, che si sviluppa attorno ad un cerchio irregolare, la cui forma allude ad una tenda. Le sue misure, in altezza e larghezza, sono: 9,14 x 18,28 metri. La figura consiste in una superficie curva continua i cui bordi non si saldano, per

University of St. Thomas - Entry Plaza and Stella, Houston, Texas (2003-2006).

lasciare lo spazio per un ingresso. In questo modo si viene a creare, lungo tutta la superficie verticale, un'asola da cui l'interno prende aria e luce. Per la stessa ragione il cono ha, anche, la cuspide troncata. L'opera richiama il tema formale ideato da Johnson per la Rothko Chapel.

Commissionato a Johnson dallo sceicco Saud bin Mohammed Al-Thani, l'oggetto estetico dovrà essere situato nei giardini della sua villa, progettata da Arata Isozaki, ed essere utilizzata come una sala da tè all'aperto. Nel 2004 i lavori sono stati temporaneamente sospesi. La tenda, nel programma di progetto, è la prima presenza che gli ospiti incontrano nel loro cammino attraverso il giardino, dove tra il verde sono distribuite delle opere d'arte collezionate dallo sceicco.

All'esterno della tenda, distaccata dall'ingresso, c'è una grande superficie rettangolare pavimentata di granito chiaro. All'interno, per sedere in raccoglimento, ci sono tre panche curve che, nel loro insieme, formano una circonferenza regolare. La scultura è illuminata di notte e, in un sotterraneo adiacente, c'è uno spazio in cui sono installati i macchinari per produrre l'aria condizionata.

La scultura portante della tenda è realizzata da un insieme di barre di alluminio ricoperte da un duplice foglio continuo di alluminio curvato e verniciato, dentro e fuori, di colore sabbia. L'opera è costruita dalla stessa società di Rhode Island che in precedenza aveva realizzato le due installazioni denominate: *Turning Point* e *Wiener Trio*.

Entry Plaza and Stella, University of St. Thomas, Houston, Texas (2003-2006) all'inizio degli anni Duemila, volendo migliorare l'ingresso al proprio campus, incaricherà dell'elaborazione di tale progetto lo studio Johnson/Ritchie Architects. L'intervento, realizzato nel 2006 – dopo la morte di Johnson avvenuta un anno prima – consiste in una lastra di granito nero sulla cui superficie è sovrapposta una croce bianca. Questa lastra è posta all'interno di una vasca rettangolare riempita con pochi centimetri d'acqua, ma bastanti per ottenere un effetto specchiante. L'idea del progetto è quella di offrire un segno identitario dell'università, immediatamente riconoscibile dai pedoni e dagli automobilisti di passaggio.

1. Paul Goldberger, *Introdution*, in: *Philip Johnson/Alan Ritchie Architects*, The Monacelli Press, New York 2002, p. 9.
2. Philip Johnson, *The Processional Element in Architecture*, in: *Writings*, op. cit., p. 151
3. Hilary Lewis, *Philip Johnson: Architecture as Art*, catalogo della mostra *Philip Johnson Art Architecture*, March 15 – July 31, The Kreeger Museum, Waschington D. C. 2008, p. 7.
4. Ivi.
5. Peter Noever (a cura di), *Alles Lie*, in: *Philip Johnson Turning Point*, op. cit., p. 6.
6. Harvey Buchanan, *Contribution*, in: Peter Noever (a cura di), *Philip Johnson Turning Point*, op. cit., p. 24.
7. Tutte le opere della John e Mildred Putnam Sculpture Collection si trovano nell'area del campus della Case Western Reserve University o al piano terra dello University Circle. Gli spazi e i luoghi in cui si trovano le opere sono aperti al pubblico.
8. Peter Eisenman, *Delirium*, catalogo della XIX Triennale di Milano, Milano 1996, p. 110
9. Greg Lynn, *The Dynamics of Surface*, in: Peter Norver (a cura di), *Philip Johnson Turning Point*, op. cit., p. 11.
10. Gedalio Grinberg, ex presidente della Movado, azienda svizzera produttrice di orologi.
11. David W. Dunlap, *Three pyramids by Philip Johnson*, «The New York Times», 9 maggio 2001.

Philip C. Johnson
e il museo d'arte americano
*di Michele Costanzo*

postmedia books 2015
240 pp. 140 ill.
isbn 9788874901272

Finito di stampare nel mese di settembre 2015
presso Ebod, Milano



*Postmedia Srl*
*Milano*

www.postmediabooks.it